リーディングス
リニューアル　経営学

〈第三版〉
現代の経営管理論

佐久間　信夫
坪井　順一　編著

学文社

執筆者

小原久美子	県立広島大学経営情報学部教授	（第1章，第2章）
佐久間信夫	創価大学経営学部教授	（第3章，第4章）
坪井　順一	文教大学経営学部教授	（第5章，第6章）
水野　基樹	順天堂大学スポーツ健康科学部准教授	（第7章，第10章）
芳地　泰幸	聖カタリナ大学人間健康福祉学部専任講師	（第8章，第12章）
上岡　史郎	目白大学短期大学部准教授	（第9章，第11章）
磯山　　優	帝京大学経済学部教授	（第13章）

はしがき

　このたび,『現代の経営管理論』を全面的に書き換えることとなった。本書の第1版は2002年に刊行されたが,社会や法律の変化,経営管理論の実践的な要請により,内容の再検討が必要になったからである。たとえば,2002年当時は商法改正で委員会設置会社が導入された時期であったが,2005年には会社法により,すべての企業が委員会設置会社に移行可能となり,業務執行を担当する執行役の設置が決定されるなど,コーポレート・ガバナンスは大きく変更された。また,内容的に確定していなかった人的資源管理等を加えたのも今回の特徴である。

　近年,本を読まない学生が増えているという。普段に本を読まない学生が専門書を読めるかどうか疑問であるが,本書は,経営管理についての導入的役割を果たすものであり,本書を学ぶことを糸口として,さまざまな理論を知り,関心ある分野があれば,是非とも本書に記載されている著者の文献を学んでいただきたい。経営学を志す者であれば,バーナードやサイモンの著書は1度は読む必要がある。そうはいっても,新訳書が出ているものはよいが,古い文献はまず手に入らない。テイラーの『科学的管理の原理』にしてもレスリスバーガーの『経営と勤労意欲』にしても書店にはないので,大学の図書館で見つけるか,古書で探すしかない（ただし,この場合は高価である）。本書では,こうした事情を配慮して古典的な文献については,できるだけ詳細に説明するように心がけた。

　本書は大きく4部から構成されている。第1部は企業と経営と題し,今日の企業制度や経営機能について述べられている。コーポレート・ガバナンスについては大幅に変更されている。

　第2部は経営管理論の史的展開としてテイラー,ファヨール,人間関係論,そして管理過程論について詳述した。古典的な理論は古いものではなく,今

日の経営管理の中に大きな役割を果たしていることを理解してもらえると思う。第3部は経営管理論の人間的展開であり，モチベーション理論やリーダーシップ論などの概略と最新の理論を網羅的に紹介している。また，人的資源管理についても学問的な素養の中で展開されている。

　第4部は経営管理論の今日的展開として，近年の管理に関する諸問題を取り上げている。職場のコミュニケーション，組織の活性化，パワー理論などが含まれている。

　本書が経営学に対する誘いの書になれば幸いである。本書を学ぶことで経営学の素養を養い，より専門的に発展していくことは，執筆者一同の願いである。

　最後に，短い時間の中でご協力いただいた執筆者に感謝するとともに，厳しい状況の中で，当初の予定通りの刊行に奮闘していただいた学文社社長田中千津子氏に心からお礼を申し上げたい。氏の叱咤激励がなければ，未だ本書の完成には至らなかったかもしれない。

2013年3月21日

編者　佐久間信夫・坪井順一

第3版にむけて

　近年，大学，病院あるいはNPOなどの組織形態等が増えてきている。こうした管理について対応するために，官僚制的な管理や合議的な管理といった問題を加えた。NPOの管理についてはあまり触れられることがなく，有益な示唆を与えてくれると思う。

2016年3月1日

編者　佐久間信夫・坪井順一

目　次

第1部　企業と経営

第1章　今日の企業制度　　3
1. 企業形態の発展過程 ……………………………………………5
2. 現代的企業への発展——制度的私企業形態と公私企業の接近 …………10
3. 株式会社の結合形態——今日的実態 …………………………17
4. 現代企業のコーポレート・ガバナンス ………………………22

第2章　現代の企業経営とマネジメント　　35
1. 現代社会の変化と企業経営 ……………………………………35
2. 企業組織のマネジメント（経営管理）機能について ……………42
3. 現代経営者（CEO）の役割と機能 ……………………………48

第2部　経営管理論の史的展開

第3章　テイラーの科学的管理論　　63
1. テイラーの生涯と主要業績 ……………………………………63
2. 科学的管理論の背景 ……………………………………………65
3. 課業管理 …………………………………………………………67
4. 精神革命論 ………………………………………………………70
5. 科学的管理法に対する批判と労働組合 ………………………71
6. 科学的管理法の継承者たち ……………………………………74

第4章　ファヨールと管理過程学派　　80
1. ファヨールの生涯と主要業績 …………………………………80
2. 企業管理と管理教育 ……………………………………………81
3. 管理原則 …………………………………………………………86
4. 経営管理の要素 …………………………………………………92
5. ファヨール管理論の特質と管理過程学派 ……………………96

第5章　人間関係論　103
  1. ホーソン実験の目的 …………………………………………103
  2. 実験の概要 ……………………………………………………103
  3. 人間関係論の所説 ……………………………………………112

第6章　管理過程論の発展　119
  1. 管理の概念について …………………………………………119
  2. マネジメントの概念 …………………………………………121
  3. 管理機能（過程）論の枠組み ………………………………127

第3部　経営管理論の人間的展開

第7章　モチベーション理論の展開　139
  1. モチベーション研究の重要性と変遷 ………………………139
  2. 欲求系モチベーション理論 …………………………………142
  3. 認知系モチベーション理論 …………………………………148
  4. 報酬系モチベーション理論 …………………………………153

第8章　リーダーシップ論の理論的展開　159
  1. 特性理論（traits theory） …………………………………160
  2. 行動理論（behavioral theory） ……………………………161
  3. 状況適合理論（contingency theory） ……………………169
  4. 変革型リーダーシップ（transformational leadership） …176
  5. まとめ …………………………………………………………179

第9章　人的資源管理　183
  1. 資源の概念 ……………………………………………………183
  2. 人の管理の変遷 ………………………………………………184
  3. 人間モデルの変遷 ……………………………………………186
  4. 戦略的人的資源管理 …………………………………………192
  5. 現代の人的資源管理の考え方 ………………………………195

第4部　経営管理論の今日的展開

第10章　職場のコミュニケーション　203
1. コミュニケーションの重要性 …………………………………203
2. コミュニケーションのプロセス ………………………………205
3. コミュニケーションのネットワーク …………………………206
4. 対人的コミュニケーション ……………………………………207
5. 個人の対人的コミュニケーション・スタイル ………………207
6. 効果的なコミュニケーションの実践 …………………………209
7. 情報フィードバックとしてのコミュニケーション …………213
8. 文化的コンテクストの概念 ……………………………………214
9. 今後のコミュニケーションの媒体を考える …………………216

第11章　組織の活性化　220
1. 日本企業の現状 …………………………………………………220
2. 企業活動 …………………………………………………………220
3. 組織能力 …………………………………………………………229
4. 組織がもつべき要件 ……………………………………………232
5. 持続的な組織活性化とは ………………………………………234
6. これからの組織に求められる要件 ……………………………235

第12章　パワーの枠組みと諸理論　239
1. パワー研究の史的展開 …………………………………………240
2. 組織内における個人間パワー …………………………………241
3. 個人間パワーの源泉 ……………………………………………242
4. 組織内外のサブユニット間におけるパワー …………………245
5. 組織間におけるパワー：資源依存パースペクティブ ………249
6. まとめ ……………………………………………………………251

第13章　非営利組織の管理　255
1. 非営利組織の特徴 ………………………………………………255
2. 非営利組織の管理の特徴 ………………………………………257

3. 医療組織の管理 …………………………………………………259
4. 大学組織の管理 …………………………………………………263

索　引……………………………………………………………………268

第 1 部

企業と経営

● 第1章のポイント

■ 企業として扱われる条件は，経済的側面のみならず，組織的側面，経営的側面が整い，しかもこれらが1つのシステムとして有機的に統合されなければならないことにある。

■ 現代におけるもっとも成熟化した企業（法律）形態は，現代株式会社であり，制度的私企業を示している。

◇ 基本用語

【制度的私企業】　制度的私企業とは，収益性を内包する多元的な組織目標を追求し，それによって自己と各種ステイクホルダーズの利害を最高水準で満足させるように努める企業のことである。つまり，自主性と責任をもって社会性（全体の共存）と公共性（全体の利益）の実現をめざす企業のことである。

【系列（企業グループ）】　系列は，企業の結合形態の1つと考えられるが，大企業の「横」の「系列」と大企業と中小企業との間の「縦」の系列がある。前者の代表が「6大企業集団」であり，後者の事例は，自動車や家電業界でみられる。

【コーポレート・ガバナンス】　「コーポレート・ガバナンス」という言葉は，「企業統治」という訳語が多く用いられているが，その意味は，広義には，株式，債権者，従業員，消費者，供給業者，地域社会などの利害関係者と株式会社との関係を示しており，権限，責任などの分配や利害調整などが含まれる。狭義には，「株式・経営者関係と会社機関構造」とすることができる。

第1章　今日の企業制度

　20世紀は「大企業」による市場独占の時代でもあったのは，周知のごとくである。20世紀の幕開けと同時に，現代企業は，社会の新しいニーズに対応し，さまざまな技術革新を生み出し，高度な経済発展のダイナミズムを創り出してきた。特に，巨大企業（ビッグビジネス）は，莫大な資金力と専門的な経営者の存在による大規模組織の形成と維持・発展，資金獲得能力の増大によって，いまや，垂直統合，多角化，ICT化，海外進出等といった，グローバルな戦略を展開し，ますます巨大な存在となっている。

　しかし，一方で，企業の巨大化の帰結として，寡占的な市場体制が形成され，市場における適正な資源配分が歪められ，その弊害も大きな問題となった。また，企業間同士の連携が強まり，金融機関を中心とした同系企業の株式の持ち合いや役員派遣などが活発に行なわれるようになり，企業集団としての大きな力を増幅させることにより，産業界のみならず，広く社会一般に大きな影響を及ぼすに至っている。高度成長期には大企業の活躍ぶりは目をみはるものがあり，物質的豊かさによる生活の質を高めることに企業は大いに貢献した。しかし，その逆機能として，地球規模での環境問題を引き起こし，さらに，バブル崩壊後，銀行，商社，メーカーを中心とした巨大企業集団は，経営の危機に直面している企業も少なくない。特に銀行は，金融破綻により，不良債権問題が深刻化し，自己責任を強く要求されるようになったのは周知の通りである。また，経済成長の低迷により大企業は，人員削減に余念がなく，企業を分社化，スモール化することで経営危機を乗り切ろうとして，大幅な失業者を続出させ，きわめて深刻な社会問題にまでなっている。経営危機に陥った企業が短期的な利益回復のために行なった人員削減策は，必ずしもすべての企業の業績回復には結びついていない。

　ところが，1997年に入ると，国際競争の激化，さらにはグローバル化の一

途をたどる社会情勢にもかかわらず，日本企業の深刻なまでの業績低迷が続くことになり，政府は総じて日本企業の競争力強化のため，独占禁止法の改正に乗り出した。そもそも独占禁止法は，特定企業が自由競争の原則に反して，価格操作のための協定を結び，さらには企業の合併・吸収を通じて市場支配しうる行為を防止する目的で制定されたものであるが，その法律を厳格に遵守することは，日本企業の競争力を弱めることとなり，むしろ，日本経済や国民生活に損失を与えることになる。そこで，政府は，M&A関連のさまざまな規制援和[1]やフリー・キャッシュ・フローの増加などを奨励し，大企業同士の合併・提携を勧め，その総合力と相乗効果によって日本企業が国際的競争に優位な地位を獲得しようというものである。特に，1997年6月以降からの持ち株会社解禁により，大企業同士の合併・提携が活発に展開されるようになった。しかし，その編成方法は1997年以前と大きな違いがみられる。それは，大企業における内部組織を子会社として分社化することによって，自らスリムな本社となった上で，改めて全体を企業グループとして統括しなおすことであり，盛んに行なわれている。

　他方，ICTの急速な進歩はめざましいものがあり，ベンチャービジネスを加速させ，中小企業といえども，大きな夢と社会的使命をもち，起業家精神に満ちた経営者によって，新たな事業創造と企業間ネットワークを創り出している。現代の経営戦略の特色として，技術的先端分野，特に，エレクトロニクス分野，LSI分野，ソフトウェアやバイオ分野が注目されるが，これらの分野は，設立後間もないベンチャー企業がリーダーシップを発揮しているのが実情である。政府も経済産業省を中心にベンチャーなどの新規開業を資金支援する包括策をまとめつつある[2]。まさに21世紀は，このような二極分化の方向で幕を開けたともいえよう。

　ところが，2007年のサブプライムローン（サブプライム住宅ローン危機）問題に端を発したアメリカバブル崩壊を機に，他分野の資産価格の暴落が起こった。そして，2008年9月15日，リーマン・ブラザーズは，約6,000億ド

ル（約64兆円）という史上最大の倒産に至り，「リーマンショック」として世界的な金融危機を招くことになり，日本経済の大幅な景気後退へと繋がっていった。その後，日本では，景気回復へ推し進めようと懸命に努力している矢先，2011年3月11日，東日本大震災に見舞われ，ますすの景気後退を余儀なくされたのである。

　リーマンショックは，1980年代初頭から，その後30年にわたって進展した規制緩和・資本市場の役割の拡大の再検討を促す重要な契機となった。特に，「行き過ぎた市場化」は外国人投資家の近視眼的な企業経営を誘発し，雇用を犠牲にしての過当な配当，過大な経営者報酬に批判が強まった。

　まさに，今日の大企業においてはもはや，競争優位に導く新規事業の創造は必須であり，大企業再編のあり方も，ハードな構造的な再編のみならず，ソフトな組織の柔軟性や自律性をもたせようとする機能重視の再編が求められよう。

　このような状況下において，21世紀企業は，どのように変化し，発展させていけばよいのだろうか。本章では，これからの企業のあり方を問い，現代企業が望ましい方向へと変化し発展してゆくためにはどのようにしたらよいのかを考察してみたい。そのためにまず，今日の企業制度を解明する。現代企業のもっとも中心的な制度である「株式会社」を，その形態面から捉えることによって，株式会社の特質と現況を明らかにする。また，株式会社の実質的活動を「経営」の面から，その意味を明らかにするとともに，巨大化した企業の帰結としてもたらされる，現代企業の弊害をコーポレート・ガバナンスのあり方に関する問題として論じ，その問題解決のために行なうべき課題を問うことにしたい。

1. 企業形態の発展過程

　企業は，1760年代，イギリスに始まった産業革命によって成立した近代資本主義の産物である[3]。その後，企業の概念は，時代とともに発展し変化を

遂げてきた。その発展的内容を追求する際に無視することができないのは，企業に関する法的規制や制約についてである。実在の企業は，法律に規定されているいくつかの企業法律形態のいずれかを選択し，既成の外衣として必ずまとわなければならないからである。したがって，一般に企業形態という場合には，企業法律形態を意味していることが多い。具体的には，株式会社，合同会社，合資会社，合名会社，相互会社，協同組合，公社，公団，事業団などの企業の種類である。

　この中でも現代における最も成熟した企業法律形態（以下，企業形態とする）は現代株式会社であり，制度的私企業を示している。

図表1-1　経営組織・企業産業，資本金階級別会社企業数（2009年）

年次, 経営組織・ 企業産業	総数	300 万円未満	300 ～500 万円	500 ～1,000 万円	1,000～ 3,000 万円	3,000 万円～ 1億円	1～ 10億円	10～ 50億円	50億円 以上
全産業	1,805,545	75,921	700,016	232,192	642,401	114,245	22,630	3,689	2,117
株式会社	1,780,686	58,803	696,710	229,604	640,889	113,985	22,615	3,686	2,110
合名・合資 ・合同・ 相互会社	24,859	17,118	3,306	2,588	1,512	260	15	3	7

資料）総務省統計局統計調査部経済基本構造統計課「経済センサス―基礎調査」（平成22年7月1日現在）による。総数は不詳を含む。

　まずは，制度的私企業に至る以前までの企業形態の発展段階をたどってみることにしよう。

　企業形態の発展段階は，森本三男（1998）によれば，①人的私企業から，②資本的私企業，そして，③協同的私企業，さらには，④制度的私企業へと発展しているというものである。そして，制度的私企業こそが現代株式会社形態を示し，現代企業といえるのである[4]。

(1) **人的私企業**

　人的私企業は，所有経営者の人間的信頼関係を契機とするものである。さて，各種の企業形態は，特定の歴史的な社会・経済事情を背景にして生成し，変遷してきた。まず，企業以前に位置するのは，今日，零細企業とよばれているように，企業とよばれてはいるものの，その条件を具備していない段階のもので生・家業がある。企業とよばれるには，少なくとも営利活動を営む資本が機能する単位になっていなければならないが，生・家業は，生活と生産が場所的，計算的（たとえば，生活費と経営に要する資金）にも未分離の状態にあり，独立した資本の単位にはなっていない段階である。さらに，企業として扱われる条件は，独立した資本計算単位になっているという経済的側面のみならず，協働を形成しているという組織的側面，生産について固有の運営原理が存在しているという経営的側面が整い，しかもこれらが1つのシステムとして有機的に統合されていなければならないことにある。しかし，生・家業ではこれらの条件を満たしていない段階にある。

　次の発展段階に位置するのは，合名会社（ordinary or general partnership; offene Handelsgesellschaft）である。合名会社は，人的私企業ともよばれ，特定の少数出資者の人間的結合を土台として成立した企業であり，資本の持分が明確化され，協働が存在し，収益性が経営原理となり，典型的な所有経営者（owner manager）が労働者を雇用して作業活動に従事させ，所有と作業の分離という階層的分業が実施される。そして，所有経営者の理念・資本力・信用力・経営手腕によって，それらが1つのシステムとして統合されるという近代的企業（産業革命による工場制経営）の誕生段階に至る。しかし，特定の少数出資者の人間的結合を土台とする人的私企業は，生産の高度化が進めば進むほど，所有資本の増大という客観的要請を生み出すに至り，その資本力と経営能力からして限界が生ずることになる。

　そこで，所有資本の増大という客観的要請に応えるために，出資だけ行なって，経営には関与しない資本（有限責任の無機能資本）を従来のシステム

に組み入れることが行なわれる。その典型的形態が合資会社（limited partnership；Kommanditgesellschaft）であり，さらなる資本所有の増大を意図したものが，有限会社（Gesellschaft mit beschrankter Haftung：GmbH）である。

わが国における有限会社は，2006年施行の会社法により廃止され，株式会社に一本化されることになった。有限会社は特例有限会社として現状を維持するか，株式会社に移行するかの選択が可能である。

また，合同会社（日本版LLC: Limited Liability Company）が創設された。合同会社とは，出資者の責任が有限責任でありながら，会社の内部関係においては組合的規律，つまり，合名会社の規律に準ずるものが適用される新たな会社形態である。さらに，合名会社・合資会社・合同会社の三社間のスムーズな組織変更ができるようになっている。

(2) 資本的私企業
① 伝統的株式会社

人的私企業の限界を克服しようとするさらなる発展段階は，広範囲の多数出資者から資本を集中するとともに，多数化した出資者の意思を統一的経営機能の遂行のために結集することにある。そこで民主主義国の政治システムに類似した三権分立型の経営システムを用いようとするものである。森本は，この企業形態の典型が1950年商法改正以前の伝統的株式会社であると述べている[5]。1950年商法改正は戦後はじめての改正であり，現代商法の出発点をなす改正であった。したがって，それ以前を伝統的株式会社として区分できるであろう。

資本的私企業は，資本を均一・小口の単位に分割することによって，あらゆる個人および組織が資力に応じた出資を可能にする。そのため資本的私企業は，全体としては巨額の資本を集中させることができるのである。資本的私企業の典型である伝統的株式会社では，資本の出資単位を株券という有価証券の形にして均一・小口に分割し，市場で自由な交換可能性を与え，出資

者の人的構成が不断に変動しようとも，出資された資本，つまり株券自体は，その人的構成とは関係なく客観化された資本価値体を形成し，非人的資本（物的資本）の結合体としてのみ存在することになる。

　また，多数化した出資者を経営機能に関与させるシステムは，三権分立型経営システムにあり，出資者全員で構成する最高意思決定機関としての株主総会（general meeting；Generalversammlung），株主総会の意思を執行する経営層としての取締役（director；Vorstand），さらに，取締役の業務執行を株主総会のために監督する監査役（auditor, Prufer）からなる。

② 協同的私企業

　協同的私企業は，広範な出資者からの資本の集中によって成立すること，三権分立型経営システムという外形をとっていることにおいては，資本的私企業と同一である。しかし，その内容は資本的私企業と著しく異なる。

　協同的私企業は，具体的には各種の協同組合（cooperative society）や保険業に特有の相互会社（mutual company）であるが，これらの協同私企業は，多数の出資者が互助を通じて自助を追求するために協同するシステムである。そのため，出資者と給付受益者とが一致しており，この点で資本的私企業と根本的に異なりをみせている。協同組合は，経済的弱者である消費者ないし零細企業が自己の経済的地位を擁護・向上するための協働システムであり，相互会社は，生命・財産の危険を集団的にカバーし合うための協働システムである。いずれも，その行動原理には収益性はさることながら，生活原理が深く関わっているのである。

　次に，協同的私企業の三権分立型経営システムをみてみると，最高意思決定機関において，資本的私企業では1株1票のような資本の多数決原理に基づいているのに対して，出資とは無関係に1人1票という人的多数決原理が貫かれる点で異なる。協同組合は，一般に組合員全員で総会を形成し，執行機関である理事と監督機関である幹事を選任する。相互会社では，保険加入者が社員（出資者）となり，保険料を限度とする有限責任を負い，社員総会

を形成する。執行機関は，取締役，監督機関は監査役である。しかし，今日では，相互会社の株式会社化がみられるようになった。

2. 現代的企業への発展——制度的私企業形態と公私企業の接近

前節で述べた資本的私企業（伝統的株式会社）は，収益性の追求という行動原理をより徹底することによって，規模の経済（economy of scale），高度の生産技術を駆使して，ますます拡大・成長を図るようになる。このような拡大・成長という量的変化は，資本的企業そのものの質的変化を生み出すようになる。こうして，近代の資本的私企業から，現代の制度的私企業へと自ら変化し，現代の株式会社となるのである。その質的変化の中核となるものは，①出資の分散による支配の変化，②出資面の変化から波及する経営面の変化である。

(1) 企業支配の変化

伝統的株式会社のますますの巨大化は，株主の多数化を招来し，その結果，株式所有の分散（dispersion of stockholding）が生じることとなる。そこでは，株式は，多数の株主に分散して所有され，各株主の持ち株比率は低下を招くこととなる。そして，伝統的株式会社，つまり，資本的私企業の原理である「資本的多数決原理」による株式会社支配は，あまりにも多くの株主の増大ゆえに，株主全員の合議の上での株主による株式会社支配機能に困難を生じさせることになる。つまり，伝統的株式会社の発展による株式所有の分散は，完全所有支配はもとより，過半数支配さえも次第に不可能にしていく。多くの株主は，ただ単に株式を投資目的のために保有するだけで，経営に関与する意思も能力ももたない大衆株主（投資株主）によって占められるようになり，もはや元来の株主による株式会社支配は自らの質的変化によって機能不全をもたらし，株式会社支配機能は，経営者に取ってかわられることになるのである。このような状態を「所有と経営の分離」とよび，株式会

社支配機能の必要性から生じた,伝統的株式会社自体の構造的な内的・質的変化をあらわしている。

(2) 今日までの「所有と経営の分離」状況

バーリとミーンズ (Berle, A. A. and Means, G. C.) は,株式会社における支配の形態を5つ (① 完全所有支配,② 過半数支配,③ 少数支配,④ 経営者支配,⑤ 法的手段による支配) に分類し,1930年,全米の銀行業を除く資産規模最大会社200社について,その支配の実態を調査した[6]。

① 完全所有支配 (control through almost complete ownership) は,個人または小グループが全部または大部分 (80％以上) の株式を所有して,会社を支配する場合であり,個人企業や同族会社にみられる。

② 過半数支配 (majority control) は,個人またはグループが過半数 (50％～80％) の株式を所有することによって会社を支配する場合である。

③ 少数支配 (minority control) は,50％未満20％以上の株式所有にもかかわらず,群小株主の議決権の放棄,委任状の収集により,会社を支配する場合である。

④ 経営者支配 (management control) は,株式の高度分散により,大株主の持ち株比率が極度に少なくなったため,株主の支配が不可能となり,支配が経営者の手中に置かれるようになった場合である。

⑤ 法的手段による支配 (control through legal device) は,過半数の株式をもたず,議決特権株,無議決権株,議決権信託,ピラミッド型持株会社などの方法によって会社支配する場合である。

バーリらの調査の結果,伝統的株式会社において通常の支配とみなされていた ① 完全所有支配と ② 過半数支配は,1930年の段階で,おのおの社数ベースで6％と5％にすぎず,③ 少数支配と⑤ 法的手段による支配が,おのおの23％と21％あったものの,④ 経営者支配は第1位,44％に達してい

たのである。

　その後，バーリとミーンズの「経営者支配論」に対する初めての本格的な批判は，1940年，臨時国民経済委員会（Temporary National Economic Committee，以下，TNECと略称）報告書においてなされた[7]。TNECの調査は，いくつかの資本拠出者が利害を共通して，1つの利益共同集団にまとまってゆく可能性があると考え，そういった集団全体の株式保有率を問題としている点，次いで，少数支配の可能性を追求し，経営層への代表派遣などを加味して判断しているところがバーリらと異なる。そして，最大200社の非金融企業について行なった株式所有の分配と支配についての調査結果は，3分の2は所有者支配の下にあるというバーリらと対照的な結論を導くこととなった。また，銀行などの金融機関による少数持ち株支配が増加しているという，コッツ（Kotz, D. M.）の説[8]，金融機関以外の法人の機関株主による少数持ち株支配も増加しているという説もある。

　ここで，臨時国民経済委員会にふれたのは，専門経営者による支配を否定し，所有者支配の立場を主張するためではない。所有者支配か，経営者支配かは，調査する主体の側で判断基準をどこに置くかによって，かなり違った調査結果となりうるという難点を示したかったのである。

　しかし，1963年，アメリカのラーナー（Larner, R. J.）は，バーリと同じ支配分類と調査方法によって，各支配形態の状況を調査した結果，企業数では全被調査会社の84.5％，資産額で85％を占めるほど，所有と経営の分離は進行していることを明らかにしており，株式をもたない経営者による支配は増大し，まさにバーナム（Burnham, J.）の「専門経営者革命」が実現されたというのである[9]。

　日本では，所有と経営の分離を強化する要因として，経営者支配の強化に，法人株主が一役を担っている。つまり，個人株主よりも法人（機関）株主の比重の増大により，所有と経営の分離の機能強化を図ろうとするものである。

第2次世界大戦後，1949年に証券取引所が再開された当時は，個人持ち株比率は61％だったが，81年3月末には30％を割り，現在では70％強の株式が企業・団体などによる株式所有，つまり，機関所有となっている[10]。それでは現在はどうであろうか。2012年3月において，個人持ち株比率は，図表1-2にみられるように，20.4％に留まっている。また，グローバル化の影響により，外国人法人等の比率が26.3％に及んでいる。機関所有の中心は，他企業による株式所有（法人所有）であり，この増大は，両企業の経営者間のもたれあいを強め，外部からの経営のチェックを排除する傾向を生むという問題を呈することとなる。しかも，大株主が法人株主で占めるようになると，この傾向はさらに顕著になり，経営者支配を相互に容認し，擁護し，強化しあうようになる。もはや，日本における関係会社の持ち株動機は，投資ではなく，企業間関係の強化，取引の円滑化，支配と従属などの別の要素である。まさに，持ち株動機は，個人株主の投資ではなく，企業間の経営上の

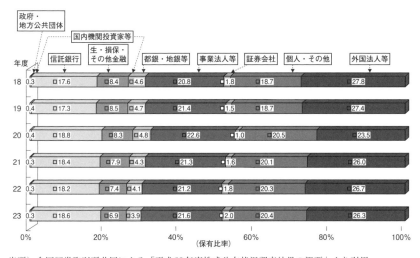

図表1-2　投資部門別株式保有比率の推移

出所）全国証券取引所共同による「平成23年度株式分布状況調査結果の概要」より引用。

支配と従属にあるといっても過言ではなく，今日の先進資本主義国において，ほとんどの大企業で所有と経営の分離が成立し，経営者支配が実現されているというのが一般的な見方となっている。しかし，ここで注意したいのは，機関株主の代表はその会社組織そのものとなり，「会社本位主義」が貫かれるということである。アメリカやイギリスの個人資本家本位の資本主義に対して，経営者も従業員も会社のために忠誠を尽くし，会社のために一生懸命働くという意味の「法人資本主義」の原理が「会社本位主義」である。それは，資本家と労働者ではなく，法人と個人との富の格差を大いに拡大したのである。しかし，日本がこの法人主義が強いといっても，それは自然人である個人を完全に排除することはできない。法人も元はといえば，人間（自然人）が作ったものだからである。奥村によれば，自然人である経営者が法人である会社と一体化するのではなく，自然人が法人を私物化しようとして，数々の経営者の不祥事を起こしたことを指摘する。2001年12月に起こったエンロンの倒産，2002年7月のワールドコムの倒産はまさにこの巨大株式会社の矛盾を如実に示しているというのである[11]。

　それでは，現代の専門経営者はいかにあらなければならないのだろうか。これに答えるのがバーナムの『経営者革命論』に始まる専門経営者（professional manager）の主張であろう。

　バーナムによれば，専門経営者とは，「世襲経営者や所有経営者に対立する経営機能担当者であり，血縁や所有を基盤にするのではなく，大規模・複雑化した経営体を指導し調整する理念・資質・能力・技術・経験を基盤にして経営機能に関与する人をいう」[12]のである。このような専門経営者が支配するに至った理由は，複雑・巨大化した企業の存続にとって，他の要因よりも経営に関する見識，技術および能力が決定的に重要であることによる。近年，CEO（Chief Executive Officer）の役割がとみに注目されるようになり，大規模になればなるほど専門経営者の実力が問われるという事実がその裏づけとなるであろう。専門経営者の役割については，次章で詳しく論じること

とする。

(3) 現代企業としての制度的私企業

現代企業は，所有と経営の分離により，従来の出資者の所有物という性格から脱却し，専門経営者に主導される組織体としてステイクホルダー（利害関係者集団）と相互作用を営む自律性をもった協働システムへと発展する。したがって，現代企業は，組織体という自律的協働システムを通じて「経営」が営まれるのである。この意味で，企業の経営活動において組織体の形成は不可欠のものとなる。

また，現代企業は，その成長とともに各種ステイクホルダーに対する影響力を強め，このステイクホルダーからなる社会の社会的権力というものをもつようになる。したがって，企業はその社会的権力を乱用してはならず，企業と直接・間接に相互作用をなす各種ステイクホルダーに対して多大な責任があるという，社会の側からの主張がますます強まりをみせることになる。ここに企業の社会的責任という問題が生じるのである。もはや現代企業は，出資者の要請に応えて利潤追求を行なうだけでは十分ではなくなり，各種のステイクホルダーの多元的，多様な期待を調整しながら，おのおののステイクホルダーの期待に最大限に応えることが求められ，それと同時に自己

図表1-3　企業システムの変化

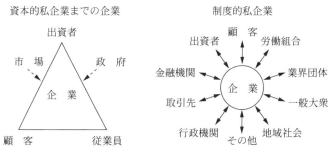

出所）森本三男『経営学入門』同文舘，1998年，24ページ

（企業）の経営目的を実現することが要請されているのである。

　制度的私企業（institutional private business firm）とは，「収益性を内包する多元的な経営目的を追求し，それによって自己と各種ステイクホルダーの利害を全体として最高の水準で満足させるように努める企業，つまり，自主性と責任をもって社会性（全体の共存）と公共性（全体の利益）の実現をめざす企業」[13]をいうのである。ここで「制度」の意味についてもふれておく必要がある。制度とは，一定の目的をもち，一定の意思と行動準則に規制された行動を営む継続的事業体（going concern）の意味である。私企業が他の制度やステイクホルダーと区別される点は，目的（理念），意思，行動規範，行動が独自性と継続性をもっているところにある。

(4) 公私企業の接近

　これまで私企業について述べてきたが，今日における公企業の形態との関連について述べることにする。公企業の原形は，行政組織によって生産活動を営む現業ないし官業にあるといわれている。公企業も，ある種の生産機能を担当する協働システムになっている点では私企業と変わらないが，公企業の経営原理は，生産機能とは異質な財政・行政・政治の原理によって運営されている点が私企業とは異にする点である。したがって，公企業では，能率や経済性の思考を欠き，きわめて形式主義であり，適切な生産活動ができないことがよく指摘されてきた。そこで，今後の公企業は，公企業の形式の改善ではなく，財政・行政・政治の拘束を緩和ないし除去することにより，経営に自主性を与え，自己責任を基盤とした創意の発揮が期待されている。自主化された公企業を自主公企業とよぶこととすれば，日本の自主公企業を明示することは現在の段階ではきわめて困難であるが，アメリカでは，TVA（Tennessee Valley Authority），フランスでは，ルノー公団（Régie Nationale des Usines Renault），イギリスの公共企業体が自主公企業である。自主公企業の特質は，公共的組織体（a public body）であり，営利を目的とせず，公

益的動機によって活動すること，自主的組織体であること，政党・行政，その他ステイクホルダーの支配を受けないこと，機能的組織体であり，専門経営者による経営機関をもっていること，財務的自主性をもつ組織体であることにある。その意味で，制度的私企業の特質と本質的には同じである。制度的私企業と自主公企業の相違は，出資の形式が公か私かの違いのみである。

以上，近代企業（19世紀資本主義を反映した資本的私企業）の段階から，現代企業（1950年代以降の産業社会を反映した制度的私企業）に至るまでの企業形態の発展過程をみてきたわけであるが，現実には，これら諸発展段階のそれぞれに対応する企業が共存していることに注意をしておきたい。したがって，制度的私企業や自主公企業は，現代の最も発展した現代企業であるということであり，各企業は制度的私企業ないしは自主公企業をめざして，絶えず発展する努力が求められている。

次に，現代における企業の結合形態についてみることにする。

3. 株式会社の結合形態——今日的実態

株式による会社規模の大規模化は，生産性を向上させることになるが，それはまた，企業間競争をさらに激化させることになる。企業間競争が熾烈さを増せば増すほど，個々の企業の利潤は減少することになる。そこで個々の企業は，それを回避しようとして，カルテル，トラスト，コンツェルン，コングロマリット，とよばれる企業結合形態を成立させることになるのである。現在の企業の状態は，まさに利潤減少に直面し，それを克服するために，法的にも規制緩和がなされ，ますます企業同士の合併・吸収（M&A）や持ち株会社の利用が，顕著にみられているのである。ここでは，まず，わが国の企業結合形態としての企業系列についてみてみよう。

(1) 縦の企業系列としての企業集団

わが国の企業結合形態として，「縦の企業系列」とよばれる企業集団があ

る。これは，トラストの変種とみなすことができる[14]。日本の大企業は，その傘下に数多くの子会社・関係会社を抱えている。子会社は，親会社である企業によって50％を超える株式を所有されている。また，関係会社は，親会社に20％以上50％未満の株式を所有されている会社をいう。

　企業系列形成におけるメリットは，親会社においては，第1に資本の節約および，時間の節約が可能になること，第2に，子会社という別の法人格で事業を行なうことにより，雇用条件の差別化が可能となることである。

　子会社・関係会社においては，企業系列に入ることにより，取引の安定性が高まることや親会社の名前を利用することによって，社会的評価も高まり，雇用や融資の面で有利となることがメリットである。また，新規事業の進出の際には，親会社の「企業文化」では困難な事業において，子会社・関係会社が有利となる。

　しかし，企業系列下における子会社・関係会社において，メリットばかりが存在するわけではない。まず，親会社・子会社の関係を支配・従属の関係として捉えてみると，子会社は親会社の収奪の対象としてのみ存在し，親会社は，子会社に対して無理な条件でのみ取引を行ない，子会社は，それに対して低賃金の長時間労働で応じているというような見方もある。しかし，企業系列に属さない中小・零細企業に比較すると，先に示したメリットの方が大きい。

(2) 横の系列としての企業集団

　もう1つの企業結合形態は，横の系列としての企業集団である。横の系列として知られる企業集団は，コンツェルンの変種とすることができる[15]。6大企業集団（三菱，三井，住友，三和，芙蓉，第一勧銀）のうち，旧財閥系といわれる，三菱，三井，住友の企業集団は，戦前の財閥が今日の形に変容したものである。その変容の契機は，戦後の財閥解体である。財閥解体により，家族持ち株は売却され，財閥本社は解体され，持ち株会社は，禁止され

ることになる。さらには，財閥商号の使用の制限，過度経済力集中排除法や独占禁止法の制定によって，戦前の財閥は事実上解体される。しかし，その後の独占禁止法の緩和により，分割された企業の多くが再統合へと向かい，資本の自由化に備えて，株式相互持ち合いの実施，そして，社長会の開催が行なわれるようになるのである。これが，高度成長期になると「企業集団」に属する都市銀行をメインバンクとして系列融資を行ない，総合商社を中核として相互取引を行なうようになったのである。しかし，その後の高度成長期の終焉に伴い「企業集団」は，大きな転換を迎えている。金融市場が緩和されている状況においては，企業は，メインバンク以外の金融機関から，より低利に資金を調達することができた。それは，メインバンクのチェック機能を制限する働きをもっているからである。また，株式持ち合いは，「右肩上がり」の経済においては，株式を売却しなくとも所有しているだけで莫大な「含み益」をもたらし，それを担保に資金を調達することも可能であった。ところが，株価が長期的に下落するような事態に至った今日では，逆に莫大な「含み損」となり，株式を売却し，持ち合い関係を解消し，スモール化して経営危機を乗り切ろうとする企業も一部でてきている。このような状況は，わが国の国際競争力をいちじるしく低下させることにもつながってゆく。そこで，法的には持ち株会社の解禁，そして，企業結合の規制緩和がますます促進されるようになるのである。つまり，またも企業を巨大化することで莫大な資金力を確保し，国際競争に打ち勝つ強い日本経済を確立しようとするものである。しかし，バブル崩壊後の企業結合の仕方は，次のような傾向にある。

　現在，日本の大企業は，内部組織を子会社として分社化することによって，自らスリムな本社となった上で，改めて全体を「企業グループ」として統括しなおすことも盛んに行なっているのである。企業グループには，財閥系のような多角的な企業グループのみではなく，特定の産業分野に中心をおいているグループも存在している。日立，松下，トヨタのような巨大企業が

中心となって形成する関連グループの形成である。つまり、自社の内部単位を、順次外部化した結果が「企業グループ」という姿なのである。このグループ化こそ、肥大した組織を活性化させ、現代の新しい企業結合の形態を示すものといえる。つまり、現代企業は、M&Aや内部成長の肥大化による硬直化を回避するために、内部単位を順次外部化し、その上で新たな形で（グループ化）統合化を試みているものである。しかも、独禁法第9条の改正により、純粋持ち株会社へ転化することが可能となった現在、本社に残された事業部門を擬制的に分社と同じように扱う「社内カンパニー制」を導入する必要もなくなってきているのである。

　このように、現代企業は、人員削減によってスリム化しているものの、「国際競争力の確保」のためのグループ化など、時代に対応した新しい形での真のリストラクチャリング（事業の再構築）により、大企業の独占の時代に再び突入しているともいえるのである。

　今日では、先進資本主義社会において、ほとんどの大企業で所有と経営の分離が成立し、専門経営者支配が実現されているというのが一般的な見方となっている。株主は、企業における多くの利害関係者集団の一部であり、経営者やそのグループに影響を与えることができたとしても、直接的な支配を実現することは困難になったといえるであろう。特に、わが国においては、会社機関である株主総会、取締役会は、形骸化の問題を呈しているのは周知のごとくである。

　現代企業の代表的企業形態である株式会社は、全社員有限責任制度により、「所有と経営との関係」を人格的に分離することになるばかりでなく、「所有と経営」の完全な機能的分離をも可能にする。経営者は出資者である所有者の意思とは無関係に企業を経営することができるのである。このことは、経営が、所有者の人間的制約から解放されることを意味している。個人企業は、その所有者である企業家に、その存続が大きく依存されることになり、その企業家の死によって、企業の存続が絶たれることも多いが、株式会

社においては，そうした問題は回避されることになる。その反面，会社の存続と自らの生活とが直結している個人企業の所有者の方が「企業家精神」を発揮しやすいことになる。今日において，小企業におけるベンチャービジネスの育成・推進が叫ばれるのは，小企業の方が，大企業には適さない新規事業分野に立ち向かう意思と努力を備えているからであろう。

　大企業の経営者は，経営が会社機関によって行なわれることにより，その性格は官僚的になり，既存の方法に従って行動することを好むようになる。経営が会社機関の合意によってなされる限り，個人の独断による実行が不可能になるからである。しかし，現代における経営者の中には，バーリとミーンズによって期待された，企業を取り巻く諸種のステイクホルダーの利害を調整し，各種ステイクホルダーに最大限の満足を与えようとするような，社会の制度として忠実に行動する「中立的なテクノクラシー」タイプの経営者ばかりではない。経営者は，自己の利益を求めて，「所有者」の利益を犠牲にして行動するものも含まれる。

　チッソの水俣病をはじめ，戦後の日本の公害問題の多くは株式会社による不祥事である。また，ミドリ十字の薬害，三菱自動車などの欠陥車リコール隠し，東京電力や関西電力などの原発事故，オリンパスや大王製紙，ライブドアなどの粉飾決算や損失補てん，雪印食品，ミートホープ，不二家，船場吉兆などの偽装表示や賞味期限切れ商品の再提供等々，数えれば限りがないほど，日本の株式会社の不祥事は後を絶たない。さらに，無謀なM＆A，従業員や地域社会のことを考えない一方的なリストラ等の事件は，日本の会社機関の構造的な側面が機能しておらず，経営者の暴走を阻止できなかったことに問題があるといえよう。経営における構造上の基本的仕組みの改革，そして経営者の行動に対する監視機能の強化の必要性が叫ばれるところである。今日では，この問題はまさにコーポレート・ガバナンスの議論として深まりをみせており，今後の企業のガバナンスのあり方が問われることになる。

4. 現代企業のコーポレート・ガバナンス

(1) コーポレート・ガバナンスとは

バーリとミーンズの研究の後，企業の究極的支配者をめぐって，今日まで多数の研究がなされてきているが，それは，バーリとミーンズの問題提起が現代でもなお，重要な問題となっているからにほかならない。この問題は今日，コーポレート・ガバナンス（Corporate Governance）の理論で扱われており，企業統治を意味している。そして，「強大な経済的・政治的・社会的権力の中枢として機能している巨大な株式会社の究極的支配者は誰であり，その究極的支配者の巨大株式会社を介して行使する権力は正当性をもつのか否かという問題に帰着する。そればかりでなく，もしも株主による支配が否定されるのであれば，私有財産制度に基礎を置く現代資本主義体制の大前提が崩壊したことになり，少なくとも巨大株式会社を規定している法体系の見直しがせまられることにもならざるを得ない」[16]のである。

本節では，現代におけるコーポレート・ガバナンスのあり方と課題を明らかにしてみよう。

さて，コーポレート・ガバナンスのあり方を問うということは，単に偶発的な一過性の不祥事を問題とするにとどまらず，日本企業の経営そのもののあり方を問うことに通じている。つまり，なぜ企業不祥事が多発するのかを突き詰めれば，経営者の暴走を阻止できなかった理由は，一過性というよりも会社機関としての構造的側面に原因があるという見方が強い。取締役会はなぜ阻止できなかったのか，監査役はチェックできなかったのか，経営意思決定の仕組みはどうなっていたのか，そもそも，こうした「企業は，誰のために，どのように経営されてきたのか」を構造の面から究明し，これからの経営そのもののあり方を問わなければならない。

寺本義也は，「これまでのコーポレート・ガバナンス論は，企業の所有関係を中心とした『企業は誰のものか』という議論に傾きがちであった。しか

し，今日の大規模化し，複雑化した企業を対象として取り上げる場合，それだけでは不十分である」[17]として，企業経営の視点に立つガバナンス論を展開している。寺本は，企業，特に，大規模な公開会社を効率よく経営するためには，どのようなコーポレート・ガバナンスを行なうべきか，という視点にたっている。寺本によれば，次のような問題も，現代のコーポレート・ガバナンス論で取扱われるべき問題である[18]。

① いかなる経営意思決定システムを構築すべきか。② その意思決定をいかに牽制すべきか。③ ステイクホルダーと総称される多様な利害関係者（株主，経営者，従業員，債権者，関連企業，取引先・顧客，地域社会等）相互間で，どのように権限と責任を分担し，どのように経営成果を配分すべきか。

①～③は，コーポレート・ガバナンス理論を拡大することになる。つまり，「企業は誰のものか」から「企業は誰のために，何をどのようになすべきか」という，より広い文脈の中での必要な機能的なコーポレート・ガバナンスを取り扱うことになるのである。したがって，機能的なコーポレート・ガバナンスとは，ガバナンスの基本的な方向を示す「戦略性」を明確にし，経営情報の積極的な開示による「透明性」を確保し，広く企業外部に開かれた「社会性」を確立することによって，企業の「革新性」を実現することを体現した「健全で強い企業」をつくるための制度的枠組みなのである。

以下，日本企業のガバナンスの現況をみることによって，これからの日本企業のガバナンスの課題を明らかにしたい。

(2) 日本企業のガバナンスの現況と課題

日本の会社法が定める株式会社の機関は，株主総会，取締役会，代表取締役および監査役（会）によって成り立っている。株主総会においては，株主の総意に基づいて取締役の任免を含む大綱的な会社の最高の意思決定がなされ，そのもとで取締役会によって，株主総会によらない事項，株主総会から

委譲された事項，そして業務上の決定，取締役の相互監視がなされる仕組みとなっている。

しかし，それは建前においてであり，ほとんどの上場企業の株主総会は，毎年6月下旬の特定日に集中して開催し，短時間で終了するという著しく形骸化したものになっていたことから，この解消をめざして商法は改正された。しかし，株主の関心は，短期的な自己の利益（配当金）に集中しており，投資家的行動を取るのが大半であり，企業の出資者ないし企業財産の共同所有者としての意識は希薄である理由から，株主総会の機能化は大きな課題である。株主は，企業の業績が悪化しそうになれば，当該株式を売却して，他の株式や債権の購入に向かう傾向が強い。それにも増して日本においては取締役会も形骸化の一途をたどっており，取締役会の機能化も今日の重要課題である。

代表取締役社長（経営者）を監視すべき立場にある取締役は，経営者の代表である社長や会長の意向に沿って選任され，取締役会もまた形骸化し，その監視機能が果たせなくなっている。さらに，経営者と取締役会の双方を監視すべき監査役（会）も，取締役会との間に法形式上の垂直的な上下関係がないばかりか，実態としては，監督・監査する側とされる側が逆転した関係になっており，その実効性は疑わしいものとなっているのである。

このような現況は，日本企業のガバナンス構造に問題がある。以下，その構造上の問題要因を探り，今後の課題を明らかにしたい。

まず第1に，日本の大企業は取締役の人数が多く，そのほとんどが社内で昇進した社員が「社内取締役」に就任するのである。さらに，合併企業や規制業種では，「たすき掛け人事」や「天下り人事」により，取締役の数は増大する（これは，約80％を社外取締役で占めるアメリカの取締役会とはまったく対照的である）。日本の社内取締役は，代表取締役，業務担当取締役のいずれかであり，彼らの間には社長・専務・常務といった業務執行上の序列が存在している。さらに，取締役・監査役の人事権も実質的には代表取締役社長の

手中にあるため，取締役会・監査役会が代表取締役らをチェックすることは困難なのである。思い切って，海外から実力のあるCEOを招き，代表取締役社長の交代も有効であるといえる。たとえば，日産自動車が，ルノーから，カルロス・ゴーン氏を招き入れ，日産の社長兼CEOに就任させたことは，有効であったといえるだろう。しかし日本社会では頻繁に経営者交代を行なう風土が定着していないのが実情である。

　これを改善するには，取締役を本来のあり方に近づけていく努力が不可欠であろう。社内取締役中心の取締役会に実質的なガバナンス機能が期待できないのであれば，法制度として，取締役会の経営意思決定機能と業務執行機能を分離し，一定比率の社外取締役の導入を義務づけることが考えられる。また，監査役のチェック機能強化と透明性の確保がなされなければならないことから，1993年の商法改正で監査役制度の強化がなされた。その後，2001年3月には法務省が社外取締役の導入をすべての大手企業に義務付ける商法改正案をまとめ，2003年4月に施行された改正商法では，大会社が従来の監査役を廃して，委員会設置会社に移行できるようになった。

　ところで，1997年時点では社外取締役の人数は少なく，しかも，経営者から独立しているとは考えにくい社外取締役の比率が多かったのに対して，1997年以降，社外取締役の数が増えただけでなく，ある程度経営者から独立した社外取締役（弁護士，学者，会計士，退任した経営者，元官僚など）に変化したことはよいことである。しかし，国際的にみると，その数は圧倒的に少なく，普及したとはいい難い。日経500に含まれたことのある企業418社中，日本で社外取締役が取締役会の過半数以上を占めている企業は，わずかに8社しかなかった[19]。

　第2に，株式会社の主権者とされる株主が経営者に対するガバナンス機能を発揮する場として，株主総会，株式市場，株主代表訴訟等があるわけであるが，実際には，株主総会の形骸化，株式市場では，株主がプライス・メカニズムを通した影響力を行使しにくい状況にあるなどの問題を含んでいる。

しかし，近年では，バブル経済崩壊後の株価低迷や株式持ち合いの解消傾向，外国人投資家の日本株保有比率の増加などを背景として，ROE（株式資本利益率），キャッシュ・フロー（現金概念重視の企業価値），IR（投資家向けの広報活動）を重視する方向へ変化しようとしているのは好ましいことである。さらに，1993年の株主代表訴訟の簡素化によって，違法行為に関する抑止力が高まり，しかも，帳簿閲覧用件の緩和によって株主のモニタリング機能が強化されたことにより，株主代表訴訟は急増している。ようやく，株主は，その影響力を実質的に行使し始めたといえよう。

　第3に，日本固有の株式所有構造における問題であり，むしろ，第1の問題として掲げてもよいほどの問題に，すでに示した図表1-2より，金融機関や事業法人の持ち株比率が依然と高い比率を維持していることが上げられる。しかも，事業法人と金融機関は，「安定株主」として互いに所有し合っており，こうした株式持ち合い関係にある企業間においては，通常なんらかの取引関係がある。たとえば，金融，保険，貸付，仕入れ，販売などの関係である。

　株式を持ち合った企業の経営者は，大株主としての発言権を行使するよりも，相互にサイレント・パートナーとなり，株主総会において支配権を確保するのに必要な白紙委任状を手にした経営者は，自らの保有株がわずかであっても，自らを，あるいはその後継者を選任できることになるのである。1997年，持ち株会社の解禁が施行されたことにより，純粋持ち株会社は，経営の効率化，新規事業の育成，人事・賃金体系の柔軟性，親会社と子会社のリスクの分断などのメリットがあるものの，マクロ的には金融機関による産業支配の強化，財閥の復活や政治力を強めた強い影響力をもった企業集団の出現，大企業と中小企業の事業力格差の拡大などのデメリットも予想されるため残された課題は多い。

　第4に，銀行，特にメインバンクのモニタリング機能の低下の問題がある。従来，日本企業においては，形骸化した取締役会や監査役に代わって，

銀行が債権者として企業外部からモニタリング機能を果たしてきた。しかし，1970年代後半以降，日本経済が低成長化したことによって資金需要が鈍化し，80年代後半からは，日本企業によるエクイティ・ファイナンス（時価発行増資，転換社債，ワラント債）が活発化するとともに，メインバンクの影響力は低下し，経営者は自由裁量権を拡大していった。その傾向は，2008年のリーマンショック以降，顕著であり，早急なメインバンクのモニタリング機能の回復を望むところである。

　第5に，株主やメインバンク以外のステイクホルダーである，従業員，取引先，監督官庁等をみてみると，まず，業界・官僚・族議員から構成される「鉄の三角形」が，企業のガバナンスを左右することが少なくないのである。佐久間信夫は，「わが国の企業とステイクホルダーの関係は，常に企業偏重の姿勢をとる政府の存在によってその大枠が形づくられているといっても過言ではない」[20]と述べている。明確な法の規定に基づかない「行政指導」「窓口指導」などは，法治主義の観点からも明確に規定すべきであり，それが企業偏重であってはならない。

　第6に，これまで従業員は，日本的経営と密接に関係し，企業が経営者，従業員からなる一種の運命共同体として経営されてきたことにより，株主ではなく，経営者を含む従業員が株式会社のメンバーであると意識し，その代表者たる経営者が会社を支配するという関係が成立してきた。しかし，最近では，能力主義による年俸制の導入，出向制度，早期退職制度の導入などにより，従業員の企業への長期的コミットメントが薄れてきている。企業の「内部化」思考から脱却し，従業員と株主のいずれかといった選択にあるのではなく，従業員や株主を含むすべての関係者の利害のバランスと調整こそが望まれるであろう。さらに，内部化思考の歪みと考えられるが，日本の企業と従業員の関係で常に問題とされているのは長時間労働，低い労働分配率，雇用条件の男女格差，サービス残業，過労死などである。佐久間信夫が指摘するように，これらの問題を現在の法律の効力でもって解決しようとし

ても，問題に関わる法律（労働基準法，男女雇用機会均等法等）もまた，経営者団体の強い圧力のもとで制定されるという難問をかかえているのである[21]。

日本においては，企業とステイクホルダーの間で中立性・独立性を堅持できない政治・経済システムに問題の根源がある。この問題の解決方法としては，（本稿では紙面の都合上，取り上げることができなかったが）アメリカにおけるコーポレート・ガバナンスが参考になるであろう。たとえば，すべてのステイクホルダーが公開企業の株式を取得して株主権を行使しうる立場へ転換したこと，アメリカのSECが株主総会において，経営者とステイクホルダーが対等に戦える方向に何度も委任状説明書の規則を改正したこと，アメリカ労働省がERISA法やエイボンレターなどによって，年金基金が企業に対して年金加入者の権利を守るように行動する方向づけを行なったことなどは，政府と企業とステイクホルダーの間でいかなる役割を果たすべきかを明確にしているものであり，日本におけるコーポレート・ガバナンス構造の改革のために参考になるであろう[22]。

第7に，取引先についてであるが，企業は他の経済主体と資本，原材料，商品，情報等の取引を行なうことによって，相互依存関係を構築しているわけであるから，取引先が経営者に牽制を加えることもあり，ガバナンス上，その影響力行使には期待できるものがある。特に，サプライチェーンの中核的な部品・素材分野と，将来の雇用を支える高付加価値の成長分野を手がける取引先企業に期待したい。

いずれにしても，企業は高度に巨大化し，社会的な影響力も大きく計り知れないものになっている今日，企業は株主のために存在しているとか，従業員のために存在しているとか，いずれかといった択一的選択をなすのではなく，企業に関わる多くの利害関係者の利害の満足をめざして，その調整とバランスを取りながら，全世界的規模で社会によりよい影響力と発展を与えることこそが21世紀企業の課題であると考える。

第8に，日本では，複数の企業が特定の企業集団を構成したり，大企業が核となって子会社や関連会社とグループを組織していることは，すでに述べた通りである。しかも，グローバル化が進展し，日本企業が外国企業を買収したり，逆に外国企業に日本企業が買収されるなど，グローバルなM&Aが盛んな構造的環境変化の中で，日本企業はグループ全体としての事業構造の再構築が求められている。1996年以降，日本企業も海外事業展開としての対外M&Aの拡大が見られ，図表1-4および1-5のように，買収や資本参加が増加している。その理由は，サプライチェーンに関してみれば東日本大震災の影響も考えられるが，迅速な事業展開へのニーズや長期的な円高等があげられる。

　しかし，ここで事業組織のガバナンス問題が従来のガバナンスに加えて発生し，2重のガバナンス構造へと変化することになる。つまり，大企業における事業ガバナンスが，事業規模の観点から見て，企業ガバナンスと同等の重みをもつことに至ったということである[23]。つまり，これからのグループ

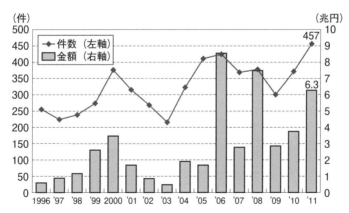

図表1-4　わが国の対外M&Aの件数および金額の推移

備考：発表案件，グループ内M&Aを含まない。金額は公表されているものに限る。
資料：レコフデータベース（2012年2月）から作成。
出所）経済産業省『2012通商白書』282ページ

図表1-5　わが国の対外M&Aの形態別件数の推移

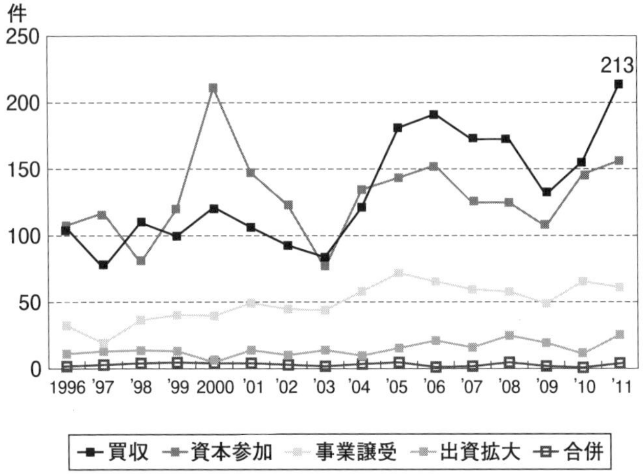

件数250（縦軸最大）、2011年の買収は213件。凡例：買収、資本参加、事業譲受、出資拡大、合併。年次は1996～2011年。

備考：発表案件、グループ内M&Aを含まない。金額は公表されているものに限る。
資料：レコフデータベース（2012年2月）から作成。
出所）経済産業省『2012通商白書』282ページ

化は，グローカルなレベルで個々の関係会社の自律と成長を促進しながら，グループ全体としての統合力と成長性をいかに確保するかにある。そのためには，より明確な戦略的な方向づけを志向した「グループ経営」への転換が求められよう。また，グループ企業をコーポレート・ガバナンスの観点からみるならば，グループ企業は，取引先と同様に，ステイクホルダーとして相互依存的な関係にあるため，相互に牽制し，影響力を及ぼしあうことによって，経営者を牽制し，今日の経営者が「中立的なテクノクラシー」として機能できるように変革しうる核となる存在であるといえよう。まず，手始めの課題は，性急買収した海外子会社のガバナンスを確立することが求められる。

最後に，これからのグローバル社会に向けて，企業は国際的にも社会に開かれた存在にならなければならない。したがって，企業の内部化傾向の強い

日本においては，特に，企業の側から積極的に，多様なステイクホルダーとの信頼関係を構築すべきである。そのために，「よき企業市民」としての自覚をすべての経営者に促し，CSR経営へと転換し，インベスター・リレーションズ，顧客満足，社会貢献などの社会関係におけるガバナンスのあり方がきわめて重要である。また，企業に関わりあう多様な利害関係者は，単に企業の経営者の行動に受身で適応するのではなく，自らの利害を積極的に訴え，自律的に企業を牽制し，監視してゆかなければならない。

注）
1) 日本におけるM&A関連の規制緩和は，自社株買いの規制緩和（1994年10月以降），社債発行の適債基準の緩和（1996年1月以降），合併手続きの緩和と簡易合弁制の導入（1997年10月以降），合併届出基準の緩和（1999年以降），連結決算中心への移行（1999年度以降），その他，株式交換制度と会社分割制度の導入，持ち株会社の解禁，倒産法の改善などがある（菊池正俊『TOB・会社分割によるM&A戦略』東洋経済新報社，2000年，236〜237ページ）。
2) 経済産業省は，ベンチャーなどの新規開業を資金支援する包括策をまとめている。バイオやナノテク（超微細技術）など，ハイテク成長分野に出資し起業を促進するとともに，開業率を引き上げることで雇用の拡大につながるとみている（『日本経済新聞』朝刊，2001年8月24日）。
3) 森本三男『経営学入門』同文舘，1998年，10ページ
4) 同上書，9ページ
5) 同上書，14ページ
6) Berle, A. A. and Means, G. C., *The Modern Corporation and Private Property*, Macmillan, 1932, pp. 115-116.
7) 株式会社支配に対する調査報告は，モノグラフ第29集『最大非金融200社における所有の分布』(Monograph No.29, *The Distribution of Ownership in the 200 Largest Nonfinancial Corporations*, 1940.) に収められている。
8) コッツは，金融支配説を主張するわけであるが，彼は支配を「会社を指導するための広範な政策を決定する力」(Power to determine the broad policies guiding a firm) と定義し，取締役会の意思決定への部分的参加の意味を示している（Kotz, D. M., *Bank Control Of Large Corporations in The United States*, 1978, p.1. 西山忠範訳『巨大企業と銀行支配』文眞堂，1982年，4ページ）
9) Larner, R. J., Ownership and Control in the 200 Largest Non Financial Cor-

porations, 1929 and 1963, *The American Economic Review*, Vol.56, Sep. 1966.
10) 森本三男，前掲書，19ページ
11) 奥村宏『最新版 法人資本主義の構造』岩波書店，2005年，245〜248ページ参照のこと．
12) Burnham, J., *The Managerial Revolution*, John Day, 1941.（武山泰雄訳『経営者革命』東洋経済新報社，1965年）
13) 森本三男，前掲書，24ページ
14) トラストは，特定産業部門に属する複数の企業が，産業支配を目的として合同することである（工藤達男・佐久間信夫・出見世信之『現代経営学における企業理論』学文社，1997年，32ページ）．
15) コンツェルンは，各種産業部門に属する企業が，資本結合，人的結合を通じて，国民経済全体をも支配することを最終的に目的とした企業結合形態である（同上書，34ページ）．
16) 工藤達男・佐久間信夫・出見世信之，前掲書，76ページ
17) 寺本義也『日本企業のコーポレートガバナンス』生産性出版，1999年，15ページ
18) 同上書，15〜16ページ
19) 宮島英昭編著『日本の企業統治―その再設計と競争力の回復に向けて―』東洋経済新報社，2011年，188〜190ページ
20) 佐久間信夫「経営者とステイクホルダー」『日本経営学会第73回報告要旨集』同志社大学，1999年，68ページ
21) 同上書，75〜77ページ
22) 同上書，77ページ
23) 宮島英昭編著，前掲書，61ページ

▶ 学習の課題

1 企業が現代の制度的私企業に至るまでの企業形態の発展段階をまとめてみよう．また，今日の日本企業は制度的私企業段階に到達しているか否か検討してみよう．

2 「所有と経営の分離」が生じることによって起こる，経営者の性格の変化を考えてみよう．

3 日本における現代のコーポレートガバナンス問題について議論し，その改革案をさらに考察してみよう．

◆ 参考文献

Berle, A. A. and Means, G. C., *The Modern Corporation and Private Property*, Macmillan, 1932.（北島忠夫訳『近代株式会社と私有財産』文雅堂，1958年）

岡本康雄編『改定増補版　現代経営学辞典』同文舘，1996年

工藤達男・佐久間信夫・出見世信之『現代経営における企業理論』学文社，1997年

坂本恒夫・佐久間信夫編『企業集団支配とコーポレートガバナンス』文眞堂，1998年

正木久司『株式会社支配論の展開（アメリカ編）』文眞堂，1983年

寺本義也『日本企業のコーポレートガバナンス』生産性出版，1999年

宮島英昭編著『日本の企業統治―その再設計と競争力の回復に向けて―』東洋経済新報社，2011年

森本三男『経営学入門』同文舘，1998年

● 第2章のポイント

■ 現代企業は，組織体という自律的協働システムを通じて「経営」が営まれている。

■ 経営するとは，企業に委ねられているすべての資源（人的，物的，資本的，情報，文化など）から，できるだけ多くの利益をあげるように努力しながら企業目的を達成するように事業を運営することである。

■ 経営において基本的に「何をなすべきか」を決定する，その意思決定者が「経営者」（CEO）である。経営者は，企業の将来にわたる基本的・根幹的意思決定を行なう。

◎ 基本用語

【制度派経営学】　現代企業は，専門経営者を支配者として出資者の収益性機関から脱し，多様なステイクホルダーと相互作用しながら，すべてのステイクホルダーの期待ないし利害に応えるように多数の構成員が協働する社会的組織，つまり，制度的私企業である。このように捉える立場が制度派経営学である。

【経営管理（マネジメント）機能】　H.ファヨールが指摘した，予測（活動計画），組織化，命令，調整，統制という機能が，まさに現代のマネジメント機能把握の源となっている。

【事業の経営活動】　企業は，組織体を通じて事業の経営を行なう。事業の経営過程は，H.ファヨールによれば，①技術的活動，②商業的活動，③財務活動，④保全活動，⑤会計的活動，⑥管理活動の6つに分けられる。

第2章　現代の企業経営とマネジメント

　現代における制度的私企業である現代株式会社においては「所有と経営の分離」がなされており，実際の企業の経営は「専門経営者」に委ねられている。それでは，現代企業における経営者の役割とは，どのような内容を持っているものなのだろうか。本章では，現代企業の経営者の役割を，現代企業の経営の特徴を明らかにすること，さらに，現代の経営管理（マネジメント）とは何であり，どのような内容を含んでいるかを見ることを通じて考察してみたい。そのために，現代企業をグローバルな世界に開かれた制度的私企業と捉え，めまぐるしく変貌する企業の外部環境に対応し，現代の専門経営者の視点から，その役割と使命を探究していきたい。それは，制度派経営学の立場から考察することであり，現代社会の変化を洞察した上で，企業の制度的意味，つまり，企業の社会的意味を追求するとともに，その主要な担い手である専門経営者の性格や機能（役割）を問うという2つの視点から現代企業の究明を行なうことでもある。特に本章では，現代企業の制度的意味・社会的意味を追求する。

1. 現代社会の変化と企業経営

　現代の企業は，もはや専門経営者を支配者として，出資者の収益性機関から脱し，多様なステイクホルダーと相互作用しながら，すべてのステイクホルダーの期待ないし利害に応えるように多数の構成員が協働する社会的組織，つまり制度的私企業である。企業をこのように捉える立場にあるのは，制度派経営学の研究者たちであり，その代表的研究者はすでに述べた，バーリとミーンズである。その後，1939年代から1995年代までのドラッカー（Drucker, P. F.）が位置づけられるであろう。

　彼は初期の作品『新しい社会と新しい経営』(*The New Society* : *The Anatomy*

of The Industrial Order, 1950) において，20世紀の社会を自由に機能する産業社会と捉え，産業的企業はすべての産業国家において，決定的，代表的，構成的，自律的制度であるとする[1]。

　また，企業を主要機能から分析すれば，経済的機能，統治的機能，社会的機能といった三重の性格をもった制度でもある。ところが，20世紀は，もっぱら企業の経済的機能こそ至上とされ，われわれに物質的豊かさと近代化した生活をもたらした恩恵の代償として，企業は公害問題を続出させ，今日では地球的規模の環境問題にまで発展させてしまった。さらに，バブル崩壊後は，特に大企業における大勢の従業員のリストラによる失業問題が社会問題化され，人間は取り替え可能な歯車として扱われることになる。ドラッカーが理想とした産業企業体を中心とした，人間の本性に関わる自由に機能する社会，人間の真の自由・責任に基づく，人間の尊厳を尊重する社会は実現されなかったのである。

　しかし，われわれは，20世紀の産業社会における企業の成功裏に随伴的に生じた諸問題を解決せずに放置することはできない。企業は変化するものであり，積極的なイノベーションなしに発展はありえない。とすれば，21世紀企業としてのあり方をここで探求することこそ重要であり，われわれの使命としたい。

　さて，現代企業を，制度主義的観点から捉えると，まず初めに，現代的社会とは何か，どのように変質し，いかなる方向へ進もうとしているのか，現代社会の特質を明らかにしておかなければならないだろう。

(1) 現代社会の原理について

　ドラッカーによれば，20世紀の社会は社会全体に経済はもとより産業企業体（industrial enterprise）の原理，つまり企業の原理が貫徹されていることにあった。ここで企業の原理とは，大量生産の原理（the mass production principle）であり，大量生産の原理は，単に専門化や分業を規律する生産そ

のものの原理にとどまるものではなく，機械化や個人の結合と組織化を規律する原理となり，大量に生産された製品や（サービス）の流通によって生活様式を規定し，人間の思考様式や行動全般を規制するなど，経済，社会，文化のすべてを動かす原理になってゆくと考えた[2]。

　確かに，われわれは大量生産の原理によって近代化を推し進め，モノあまりが指摘されるほど，物質的には何の不自由もない豊かな時代になっている。そして，経済の低成長の時代となった今日，サービスや情報が重要な経営資源と化す時代に到来している。しかし，大量生産の原理は，われわれの社会に近代化・科学化・機械化は推し進めたものの，機械と個人の結合，さらには組織化を規律する原理にまで高められるまでには到達していない。ましてや，経済，社会，文化のすべてを動かす原理にはなっていないのが実態である。20世紀は，人間も機械の一部になり，大量生産の原理に，つまり，機械に操られていた時代ではなかったのだろうか。人間の創った機械に，逆に人間が操られ，人間は主体性のない機械のごとくになり変わり「人間疎外」「過剰労働」さえもたらしたともいえよう。そこにはやはり，ドラッカーが失望したように，経済的価値一辺倒の企業の姿，合理化・効率・生産性といった物質的価値のみが優位となり，社会性・人間性といった価値は，犠牲とならざるをえないほどに物質的近代化が推し進められたといえるのである[3]。

　ところが1990年代に入り，右肩上がりの経済成長はもう望めない時代が到来すると，ようやくわれわれ人間は，近代化と同時に失ってきた「心の豊かさ」「人間尊重」「企業の社会性」「地球環境問題」に目を向けるようになってきた。そして，これから企業を支え，発展しうるには，もはや機械ではなく，われわれ人間自身の「知識」に頼るしかないことに気づくようになってきた。それに付随して，企業における人間尊重や「個」の尊重も考慮されることになる。近年，知識創造の時代，ナレッジマネジメントという言葉がもてはやされるようになったのは，周知のとおりである。しかし，この21世

紀に至ってもなお，1950年代以前の近代企業である資本的私企業を前提とし，収益追求という資本の論理のみを貫徹させようとする企業が，どれほど企業の知識創造や人間尊重を訴えても，その前提となる企業観をかえない限り，新たな知識創造や真の人間尊重は実現されないであろう。現代の企業は，制度的私企業を前提として，企業を取り巻くあらゆるステイクホルダーからなる社会と人間存在から出発しなければならない。初めに「人間存在ありき」「社会ありき」である。

　それでは，この21世紀企業は，いかなる方向に進むべきなのか。

(2) 現代企業の方向性

　ドラッカーは，『ポスト資本主義社会』(1993) において，現代社会を資本主義社会から変質し，知識社会の方向へと向かっていることを鋭く直視し，今日では「知識」こそが，資本と労働にも増して最大の生産要素となったと捉える。そして「知識が単なるいくつかの資源の1つではなく，資源の中核になったという事実が，われわれの社会を『ポスト資本主義社会』とする」[4]と主張する。

　社会の重心が知識へ移行していく上で，われわれは産業革命から生産革命，そしてマネジメント革命という3つの段階を経てきた。この変化の根底にあったものは，知識の意味の根本的変化である。従来の知識の意味は，伝統的な意味での一般的知識である。これに対し，今日，知識とされているものは，必然的に高度に専門化された知識である。

　一般的知識における知識の真の目的は，自己を知ることであり，自己を啓発することであり，知識の成果は，何をいうかを知り，いかに上手にいうかである。ところが，今日の教養課程（リベラル・エデュケーション）の基本となるものは，文法，論理，修辞であり，「何をいうか，いかにいうか」のための道具にすぎない。本当の知識とは「何をなすか，いかになすか」のための道具でなければならないのである。今や，知識とされるべきものは「成

果を生む知識」であり，知識であることが行動によって証明されなければならないのである。今日，われわれが知識としているものは，行動にとっての効果的な情報であり，成果に焦点が当てられた情報なのである。そして，その成果は，人間の社会と経済，あるいは知識そのものの発展にあるのである。知識は，成果を生むために高度に体系化された専門知識でなければならない。そして高度に体系化された専門知識こそ「技能」とよぶにふさわしいのである。このように，ドラッカーの知識理解は，知識そのものの意味が変化し，一般的知識から専門知識へと転換されることによって，知識は，新しい社会を創造する力となると理解するのである。したがって，ドラッカー流に考えれば，知識とはまず，人間自身を知ること，つまり，自己を知ることであり，望ましい方向や目標に向かって，自己啓発することである。そうして得た知識は，社会における何らかの問題解決のために行動に結びつけられ，具体的成果として証明されなければならないものである。そしてこの証明は，新しい社会を創造する力の証明なのである。

　さらにドラッカーは，知識の意味が一般的知識から専門的な知識へと移行することによって，また，社会の重心は産業革命から生産性革命，そして最後の段階となるであろう，知識そのものが最大の生産要素となる「マネジメント革命」の段階へと現実社会は変化していると捉える。新しい意味の知識とは，効用としての知識，つまり，社会的・経済的成果を実現するための手段としての知識である。そして，成果を生み出すために，既存の知識をいかに有効に適用するかを知るための知識こそが「マネジメント」なのである[5]。

　ドラッカーが述べるように，現代社会では，知識が個人にとっても，企業にとっても，社会全体にとっても重要になっている。現代社会の特徴として顕著にみられるのは，特に1980年代以降のコンピュータ，パソコン通信，インターネット，マルチメディアの急速な普及である。今や，コンピュータは生産過程，流通過程，組織，社会，経済の全体を大きく変化させている。このコンピュータの普及による情報化の進展は，われわれに，その情報を媒

介として新たな知識を豊かに蓄積することを可能にし，かつ，インターネット等を通じて，新たなコミュニケーション形態をも創出することとなった。新しいコミュニケーション形態は，双方向のコミュニケーションを可能にし，そこから，新しい意味創造・知識創造を可能にする。ところで，個人における個々の知識は，個人内部に蓄積するだけで，社会や組織など外部において活用しなければ不毛である。つまり，個人的知識は，何らかの目的をもった仕事に結びつけられて，はじめて生産的となる。したがって，知識社会は「組織」なしには成立しないことになる。組織とは，かのバーナードが述べるように，ある目的達成に向けた2人以上の人びとの協働体系（cooperative system）であるということができる。仮にある2人が情報のやりとりをしているうちに，コミュニケーションが深まり，互いに共通する目的があることを知り，その共通目的達成に向けて互いが協働しようとするとき，組織は成立するのである。つまり，知識社会というからには知識の有効活用が活発に行なわれ，知識が中核に据えられなければならない。しかし知識そのものは，単独では不毛であることから「組織」を媒介として知識を有効たらしめんとするしかない。この意味において知識は組織を必要不可欠なものとすることから，知識社会は組織社会であるということができる。21世紀は，多元的組織社会を理想とし，その組織は企業のみならず，大学，病院，非営利組織（NPO），消費者団体，マスコミ，政府，家庭，地方自治体，などの異なる社会的使命と目的をもつ多様な組織が共存しうる多元的組織社会となりうることが理想とされる。しかしこのことは，企業が本来の経済的機能のみを目的とし，社会性を持たなくてもよいということではない。

　21世紀は，多元的組織社会であるとしても企業は，社会的機能をますます果たす必要があると考える。そもそも企業組織は，社会の中に存在するわけであるから，その企業独自の使命・目的と社会の信念や価値とが結合されなければならないのであり，「――組織の経営幹部たる者は，自らの使命と目的が，社会において最も重要な使命，目的であり，他のあらゆるものの基盤

であるとの信念をもたなければならない。そのような信念が存在しないならば，その組織は，やがて信念と自信と誇りを失い，成果をあげる能力を失う」[6]ことになろう。筆者は，今日の企業に最も必要な課題は，企業組織と社会との結合にあると思われる。それは，ただ単に企業がフィランソロピー活動を行ない社会貢献するといったものではなく，真に企業においても社会の市民にならなければならない。そして，企業市民は社会にとって役に立つ信念こそ強固にし，その信念を支えに邁進することが必要である。企業組織が最高の仕事をするためには，その構成員たる者全員が，自らの組織の行なっていることが，社会とコミュニティにとって不可欠な貢献であることを自らの信念としていなければならない。そして21世紀の企業に求められるものは，ドラッカーが主張するように「組織はコミュニティを超越した存在でなければならない」[7]ことを理想としなければならない。企業組織は，コミュニティに根づかなければならないにもかかわらず，その一部となりきることが許されない。企業組織が，その組織独自の機能を発揮する自律的存在でなければ，その存在意義はなく，企業組織の存在すらなくなることを意味しているからである。

　しかし他方でわれわれは，社会にしても企業にしても，人間の「価値やビジョン，信条」などに関わる問題を今ここで問い，企業組織の経営活動においても，社会をつなぎ，人生に意味を与えるものすべてに関わる問題を考えることが重要である。

　現代企業組織の課題は，企業組織の社会的責任の真なる遂行にあり，経営者は「独立した知識組織からなる多元的社会に対して，いかにして経済的能力を発揮し，それを統治的，社会的な結合に結びつけるか」という問題にある。そしてこの課題の具現的実践においては，経営者のマネジメントが鍵となるであろう。

2. 企業組織のマネジメント（経営管理）機能について

マネジメント（management）という言葉は，目新しい言葉ではない。しかし，マネジメントという言葉は，これまできわめて曖昧性を含み，さまざまな意味に用いられてきた。経営と解釈する場合，管理を意味する場合，経営者層を意味する場合，あるいは管理者層を意味する場合などである。しかし，学問としての経営学においては，その概念・意味等を定義しておかなければならない[8]。

マネジメントは，第2次世界大戦の経験と，特に当時のアメリカの産業活動を通じて発見されたため，その後，産業活動を担う「大企業」に限定され適用されてきた。つまり，マネジメントといえば，企業のマネジメントに集中してきた。しかし今日では，企業，大学，政府，第3セクター，病院など，非営利な団体を含めて，あらゆる現代組織においてマネジメントを必要としていることは周知のものとなっている。それでは，マネジメントとはいったい何か。

(1) 経営活動における管理概念としてのマネジメント

企業は組織を形成し，その組織を通じてある種の事業経営を行なう上で，管理機能は不可欠であり，普遍的原理であることを提唱したのはフランスのファヨール（Fayol, H., 1916）である。彼によれば，まず，事業の経営過程で生起するすべての活動は，次の6つに分けられる[9]。

① 技術的活動（生産，製造，加工），② 商業的活動（購買，販売，交換），③ 財務活動（資金の調達と運用），④ 保全活動（財産と従業員の保護），⑤ 会計的活動（棚卸，貸借対照表，原価計算，統計など），⑥ 管理的活動（計画，組織，命令，調整，統制）である。

これらの6つの活動は，事業が単一であるか複合であるか，さらに規模の大小にかかわらず本質的職能として常に存在する。①〜⑤は，よく知られ

る活動であるが，現在ではファヨールが提唱する④の保全活動は人事・労務管理，財務管理の活動領域であるといってよいだろう。ここで注目したいのは，①～⑤職能と，⑥管理的活動がその性格上，明確に区分されるべきものであるということである。それは①～⑤までの活動が事業経営の諸活動の一部分であるのに対し，⑥管理的活動は，経営活動全般に関することである。①～⑤の諸活動を効果的に行なうためには，それぞれの活動が⑥管理的活動によって，企業全体の経営活動として統合する必要がある。企業全体として総合的にまとめて効果的に事業目的を達成するために管理的活動は必要なのである。

　それでは，管理とは何か。ファヨールによれば，管理とは，計画し，組織し，命令し，調整し，統制することである。計画するとは，将来を探索し，活動計画を探索することである。組織するとは，事業経営のための，物的および社会的という二重の有機体を構成することである。命令するとは，従業員を機能的に働かせることである。調整するとは，あらゆる活動，あらゆる努力を結合し，団結させ，調和を保たせることである。統制するとは，樹立された規則や与えられた命令に一致してすべての行為が営まれるように監視することである。

　このように理解すれば，管理とは，企業の社長や経営者たちの排他的特権でもなければ個人的任務でもない。それは他の5つの本質的職能と同じように，組織体のトップと構成員間で分担されるべき一機能であり，かつ，事業経営にとって不可欠な普遍的機能なのである。

　以上をまとめると，まず，経営するとは，企業に委ねられているすべての資源（人的，物的，資本的，情報，文化など）からできるだけ多くの利益をあげるよう努力しながら企業目的を達成するように事業を運営することであり，先に述べた6つの職能を確保することで発展させていくことである。管理は，経営がその進行を確保せねばならない本質的6職能の1つにすぎないのであるが，経営者の役割の中で，時には，経営者の役割がもっぱら管理的

であるかのようにみられるほどに大きな地位を占めている。なぜなら，その場合の管理は，企業組織の全体的管理を示すからであり，経営者の役割としての組織全体の統合機能に管理が密接に結びついているからである。

　さらには，管理は事業経営にとって普遍的な1つの機能であるが故に，組織体の全体的管理のみならず，各構成員間で分担されるべき仕事のあらゆる管理を含んでいるのである。

　マネジメントは，「あらゆる社会的機関・組織体において，組織の維持・発展・進化を成さしめるために，社会的存在たる社会の機関としての専門経営者および，経営管理者層が行なう特有の管理機能であり，人間社会の価値的・意味的次元をも含む体系化された専門知識を応用し，それを社会や組織そして個々人のために役に立つように適用すること」なのである。そして，本稿では，企業経営を，企業組織において事業活動を行なうために不可欠な組織体の全体的管理，つまりそれを，マネジメントとして展開することにする。

　さて，これまで論じてきたように今日の企業は，来るべき知識社会における社会の制度である。企業は，専門経営者を支配者として，出資者の私的所有物である収益性追求機関から脱し，多様なステイクホルダーと相互作用しながら，より多くのステイクホルダーの期待ないし利害に応えるように多数の構成員が協働する，社会的機関・社会的組織である。したがって，社会の中で企業が発展し，進化していくためには，それぞれの企業組織の規範や価値が，社会の規範や価値と矛盾するものであってはならない。もちろん，社会的価値も絶対的なものではなく，歴史の変遷やその文化的背景によって，それ自体変容するものであるが，少なくとも現代では，企業が発展すると同時に随伴的に露呈するに至った社会生活の歪みを是正し，企業の社会性や倫理性を確立していかなければならない。そこで，マネジメントの社会的機能とは何かを解明することは，極めて重要な課題となってくる。

(2) マネジメントの社会的機能について

　ドラッカーは，マネジメントの研究者や実践者が前提としてきた社会観・経済観・世界観の多くが，マネジメントとは関係なく，あるいはごく部分的にしか関係せずに進展したために，マネジメントの前提は時代遅れのものとなったと主張する[10]。

　彼によれば，マネジメントの新しい概念や手法，新しい組織の概念，情報革命への強い関心など，マネジメントそのものに関する変化はきわめて重要であるが，それは二義的，付随的，例外的なことに焦点を合わせることになってしまっていることを指摘する。より重要なことは，基礎となる現実の変化である。さらにそれらの変化が体系および実践としてのマネジメントを下支えしてきた基本的な前提に対して与える影響に注意を向けなければならない。

　マネジメントそのものに関する概念と手法の変化は，経営管理者の行動を変える。しかしながら，現実の変化は，経営管理者の役割を変えるのである。つまり，マネジメントの基本的な役割の変化は，経営管理者とは「何であるか」を変えるのである。

　ドラッカーは，現実のダイナミックな社会環境にマネジメントの旧来の前提が急速に不適切になりつつあることを示し，今日まったく新しいマネジメントの前提を必要としていることを強調する[11]。

　マネジメントの旧来の前提が，現在ではドラッカーが主張するように不適切になっているかどうかということは，かなり検討を要する事柄であり，本稿ではなく，他稿に譲らなければならない。しかしながら，本稿では彼の意図を汲んで，新しいマネジメントの前提の今日的必要性という観点からみていきたい。

　彼のマネジメントの新しい前提から理解できる特徴を筆者なりに列挙すると次のとおりである。

　① 現代は，多元的組織社会である。そして，企業は社会の外にある特殊

的で例外的な存在としての企業ではなくなった。したがって，マネジメントは，社会の外にある例外的な存在としての企業のためのものではなく，現代社会における一般的で中心的な社会的機能である。

② 多元的組織社会となった今日，企業を含むあらゆる組織が，そのマネジメントによって，生活の質に責任をもつべき存在となっている。このことは，個人の自己実現にとっても重要な意味を持っている。それは，われわれにとって，最も身近な社会環境は組織であり，今日のコミュニティは，ますます組織の中に見い出されるからである。

③ 環境の変化がめまぐるしい現代，マネジメントにとって企業家精神によるイノベーションが，管理的な機能と同じように重要となる。しかも今日のイノベーションは，技術的な面にとどまらず，社会面でも多くみられるようになっている。

④ マネジメントの主要な任務は，知識を生産的なものにすることである。もはや，肉体労働は昨日のことであり，正規の教育から学んだ概念・知識・理論を使う知識労働者としての個々の人間が主役となる。

⑤ マネジメントには，これまでの手法や技術，概念や原則そしてマネジメントの体系が存在するのであるが，それと同時に，マネジメントは文化であり，価値観と信条の体系でもある。

⑥ マネジメントは，急速に世界的なものとなりつつある文明と，多様な伝統・価値観・信条・遺産をあらわす文化との架け橋でもある。まさにマネジメントこそ，文化的な多様性を人類共通の目的に奉仕させる手段となるべきものである。

⑦ マネジメントは，経済的・社会的発展をもたらす。経済的・社会的発展は，マネジメントの結果である。

以上，ドラッカーの新しいマネジメントの前提をみてきたわけであるが，いずれも今日の現実を見据えることで，社会や企業の変化を鋭く直視し，その変化にマッチしたマネジメントの前提が述べられていることが理解できよ

う。この新しい前提から，従来のマネジメント概念にはみられない新しいマネジメントの機能を指摘することができる。それは，今後のマネジメントは，企業のみならず，あらゆる組織に必要とされるものであり，社会の意欲や価値観のあり方までもが，経営者のマネジメントの仕方・能力に関わってくるということである。したがって，21世紀の企業における経営者に与えられた新たな課題は，個人・コミュニティ・社会のために企業組織を生産的なものにすることである。そしてこれこそがマネジメントの新しい機能だといえよう。

　ところで，今日の現実を直視するならば，情報ネットワーク化も同時進行しながら，グローバリゼーションの進展が最も顕著な時代である。経営のグローバル化（globalization）とは，狭い国家主義の段階を超えて，世界市場を全体として統合されたものとして捉え，グローバルな視点から経営諸資源を国境，人種，宗教をそれぞれの優位性を生かして有機的に配置，統合していこうとする段階である。経済だけでなく，文化，社会，政治の領域でもグローバリゼーションは進展していく。今日のグローバル企業では，R&D，生産，販売，マーケティング，財務などの活動拠点が地球的規模で戦略的に配置され，拠点間は高速通信による情報ネットワークで結合されている。このような経営環境の変化においてマネジメントは，ドラッカーが述べるように，世界的に，より人間に関わることとなり，特に文化的多様性を人類共通の目的に奉仕させる手段として位置づけることが重要であるといえる。21世紀は，グローバル経営者が多元的組織社会の中で，異文化な多様な伝統・価値観・信条・遺産をあらわす文化と世界的になりつつある文明との掛け橋の役割を果たし，グローカルな組織文化の確立に向けて，いかに組織文化のマネジメントを果たしていくかが，人類のありようを決定する大きな課題となってくるであろう。

3. 現代経営者（ＣＥＯ）の役割と機能

前章においては，現代社会の変化に対応して，今日の企業経営の原理と方向性，そして，マネジメントの社会的機能についての考察を通じて，現代経営者の役割について探求してきたわけであるが，本章では，企業組織における権限構造を明らかにすることによって，経営者層と管理者層を明確に区分し，経営者および管理者の役割，つまり，各階層レベルごとの管理の主体における権限と責任について考察してみることにする。

さて，アメリカの企業の実践動向をみてみると，今日，経営と管理が明確に区分されている[12]。

経営とは基本的に「何をなすべきか」を決定することであり，その意思決定者が経営者である。つまり，経営者の職分は，企業の将来にわたる基本的・根幹的意思決定を行なうことにある。そして経営の長は，CEO（Chief Executive Officer：最高経営責任者）とよばれ，経営層の一員として経営に携わる一方で，企業の顔として対外的な代表者の役割を果たしている。組織における権限構造においては，最高経営管理者層（トップ・マネジメント）に位置している。

これに対して，管理とは管理者の職分であり，基本的意思決定で決まった計画を「いかに実行するか」という執行的意思決定を行なう存在である。そして，管理の長はCOO（Chief Operating Officer：執行長）とよばれ，企業内部の管理の役割を果たしている。

組織の形態からすれば，経営と管理は分化され，管理においては，権限は下部へ委譲されるべきである。

経営者は，一般に代表取締役社長1人のことを示すことが多いが，会社機関制度からすれば，社長も含めた取締役になっているメンバー全員（取締役会会長，常務取締役，専務取締役，取締役部長）を示している。会社機関制度は，通常，株主総会，取締役会，監査役会，その他，委員会，会計監査

人，会計参与によって構成され，企業において最高経営組織（会社機関）というときには，株主総会，CEOを含めた取締役会，監査役会を意味している。そして，企業組織の全般管理を担当するのは，常勤役員メンバーであり，その長が代表取締役社長でありCEOである。この意味では，経営者も

図表2-1　企業の組織構造

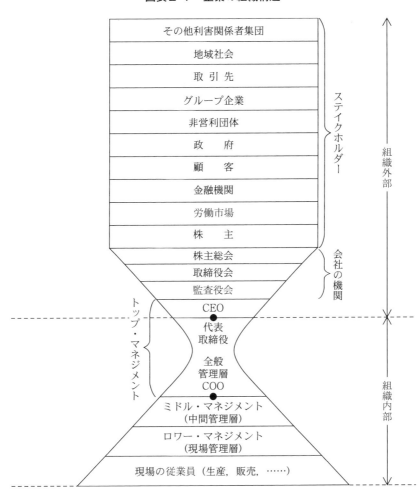

最高の経営管理者なのである。

　しかし，経営者といえども，個人の能力には限界がある。企業組織内外のすべての仕事を遂行することは不可能である。そこで，経営者は自らの権限を他の管理者に一部委譲し，代行させることで職務を遂行しようとする。つまり，トップ・マネジメント，ミドル・マネジメント，ロワー・マネジメントの順に管理階層を形成し，自らは企業全体の観点から企業組織の全般管理（general management）の機能を担当する。

　そして，部門管理（department management）は，全般管理が企業全体の管理であるのに対して，その専門化した「部分」の管理であり，その「部分」の管理を担当する人びとが「部門管理者，もしくは管理者」とよばれる。部門管理者は，経営者とは異なり，企業の経営目標を決定したり，企業の方向性を決める経営戦略の最高意思決定には参加できない。しかし，管理者は自分の任命された部門やグループなどにおいては，最高の責任者であり，それぞれの担当部や課の目標などを，全社的な目標との関連において決定する権限をもっている。一般に管理者という場合には，トップ・マネジメントに属する取締役を除いた，すべてのミドル・マネジメント（部長，課長），ロワー・マネジメント（係長，主任）の人びとが管理者に属する。しかし，これらの部門管理は，公式権限からして，経営者によって総合的に管理され，企業組織の全体的な観点から統合されなければならないものである。

(1) **現代における経営者（CEO）の機能と責任**

　すでに，第１章で述べたように，現代の経営者は，専門経営者（professional manager）である。経営者は，現代社会における制度としての企業の代表としての機能を果たすために存在する。したがって，経営者の個人的動機は，社会の制度的私企業の存続と発展・進化の目的とを一体化するところに特徴がある。なぜならば，生産手段の所有ではなく，専門的な経営者能力の所有に基づいてその地位が与えられている専門経営者は，企業の存続と発

展・進化によってその地位と報酬は確保され，経営者の個人的動機が満たされるからである。企業の成長とともに，経営者の地位と報酬は増加する。一方，企業の存続が危うくなれば，株主や金融機関，その他のステイクホルダーによって，経営者はその地位を追われることになるからである。日本企業においても，その典型例として，日産の経営者交代があげられよう。それでは，専門経営者はいかなる経営者能力を発揮するのだろうか。現代の経営者機能を考察してみよう。

　この節で取り上げる経営者機能とは，一般的にいえば，最高経営機能とよばれるものである。ドラッカーによれば，その著書 "*Management*" において，経営者の機能は他の機能とは異なり，多元的であり，次の6項目が指摘されている[13]。

　第1に，企業の使命を決定することである。つまり，「われわれの事業は何であり，また，何をなすために存在するのか」を決定する。そこから，目標の設定，戦略計画の策定との関連が派生する。

　第2に，企業における基準や模範を設定することである。つまり，組織全体の「良心」の機能であり，ビジョンと価値基準の設定と関連する。

　第3に，人間組織の形成と維持であり，特に，次代の最高職能担当者の育成をなすことである。また，自らの行動基準，価値観，信条が組織の精神となるように浸透させることである。さらに，組織構造の設計の機能がある。

　第4に，顧客や納入業者，金融機関や労働組合，政府などの利害関係者との対外関係を維持することである。これらの関係から，環境問題や社会的インパクト，自らの雇用政策，国の立法などに対する立場などの決定や行動が形成される。

　第5に，会社を代表して行事に出席するなど，「儀礼・儀式的」職能である。

　第6に，重大危機に備えて「代行機関」を用意することである。

　以上が，ドラッカーの経営者機能理解である。

企業の経営者がその組織内外にどのような行動をとるかは，直接的，間接的にそこに関わりをもつ人びとにとって大きな問題である。現代企業は，それだけ大きな影響をわれわれの社会に及ぼすからである。そして，実質的に現代企業の主体であり最高経営責任者である「経営者」CEOの責任が問われなければならないことは当然のことである。

　現代企業を社会の制度的性格からみてみると，制度的私企業は，それぞれ固有の機能と自主性をもつ多くのステイクホルダーとの間に，相互作用の関係をもっている。キャロル（Carroll, A. B.）によれば，これらの相互作用は，すべての双方的な理解と期待の集合である[14]。

　現代企業のおかれている社会の全体状況は，相互に他の利害関係者の利害を理解し，尊重することによって，自己の利害もまたより良く充足されるような多元的相利共生の社会システムになっている。こうした社会システムの中で企業が収益性を唯一の経営目標として行動し，各種ステイクホルダーをそのための手段的対象としてしか扱わなければ，ステイクホルダーの利害は侵害されることになる。その利害の侵害は，欠陥製品のように経済的なものに留まらず，環境汚染にまでおよび，やがては，人類の生活そのものを破壊していくという非経済的なものにまで及んでくる。このような状況に直面した各ステイクホルダーは，自己の利害を回復するために，企業の及ぼす影響力に対して，平衡力（countervailing power）ないし復元力を発揮する行動にでる。たとえば，企業に対しさまざまな要求の申し出をなし，ストライキ，訴訟などの形で具体化していく。企業がそれを無視したり回避することは，今日では，企業の存在そのものを破綻に導くことになる。

　現代企業は，もはや，企業を取り巻く各種ステイクホルダーの諸要求を当然なすべきものとして，社会に期待されているのであり，企業の制度的性格からみた場合，経営者の責任の第一は，社会のステイクホルダーのニーズに受動的に対応するのみならず，法定基準以上にステイクホルダーの便益向上のために積極的に関与し，応答する責任（responsibility）があるといえよう。

この意味で，企業の社会的責任とは，高田薫が述べるように，経営者の社会的責任と同義に解釈することができるのである[15]。

　高田は，現代企業の経営者の社会的責任の必然性を，権力・責任均衡の原理（power-responsibility equation）という責任に関する普遍的鉄則に求めている。これは，デイビス（Davis, B.）の視点とも共通しているのであるが，それによれば，企業の社会的影響力は，各ステイクホルダーの意思決定を左右する作用であり，この意味でその本質は「権力」である。社会の制度としての機関的経営者は「専門経営者」として，あくまでもその機関の代表としての役割を演じているわけではあるが，社会に対する大きな影響力を有するがゆえに，強力な経営者権力をもつに至っている。

　したがって，専門経営者は，各種のステイクホルダーの利害を調整できるような「自由裁量」（discretion）を持ち合わせているのである。にもかかわらず，いまだ「所有経営者」として単に，自己の利益のみを追求することは，許されないのである。現代の経営者は，「専門職」としての地位を獲得することによって，医師や弁護士が有するような「社会的義務感」が求められている。経営者の責任は，ステイクホルダーに対して，応答する責任（responsibility）以上に，義務としての責任（obligation），そして，CEOとしてのアカウンタビリティ（accountability）つまり，権限を委譲されたもの（経営者）が権限を委譲した者（株主）の求めに応じて，権限を行使した結果を説明する義務も負わなければならないといえよう。

　ところで，自己の利害を最適化するために主体性を発揮しようとする各ステイクホルダーは，企業の経営者に対して受動的，形式的意味での利害関係者集団ではない。特定の利害を企業に主体的，自律的に要求する行動的な利害関係者集団である。したがって，企業の取るべき行動の選択に関する情報の開示（disclosure）を求めるのは当然のことといえよう。現代経営者の責任とは，自らの企業が自発的・主体的に，ステイクホルダーの期待に応えるとともに，その行動の結果を積極的に開示することによって，各ステイクホル

ダーはもとより,社会全般の理解と支持を獲得し,社会の制度としての存在をまっとうする責任がある。また,経営者がその責任を果たすために,株主,従業員,政府,金融機関,取引先,顧客,競合企業,下請け会社,グループ企業,非営利団体,大学,病院,さらには家庭など,現代社会の多くのステイクホルダー自身も,自己の利害を最適化すべく,積極的に企業に関与していかなければならない。

(2) 現代経営者の具体的な仕事

現代経営者の具体的な仕事は,多様に考えられるが具体的なものを列挙すると,以下のとおりである。

まず,(1) 経営理念の設定 ―― (2) 企業ビジョンの設定 ―― (3) 企業使命(ミッション)および経営目標の設定 ―― (4) 経営戦略の策定(企業ドメインの策定)―― (5) 戦略経営計画の策定 ―― (6) 企業組織の全般的管理(マネジメント)の遂行,である。

① 経営理念

経営理念は,企業が経営活動を行なっていくために必要となる全社的な指針や方向性,信念・信条,哲学,目標とする理想を一般に経営理念とよんでいる。経営理念は,企業がよりどころとすべき半恒久的で基本的な価値観や信念,行動基準などを明文化したものである。

② 企業ビジョン

企業ビジョンとは,経営理念を具体的にイメージしたもの,つまり,企業のあるべき姿・イメージ像である。企業ビジョンをさらに具体化したものが,企業使命(ミッション)および経営目標である。

③ 企業使命(ミッション)および経営目標の設定

〔**企業使命(ミッション)**〕　今日の新しい経営理念の考え方としては,経営理念が単なる観念的なものではなく,「企業の存在意義」「企業の経営姿勢」「企業使命」「組織メンバーの行動規範」といった要素を盛り込んだものが必

要になってくる。その背景には，企業の社会性が強く問われてきていること，企業の地球環境問題への責任性が増大していること，企業内のメンバーの働く意識が変化し，価値観の多様化が進んでいること，CSR（企業の社会的責任）が重くなっていることなどがあげられる。社会性，倫理性ある企業行動を日常の活動を通して実践するには，経営理念をしっかり確立し，その理念をより明確に具体的にしなければならない。それが，企業使命（ミッション）の確立にあるのである。

〔経営目標〕　経営目標は，ビジョン（イメージ像）をさらに具体化して，到達目標を明らかにすることである。たとえば，当社の経営目標は，顧客に真に信頼される「高品質かつ斬新・独創的製品」を提供することを目標とする，など。但し，経営目標は，単一とは限らない。複数の目標をかかげる企業が多い。さらにその目標を数値で表す（数値目標）も含むケースがある。

④　経営戦略・ドメインの策定

今日の企業をめぐる経営環境，技術環境，社会環境は複雑化し，その変化も激しくなっている。他方，経営規模が拡大するにしたがって，経営管理（マネジメント）の機能はますます複雑化し専門化してくる。企業をめぐる内外の環境が安定していた時代には，企業の競争力や収益性を決定する要因は，内部管理の能率であった。しかし，現代のように企業をめぐる経営環境，経済環境，技術環境，社会環境の変化が激しいグローバルな時代においては，経営者の行なう戦略的意思決定が企業の存続ないし企業の成長性や収益性に対して決定的な影響を与えるのである。この意味で，企業の将来の運命は，経営戦略によって決定づけられているともいえるのである。

経営戦略とは，企業が主体的に外部環境に対してどのような働きかけをしていくかに関する構想を練り，企業の将来についての意思決定をなしていくことである。そして，企業の環境対応の領域が，経営戦略の領域ということになる。これを，企業ドメインの設定という。

〔企業ドメインの設定〕　経営戦略は，さまざまに展開されているが，ま

ず，企業が自らの目標を達成するために，自社のドメイン（事業領域）を定義し，選択し，重点的に資源配分を行なうことである。ここで，ドメインとは，その企業の活動領域，つまり，事業（組織的ビジネス）領域を決定することである。ドメインの定義は，「わが社の事業とは何か」という企業の基本的使命に沿って，現在の企業を取り巻く環境の中で，企業が経営資源を展開すべき範囲を明確にすることである。つまり，誰に対し，いかなる技術によって，何をどれほどの量で，どの範囲で提供するか，ということである。事業の定義にあたっては，顧客層，機能，技術などのそれぞれの次元について，どの範囲までを事業領域とするかの広がりを決定する。次に，それぞれの次元について，どの程度の差別化を行なうかを決定しなければならない。このようにして，経営戦略は，社会における企業の存続と成長のための基本的方向を定めることである。また，経営戦略は，企業の長期的体質や組織文化に関する決定をなし，将来における企業の方向性を示すことにほかならない。企業は，経営戦略の策定を通じて，環境における自らの姿勢を明らかにしていく。

　経営戦略は，変動する環境に直面して，自らの組織の資源や独自の能力（distinctive Competence）を適合させていくことが重要である。それは，企業を取り巻く環境の機会・脅威を見定め，自社の経営資源の強みと弱みを把握し，社会の期待や個人的価値観を考慮し策定することである。経営戦略には，事業の内容や範囲を明らかにする事業構造戦略，企業の国境を越えた事業活動に関する国際経営戦略ないしグローバル経営戦略，企業の社会における役割を決定する社会戦略など，さまざまに展開されている。

　⑤　戦略経営計画

　次に，戦略を実行するための戦略経営計画を立案する。たとえば，ビジョンに基づく戦略経営計画の策定体系と要点として，① 企業ビジョンの設定，② 長期経営構想，つまり，経営戦略の策定，③ 長期および中期計画の策定である。

これらをまとめる上で，不可欠となるものは環境分析および，企業分析である。環境分析は，企業の社会的存在意義，社会に期待される企業価値は何か，新たに企業の成長機会はどこにあるか，企業の強みを発揮できる領域は何か，の発見にある。企業分析は，企業経営のスタイルが各社によってさまざまであるため，企業のもつ個性，特徴，文化などを十分に考慮すべきである。企業の個性，特徴，蓄積的企業力・強みなどを計画段階に反映させるための企業分析は重要である。

　また，現代のようにグローバル化した企業経営においては，CEOの仕事として，以下のものが考えられよう。

① グローバル企業の経営理念やミッションおよびビジョンの設定
② グローバル企業を取り巻く世界のステイクホルダーの利害の調整とニーズへの積極的応答
③ 次代CEOの育成とグローバルリーダーシップ
④ グローバル経営戦略の策定とグローバル組織構造の設計およびグローバル組織の維持・調整・統合機能
⑤ 事業組織とマネジメントおよびガバナンスの動態的適合
⑥ グローバル企業の社会性・倫理性・経済性・効率性・公共性・人間性の実現
⑦ 地球環境問題への積極的配慮
⑧ グローバル危機管理機能
⑨ 新しい事業創造と組織的発展・進化
⑩ グローバル組織における異文化組織間のマネジメント
⑪ 海外子会社間の管理として，個々の海外子会社のコーポレート・ガバナンスの確立

以上であるが，現代経営者の仕事は実に多様である。

注)
1) Drucker, P.F., *The New Industrial Society*, Harper & Row, 1954.（現代経営研究会訳『新しい社会と新しい経営』ダイヤモンド社，1959年）
2) Drucker, P.F., *Post-Capitalist Society*, Harper Business, 1993, p. 45.（上田惇生・佐々木実智男・田代正美訳『ポスト資本主義社会』ダイヤモンド社，1993年，91ページ）
3) Beatty, J., *The World According To PETER DRUCKER*, The Free Press, 1998, pp. 159-160.
4) Drucker, P. F., op. cit., pp. 45-47.（同上訳書，92～95ページ）
5) Drucker, P. F., op. cit., p.142.（同上訳書，122ページ）
6) 上田淳生訳・ダイヤモンド・ハーバード・ビジネス編『P. F. ドラッカー経営論集』ダイヤモンド社，1998年，66ページ
7) 同上書，50ページ
8) 経営の諸概念については，その多様性が次の文献でより詳しく述べられている（山本安二郎・加藤勝康編著『経営学原論』文眞堂，1993年，56～58ページ）。
9) Fayol, H., *Administration Industrielle et Gènèrare*, Edition présentée par P. Morin, 1916, pp.2-5.（山本安次郎訳『産業ならびに一般の管理』ダイヤモンド社，1985年，4～10ページ）
10) Drucker, P. F., *The Ecological Vision*, New Brunswick, 1993, pp. 138-143.（上田惇生・佐々木実智男・林正・田代正美訳『すでに起こった未来』ダイヤモンド社，1994年，107～114ページ）
11) Ibid., pp. 143-149.（同上訳書，114～124ページ）
12) 坪井順一「経営組織の基本形態」佐久間信夫編『現代経営学』学文社，1998年，第9章所収166～171ページ。なお，この部分の記述は概念的なものであって，CEOの位置づけは正確には，アメリカの取締役会制度の中での経営執行委員会の長である。そして，CEOと取締役会会長を同一の人物が兼務することによって意思決定と業務執行の権限を集中させている会社が多い（同書，29ページ参照）。
13) Drucker, P. F., *Management*, Harper Business, 1993, pp. 611-612.
14) Carroll, A. B., Social Responsibility as an Objective of Business : Evolving toward a Model of Corporate Social Performannce, in, Glueck, W. F. ed., *Business Policy and Strategic Management*, 3rd ed., McGraw Hill, 1980, pp. 62-70.
15) 高田薫『経営者の社会的責任』千倉書房，1987年，13ページ

▶学習の課題

1 現代社会は，情報化の進展による知識社会の方向に向かっているという主張が多い。それでは知識社会とはどのような社会であり，そこでの企業経営とマネジメントはいかなる特質をもつのか考察してみよう。

2 現代の経営環境変化は，経営のグローバル化を顕著に進展させている。今後の経営のグローバル化に不可欠なマネジメントとは何か，考えてみよう。

◆参考文献

Drucker, P. F., *Management*, Harper & Row, 1993.（上田淳生訳『抄訳　マネジメント』ダイヤモンド社，1975年）

Drucker, P. F., *The Practice of Management*, Harper & Brothers, 1954.（野田和夫監修，現代経営研究会訳『現代の経営(上)』ダイヤモンド社，1988年）

Drucker, P. F., *The Ecological Vision*, New Brunswick, 1993.

Fayol, H., *Administration Industrielle et Générare*, Edition présentée par P. Morin, 1916.

Ulrich, H. and Probst, G., *Anleitung Zum Ganzheltlichen Denken Und Handeln*, Verlag Paul Haupt, 1991.（清水敏允・安西幹夫・榊原研互訳『全体思考と行為の方法』文眞堂，1997年）

Mintzberg, H., *The Nature of Managerial Work*, Harper & Row, 1973.

太田肇『「個力」を活かせる組織―プロフェッショナル時代への企業革新―』日本経済新聞社，2000年

日本経済新聞社編『グローバル経営者の時代』日本経済新聞社，2000年

小原久美子『経営計画策定プロセス1』産能大学人材開発部，1998年

佐久間信夫編『現代経営学』学文社，1998年

高田薫『経営者の社会的責任』千倉書房，1987年

第 2 部

経営管理論の史的展開

● 第3章のポイント

■科学的管理法が生まれた当時のアメリカ企業の大規模化，機械制生産の普及のなかで作業管理の改革がどのように進められていったかを理解する。

■テイラーの科学的管理法は彼の課業管理の概念の中に集約されている。課業管理について正しく理解する。

■科学的管理法は当初，労働者の強い反発にあったが，その後，徐々にアメリカ企業に浸透していった。労働者が反対した理由とその後労働者に受け入れられていった理由を考える。

◎ 基本用語

【組織的怠業】　雇用主の度重なる賃率切り下げに対抗するために，労働者が故意に能率を落として働くこと。

【課業】　「一日の公正な作業量」を意味する。F.W.テイラーは，能率基準があいまいなことが組織的怠業を生むと考え，一流の労働者を基準にして「一日の公正な作業量」を「科学的に」決定した。

【テイラーの職能的職長制】　従来，万能的職長が1人で担当していた職能を8つの専門的職能に分解し，8人の職長がそれぞれ1つの専門的職能を担当する制度。これによって職長の負担が軽くなり，職長の養成も簡単になるが，命令系統が混乱するなどの理由から，このままの形では普及発展していかなかった。

第3章　テイラーの科学的管理論

1. テイラーの生涯と主要業績

「経営学の父」あるいは「科学的管理の父」とよばれるテイラー（Frederick Winslow Taylor）は，1856年フィラデルフィアに生まれた。1874年，ハーバード大学を受験し合格したが，目の病気のため進学せず，小さな工場の機械工見習いとして働いた。1878年にミッドヴェール製鋼（Midvale Steel）に入社し，この会社で職長などを経験した後，工場長にまで昇進したが，この間にも苦学して夜間の大学院に通学し，1883年スチブンス工科大学（Stevens Institute of Technology）から工学修士の学位を授与された。ミッドヴェール製鋼に11年間勤めた後，1890年に退社し，バルブ工場を経営するメイン州の会社に勤めたが，彼は自分の開発した管理方式をさまざまな作業現場に適用することを試みた。1898年には従業員6,000人の大企業ベスレヘム製鋼（Bethlehem Steel）の能率顧問として迎えられ，金属削りの研究やズク（銑鉄）運びの研究を行なった後，1901年に退社した。

テイラーの開発した科学的管理法（the scientific management）は，1910年に起きた東部鉄道賃率事件によって広く知られるようになった。この事件は，アメリカ東部の鉄道会社が「州際商業委員会」に運賃の値上げを申請したが，荷主側の反対にあい，紛争に発展した事件である。荷主側は鉄道会社の非能率を証明するために，何度も開かれた公聴会にアメリカ機械技師協会（American Society of Mechanical Engineers：ASME）の能率技師たちを招き科学的管理法の効果について証言させたのである。

テイラーは1880年，ミッドヴェール製鋼の旋盤の組長になったのを機に管理の問題に取り組み，一連の実験を行なった。ミッドヴェール製鋼時代の研究成果は1895年の論文「出来高払制」（a piece rate system, being a step toward partial solution of the labor problem）としてまとめられた。これは，アメリカ機械技師協会のデトロイト大会において発表された論文で，その副題にみられるように，当時，労使間の大きな問題となっていた賃金をめぐる対立を解決しようとする目的で書かれたものであった。具体的には，① 要素的賃率決定部門，② 差別出来高払制度，③ 日給制度で働く工員を最もうまく管理する方法と信ぜられるもの，の3点について説明することを目的としていた[1]。

ベスレヘム製鋼時代には課業管理や職能的職長制についての研究に力が注がれ，その成果は1903年に『工場管理』（*Shop Management*）として公表された。ここでテイラーがめざしたものは，① 明確な法則をもった技術としての管理を明らかにすること，②「高賃金低労務費」（high wages and low labor-cost）を実現するために，課業（task）の確立，作業の標準化，作業の管理組織の構築を行なうことであった[2]。この『工場管理』においてテイラー・システムの体系が完成したと考えることができる。

これに対して1911年に著された『科学的管理の諸原理』（*Principles of Scientific Management*）は『工場管理』における成果からむしろ後退したものと評価されている[3]。この著書は，例証を用いて科学的管理の一般的原理を説明することを目的としていた。しかし，1911年，ウォーター・タウン兵器廠の鋳物工を中心にテイラー・システムに反対する大規模なストライキが起こり，テイラーは世論の非難を回避するために，『工場管理』における課業管理の主張をあいまい化，抽象化させたと考えられる。

彼の論文や著書は各国語に翻訳され，多くの国ぐにで科学的管理法が導入されることになった。科学的管理法がいかに広範に浸透したかは，共産主義国ソビエト連邦のレーニンが，1918年共産党機関誌『プラウダ』において，テイラー・システムのロシアへの導入の必要性を強調していることからも知ることができる。テイラーは1915年，59歳で死去した。

2. 科学的管理論の背景

アメリカでは南北戦争をきっかけに市場が拡大したため，企業の大規模化が進んだ。1880年代には大量生産体制のもとで分業化が促進された。同時にこの時期には労働運動も激しくなり，1886年にはAFL（American Federation of Labor：アメリカ労働総同盟）が結成された。

当時，アメリカでは工場制度が進展し，機械を導入した作業が普及していったが，それは「従来の技術と熟練に基礎をおいた作業組織と管理方式」，すなわち「万能的熟練工であった職長を中心とする従弟制度的作業管理体制」を崩壊させていった[4]。いわゆる熟練の機械への移転がおこり，多量の未熟練労働者の需要が高まったのである。

また，この時期，アメリカには大量のヨーロッパからの移民が流入したため，多種の言語を母国語とする労働者の多くは英語能力を欠き，それが作業現場において「命令伝達の一大障害となった」ばかりか，「作業態度や道具の不統一」さえもたらされることになった。工場制度は「労働の細分化，標準化，画一化，常規化」とともに促進されてきたが，それは労働者が「判断力や高度の熟練を必要としないように仕事を単純化する方向に進められてきた」ということができる[5]。

当時の生産現場においては作業能率を増大させるために刺激的な賃金制度が取り入れられていた。雇用主が一定の刺激的賃率を提示する（たとえば，製品1つを製造したらいくらの賃金を支払うというように）と労働者はより多くの賃金を得ようと生産高を増加させる。すると雇用主はもともと賃率が高すぎたとして賃率を切り下げる，というようなことが繰り返された。雇用主のこのようなやり方に対応するために労働者がとった対策が「組織的怠業」（systematic soldiering）であった。

すなわち，高い賃金を得ようとして生産高を増加させると賃率の切り下げにあうことになるから，労働組合は組合員である労働者に生産量を抑制する

ように命令を出す。労働組合の命令に違反した労働者には罰金が課せられるから，労働者は敏速に仕事をしているように見せかけながら，実際には非能率に仕事をする。これが組織的怠業といわれるものであり，当時の生産現場における最も大きな問題であった。

1880年にはアメリカ機械技師協会（ASME）が設立され，組織的怠業の解消を目的として能率増進運動（efficiency movement）や管理運動（management movement）が展開された。アメリカ機械技師協会は，創立当初は活動の中心を工業技術の研究に置いていた。しかし，当時のアメリカの技師たちが直面していた問題は組織的怠業によるいちじるしい能率の低下であり，アメリカ機械技師協会のメンバーは工場における能率問題への取り組みをしだいに強めていかざるを得なかった。1886年のアメリカ機械技師協会の年次大会において，同協会会長タウン（Towne, H. R.）の行なった報告「経済人としての技術者」(The Engineer as an Economist)は，こうした当時の技術者たちの置かれた状況を如実に反映するものであった。彼の報告は，技師は工学と同様に工場管理，特に作業能率の問題にも取り組むべきである，というものであった。

その後，アメリカ機械技師協会の技師たちによってさまざまな賃金制度が考案され，採用されることになった。同協会のメトカーフ（Metcalf, H.）やタウン，ハルシー（Halsey, F. A.）らは，「タウン分益制」や「ハルシー割増賃金制」などを提唱した。彼らの方式は，賃金収入の刺激によって労働者をより多く働かせようとする方法であり，創意と刺激の管理（management of initiative and incentive method）とよばれ，後にテイラーによって成行管理とよばれたものであったが[6]，これによって組織的怠業をなくすことはできなかった。とはいえ，「ハルシー割増賃金制」は1900年頃からアメリカで広く採用されるようになっただけでなく，イギリス，ドイツ，日本などにおいても導入が進んだ。アメリカ機械技師協会はハルシーのこの功績を認め，1923年に彼を表彰している。

3. 課業管理

　すでに述べたように，19世紀後半のアメリカでは，大規模生産の普及，多数の移民労働者の流入，生産現場への機械の導入と大量の未熟練労働者の発生等々を背景に，テイラーもまたアメリカ機械技師協会の一員として組織的怠業の問題に取り組むことになった。

　テイラーは，組織的怠業が起こる原因には次の3つがあると考える。まず第1は，労働者の間に浸透している誤解である。労働者は生産能率を増大させれば，より少ない労働者で同じ量の製品を生産することができるので，労働者は解雇されると考えた。しかし，テイラーによればそれはまったくの誤解であり，生産能率の増大は製品価格を引き下げ，製品に対する需要が増大するため失業はおこらないというものである。第2は，経営者の無知によって間違った管理法が行なわれていることである。彼は，経営者がそれぞれの仕事を遂行するために必要な適正な時間を知っていれば，組織的怠業はおこらないと考えた。第3は，生産高や能率の決定が，過去の経験などに基づいて目の子算方式で行なわれていたことである。テイラーは生産には唯一最良の方法と用具が追求されるべきであると考え，計画などの管理的職能は経営者が担当すべきであると主張した。

　あまりにもあいまいな能率基準によって賃率が決定されていることが組織的怠業の原因になっていると考えたテイラーは，能率基準を科学的な方法に基づいて決定しようと試みる。それはテイラーの経営学研究における最も大きな貢献と評価される課業管理（task management）として結実することになった。課業管理は課業の設定と課業の実現とから成る[7]。課業の設定は，一日の公正な作業量である課業を決定することである。テイラーは一流の労働者を基準にして，無駄のない，最も早い作業動作を研究し，標準的な動作とそれに要する標準時間を決定した。これは一流労働者の全作業を要素的動作に分解して，一つひとつの要素的動作に要する時間をストップ・ウォッチ

を用いて観察する方法で行なわれ，それぞれ要素時間研究（elementary time study），動作研究（motion study）とよばれた。従来，作業全体に必要な時間が経験的，想像的に決定されていたのに対し，テイラーは一流労働者の無駄のない動作をいくつかの要素動作に分解し，その最速の作業時間を測定することによって標準時間を決定したのである。

　課業の実現は，職能的管理組織（functional organization）および差別賃率制度（differential rate system）によって行なわれる。すなわち，テイラーは設定された課業をできるだけ完全に遂行するために，新しい管理組織と新しい賃金支払い制度を採用したものである。

　職能的管理組織は，従来の作業を執行的作業（performing work）と計画的作業（planning work）の２つに分け，執行的作業は労働者が，計画的作業は経営者が担当する管理組織である。また計画部を設置し，頭脳的な仕事は計画部に集中し，労働者を頭脳的な仕事から排除した。

　また，これまでは１人の職長がすべての職能について労働者を監督・指導する責任を負う万能的職長制であったが，テイラーはこの万能的職長の担当していた職能を８つの職能に分割し，それぞれの専門的職能を１人の職長に担当させる職能的職長制（functional foremanship）を取り入れた。すなわち，① 作業の手順係，② 指図書作成係，③ 治具，工具，図面などの準備係，④ 作業の速度を指導する速度係，⑤ 検査係，⑥ 修繕係，⑦ 時間および原価の計算集計係，⑧ 工場規律をつかさどる工場訓練係の８人の職長がそれぞれの専門的職能について労働者すべての指導にあたることになった[8]。このうち①②⑦⑧が計画部における職長であり，③④⑤⑥の４人が執行的職長である。従来の職長が担当していた職能を８つの専門的職能に分割したため，１人の職長が担当する専門領域は狭められ，その負担は大幅に軽減されるため，労働者をより良く指導することができるだけでなく，職長の養成もより短期間に容易に行なえることになった。

　ここで，８つの職能についてより詳細に説明しておくことにしよう[9]。

手順および順序係は，資材の通過経路すなわち時と場所と人を計画し決定したのち，工程図あるいは手順表によって，図式的あるいは時系列的にその経路を示す。

　指図票係は，手順表に示された各要素について，最も損失の少ない作業方法を詳細に記述して指図票を作成する。そして労働者と執行部門の職長にそれを交付する。

　時間および原価係は，工具によって，作業に要した時間が原価とともに報告されると，それに基づいて賃金と原価を計算する。

　訓練係は，訓練に係る組織内の問題をすべて扱う。意見の不一致や誤解を防止したり，また調停したりする。

　準備係は，教師的職能を行ない，指図票に示された作業方法を労働者に説明する。

　速度係は，個々の作業が指図票どおりに正確な速度で，行なわれていくように看守し，時によっては，自分で機械の操作を教えなければならない。

　修繕係は，すべての機械を清潔かつ良好な状態に保ち，指図票どおりに修繕・分解掃除を行なう。

　検査係は，品質について責任をもつ。作業の誤りを防ぐため，労働者の近くに立って，作業方法を正確に知らせるために，最初の仕事を最も注意深く検査する。

　差別賃率制度は，課業を達成できた労働者には高い賃率，達成できなかった労働者には低い賃率を適用する制度であり，テイラーの理念である「高賃金低労務費」を実現する手段である。課業あるいは要素的作業時間が設定されても労働者がその標準作業時間に向けて働く保証はないが，差別賃率制度は労働者を標準作業に向けて最速で作業させる方向に仕向ける手段であるということができる。

4. 精神革命論

　科学的管理法の普及とともにAFLを中心とする労働組合の科学的管理法反対運動もしだいに激しくなった。科学的管理法に反対して行なわれた，ウォーター・タウン兵器廠の大規模なストライキは1つの社会問題として捉えられた。アメリカ議会もこの事態を重く受けとめ，下院に「テイラー・システムおよび他の工場管理の制度を調査する議会特別委員会」が設置された。委員会は1912年1月25日から30日まで続けられ，テイラーは科学的管理法の意義や効果について証言を行なったが，彼の精神革命論はこの議会証言の中で初めて登場する。

　テイラーは科学的管理法の本質は，労働者（工員）側と管理者ないし経営者側の双方に精神革命を起こすことであると主張し[10]，次のように述べている。

　「（科学的管理法の本質は―引用者―）工員がその仕事に対し，その使用者に対し，自分の義務について，徹底した精神革命を起こすことである。同時に管理側に属する職長，工場長，事業の持主，重役会なども同じ管理側に属する仲間に対し，日々の問題のすべてに対し，自分の義務について，徹底した精神革命を起こすことである。」

　テイラーは売上げから諸費用を差し引いたものを剰余金とよび，この剰余金が労使双方に分配されると考える。これまで労使双方はこの剰余金を「一方は賃金として，一方は利益として，できるだけ多くとろうとしていた」。これまでの労使間の争いはこの剰余金の分配をめぐって起こされたものであり，これが原因となって争議やストライキが起こったと述べている。そして剰余金の分配をめぐる争いが原因となって，労使は反目するようになり，互いを敵視するようになった。

　しかし，科学的管理法の実施の過程で，労使双方の精神的態度に大革命が起こり，労使双方は剰余金の分配をそれ程重要なことと思わないようにな

り，剰余金を増やすことを重視するようになると，テイラーは主張する。

「互いに逆らって力をだすことをやめ，同じ方向に力をあわせて働くと，協力した結果として生まれてくる剰余金は非常に大きなものになってくる。反対と闘争にかえて友情的協働と助け合いとをもってすれば，この剰余金が今までよりもずっと多くなって，工員の賃金も増すことができ，製造家の利益も増すことができるようになる。

これがすなわち大きな精神革命の始まりであり，これが科学的管理法にいたる第一歩である。

まず，双方の精神的態度を全然かえてしまうこと，戦いにかえるに平和をもってすること，争いにかえて，兄弟のような心からの協働をもってすること，反対の方向に引っぱらずに，同じ方向に引っぱること，疑いの目をもって監視するかわりに，相互に信頼し合うこと，敵にならずに友だちになることが必要である。

この新しい見方に変わってくることが，科学的管理法の本質である。これが双方の中心観念になった上でなくては，科学的管理法は成り立たない。この新しい協働および平和の概念が，古い不和と争いの概念と入れ替わらなければ科学的管理法は発展してこない」[11]。

科学的管理法が効果的に機能するための要件として，テイラーは精神革命のほかに科学性の確立をあげている。すなわち，労働者も管理者・経営者も，仕事について用いられる方法，仕事をなし終える時間に関して，従来の古い個人的な意見や判断ではなく，正確な科学的研究と知識に基づいてこれを決定すべきである，というものである。

彼は精神的態度の変革と正確な科学的知識の採用を科学的管理法の不可欠の要素として捉えている。

5. 科学的管理法に対する批判と労働組合

テイラーの科学的管理法は労働者の強い反発を生み，社会的な問題にまで

なったため，テイラーがアメリカ議会の公聴会において証言を迫られるような事態にまで発展した。科学的管理法に対する批判について稲葉襄は，① 生産基盤から生ずる批判，② 技術的批判，③ 経済的・社会的批判の3つの側面から詳細にまとめている[12]。ここでは稲葉の指摘した経済的・社会的批判の中から主要なものだけを取り上げることにしよう。

まず，第1は，標準作業時間の決定が一流労働者を基準に設定されたため，一般労働者にとっては労働の強化になるというものである。第2は，能率基準の設定が経営者によって一方的に行なわれる場合には，その基準ができる限り高く設定されるであろうということである。第3は，労働の強化により「8時間中に10時間分の労働が詰め込まれ，能率増進によって9時間分の賃金が与えられる」ということになれば，それは「本質的には賃金の切下げになる」というものである。第4は，能率が標準以下であった場合に懲罰的に低い賃金を課すことは労働者の生活を脅かす，というものである。第5は，テイラーの科学的管理法は技能的個人能率向上主義であり，個人タスクの達成を志向するものであって，部門タスク，工場タスクではないから企業全体の利潤の最大化に必ずしも合致しない，というものである。

他方，稲葉は科学的管理法が労働の生産性を高めるのに大きな貢献をし，社会主義諸国にも導入された点を高く評価し，テイラーの研究成果の意義を次の3点にまとめている。

① 最良のものを，従来の伝習的経験的方法に比べるならば，分析的科学的な方法であくまでも追求しようとした科学的批判的な態度
② 標準動作と標準時間の観念を提唱しようとしたこと
③ これらのことを直接に現場労働と取り組むことの中から研究していった研究方法をとったこと

ところで，科学的管理法は一般の労働者に労働の強化を求めるものであったため，労働組合の強い反発を招くことになり，AFLは1913年に科学的管理法反対の決議を行なった。元来，人間は変化に対し不安をもち抵抗しよう

とするが，科学的管理法は当時の労働者の作業に大きな変化を求めるものであったため，労働者の反発を生むことになった。また，科学的管理法は労働者を集団としてよりも個人として取り扱う性格をもっていたため，労働組合はこれを労働組合否定の性格をもつものと捉えた。さらに科学的管理法を十分理解していない経営者や専門家が科学的管理法を実施することも多かったため，科学的管理法がうまく機能せず，それが，労働組合が科学的管理法に反対する原因にもなった。

労働組合は，科学的管理法と管理における科学とを明確に区別し，管理における科学には反対しないが科学的管理法には反対するとして，以下のような反対理由をあげている[13]。

① 科学的管理法は，金銭的刺激による労働の強化である。それを回避するためには，労働者が経営上の諸点について参加することが必要である。
② 科学的管理法は，労働を細分化，専門化してしまうため，熟練を消滅させ，熟練労働者を未熟練労働者の地位に押し下げてしまう。
③ 課業は一流労働者を基準に設定されるため，一般労働者には達成できない。
④ 科学的管理法は熟練と創意を破壊し，人間的要素を無視し労働者を機械として取り扱うものである。
⑤ 科学的管理法は，労働災害の危険を増大し，労働者の健康をむしばみ，彼らの活動期間，所得能力を減少させる。
⑥ テイラーの考え方および方法は，労働者に不利な，不当な損害を与えるような手段を雇用者に与え，ブラックリスト作成の可能性をつくりだす。
⑦ 計画樹立は経営者・管理者によって行なわれ，労働者は単にその指揮にしたがうのみでよいことになるから，経営者・管理者専制主義である。

⑧　科学的管理法は労働組合無用論を含み，また労働者を個人主義化し，その団結力を弱める傾向をもっている。

　このように労働組合は科学的管理法に激しく反発したけれども，1914年に第1次世界大戦が勃発すると，アメリカは軍需物資を中心としてヨーロッパへの物資の供給基地となり，生産の増強が強く要請されることになった。このような状況の下で，労働組合も態度を軟化させ，労使の協調が始まり科学的管理法の導入が進んだ。その結果，科学的管理法は幅広く普及するようになり，生産現場のみならず，配給や財務の領域にまでその原理が適用されるようになってきた。

　また，第1次世界大戦後の恐慌の際にも科学的管理法を実施している企業の方がむしろ失業も少なく，労働条件もよかったので，労働組合もこうした事実を正しく認識するようになった。さらに，一般に科学的調査への関心が高まり，労働組合も科学的調査に基づいて発言する必要性が高まったために，科学的管理法にも関心をもつようになり，団体交渉を通じて科学的管理法に協力するようになってきた。他方，経営者・管理者も科学的管理法を導入するためには労働者の協力が不可欠であることを理解するようになり，その実施にあたっては事前に労働組合の了解を得るなど，労働組合に対し民主的に対応するようになってきた。科学的管理法の導入に関しては，当初，労使の激しい軋轢があったにもかかわらず，第1次大戦後急速に普及していったのは，労働組合と経営者・管理者双方の対応にそれぞれこのような大きな変化があったためである。

6. 科学的管理法の継承者たち

　テイラーの動作研究・時間研究はテイラーの死後も継承，発展させられていった[14]。ガント（Gantt, H. L.）はガント課業賞与制度（Gantt task and bonus plan）を考案した。これはテイラーの差別賃率制度において標準に達しない労働者の反発を緩和しようとする制度で，作業が標準時間を超えた時

は時間給としての日給を支払い，標準時間内で終った時は標準時間による賃金に20％を賞与として加えて支払うものである。

　ギルブレス（Gilbreth, F. B.）はテイラーのストップ・ウォッチによる動作研究をより精緻化し発展させた。すなわち，彼の微細動作研究（micro-motion study）は，高速度映画の撮影機によって作業者の作業動作と高速の時計の針（12万分の1時間を記録できる）とを一緒に撮影することによって，微細動作の分析を行なおうとした。しかし，この方法では動作の正確な経路や動作の長さを正確に測定することができなかったため，ギルブレスはさらに動作経路写真法と時間動作経路写真法を開発した。動作経路写真法は指や手などの体の各部分に豆電球をつけて作業動作を写真撮影するものである。現像された写真には動作経路が白線となって現われるため，無駄な動作を発見し，最良の動作を見つけ出すことができる。しかしこの方法では作業動作における時間を測定することができなかったので，彼は豆電球を一定の間隔で規則的に点滅させるなどの方法を考案した。これが時間動作経路写真法であり，これによって動作時間と動作のスピードを測定することができるようになった。彼はこの研究にさらにいくつかの工夫を加え，作業方法の改善と労働者の訓練に利用した。

　テイラーの職能的職長制は命令一元性の原則に反するため，指揮命令に混乱が生ずることになる。エマーソン（Emerson, H.）は，職能的職長制における専門的職長による助言機能という長所を生かしながら命令の一元性を維持しうる管理組織として，参謀部制直系組織（line and staff organization）を提唱した。

　テイラーの科学的管理法における作業の標準化という側面を継承し，徹底して実践に応用していったのはフォード（Ford, H.）である。フォード自動車は1908年にはすでにテイラー・システムを導入しており，フォード自動車の事例は「管理論の歴史において，標準化思想の徹底と科学的管理論の実践を示すケースとして」[15)] 知られている。フォードにおける標準化は「消費

者に対して最良の商品を十分なだけ,しかも最低のコストで生産できるように するために,生産上のすべての最良の点（the best point）と,諸商品のすべての最良の点とを結合すること」を意味し,彼の提唱した方法の標準化は「多くの方法の中から最良の方法を選び,それを用いること」を意味する[16]。

　フォードにおける方法の標準化は具体的には,1つの工場（組立て工場）は1つの製品だけを製造すべきであるとする① 「単一製品の原則」（principle of a single product）,1つの工場は1つの部品の製造に特化されるべきであるとする② 工場の特殊化（specialization），生産における経済性を高めるためにはすべての部品が互換性をもつものとすべきであるとする③ 部品の互換性（all parts are interchangeable），さまざまな工場で製造された部品が組立て工場において不具合を起こさないようにするための④ 製造の正確性（accuracy in manufacturing），1つの作業のみのために用意された⑤ 単一目的機械（single-purpose machinery）をその内容としている。標準化と移動組立法,すなわち,ベルトコンベアを用いた組立て作業法を結合して採用することにより,フォードは生産コストを飛躍的に引き下げることに成功し,労働者に対する高賃金の支払いと製品価格の大幅な引き下げ,すなわちフォードの経営理念である「高賃金と低価格」(high wages and low prices)を同時に実現したのである。フォードは「テイラーによって一応集大成されたと考えられる科学的管理を,実践的,具体的,理論的に一層高度化,深化せしめた」[17]ということができる。

　さらに,寺沢正雄は,テイラー・システムの展開・発展過程をトヨタ生産方式にまで連なる,4段階のより広いタイムスパンで捉えている[18]。すなわち,テイラー・システムの経営管理システムとしての展開の第1期は,「工場の生産管理の科学化を意図する時期」である。第2期はフォード・システムであり,「テイラー・システムの生産管理方式を基盤として,ビッグ・ビジネスとしての自動車産業の経営に応用」した段階である。第3期はドラッカー・システムである。これは「統合経営管理組織（Integrated management system）または情報管理組織が発展する時期」の大規模企業の経営管理システムであり，ドラッカーは具体例としてゼネラル・モーターズの経営方法をあげて説明している。第4期は，トヨタ生産方式であり，「情報管理組織の基盤の上に，世界各国が独自の工夫をこらして開発する経営管理組織」の発展段階である。寺沢はトヨタ生産方式を「テイラー・システムとフォード・システムを基盤として，日本の自動車産業のになう宿命ともみられる多種少量生産の中に，大量生産の利益と効果を取り入れるため，日本の風土に合わせて研究開発されたもの」と捉えている。

注）
1) 上野陽一訳・編『科学的管理法』産業能率短期大学出版部，1969年，3～4ページ
2) 相馬志都夫「テイラー」車戸實編『経営管理の思想家たち』早稲田大学出版部，1987年，15ページ
3) 松岡磐木「古典的経営管理論」高宮晋編『現代経営学の系譜』日本経営出版会，1969年，24ページ
4) 相馬，前掲稿，7ページ
5) 同上稿，8ページ
6) 稲葉襄『企業経営学要論』中央経済社，1991年，201～202ページ
7) 以下，稲葉襄同上書，207～213ページによった。テイラーの用いた専門的用語には異なった日本語の訳が当てられているものもあるので注意を要する。
8) 同上書，208ページ
9) 相馬，前掲稿，18～19ページ
10) 以下のテイラー証言については，米国議会議事録第3巻1300～1508，1912年，上野陽一訳「科学的管理法特別委員会における供述」上野陽一訳・編『科学的管理法』産業能率短期大学出版部，1969年，337～541ページによっている。
11) 同上訳書，354ページ
12) 稲葉，前掲書，213～218ページ
13) 同上書，223ページ。稲葉のあげる以下の反対理由は主としてAFLによる反対理由であるが，これについてはホクシー・レポートに詳述されている。次を参照のこと。Hoxie, R., *Scientific Management and Labor*, 1915.
14) 同上書，218～221ページ

15) 坂井正廣「アメリカ経営学の発展」高柳・飯野編『新版　経営学(1)総論』有斐閣，1975年，24ページ
16) Ford, H., *Today and Tomorrow*, 1926. p.80.（稲葉襄監訳『フォード経営』東洋経済新報社，1968年，100ページ）
17) 工藤達男「フォード」車戸實編『新版　経営管理の思想家たち』早稲田大学出版部，1987年，41〜42ページ
18) 寺沢正雄「テイラーの科学的管理法」小林康助編著『アメリカ企業管理史』ミネルヴァ書房，1985年，226〜229ページ

▶ 学習の課題

1 組織的怠業の解決策としてASMEの技術者たちが考案したさまざまな賃金支払い制度について，より詳しく学習してみよう。

2 テイラー・システムの発展形態といわれるフォード・システムについて調べてみよう。

◆ 参考文献

上野陽一訳・編『科学的管理法』産業能率大学出版部，1966年

相馬志都夫「テイラー」車戸實編『経営管理の思想家たち』早稲田大学出版部，1987年

松岡磐木「古典的経営管理論」高宮晋編『現代経営学の系譜』日本経営出版会，1969年

稲葉襄『企業経営学要論』中央経済社，1991年

寺沢正雄「テイラーの科学的管理法」小林康助編著『アメリカ企業管理史』ミネルヴァ書房，1985年

● 第4章のポイント

■ ファヨールは「経営」と「管理」を明確に区別した。経営資源を効率的に活用する手段である「管理」の重要性を学ぶ。

■ 経営管理は計画・組織・命令・調整・統制という5つの過程的な要素から成り立っている。その1つひとつの要素を十分理解する。

■ 経営組織を機能させるためには，管理者が行動や判断をする際に基準とすべき原則である，管理原則が重要である。ファヨールの提示した管理原則を学ぶ。

◇ 基本用語
【統　制】　組織の活動が計画通り遂行されたかどうかをチェックし，計画通りに遂行されていない場合には，計画に即して活動を修正していくことを統制という。まとめ，治めることを意味する日常用語の統制とは意味が異なる。

【命令一元性の原則】　1人の従業員はただ1人の上司からしか命令を受け取ってはいけないという原則。複数の上司から命令を受け取るような組織では秩序が乱れることになる。

第4章 ファヨールと管理過程学派

1. ファヨールの生涯と主要業績

　近代経営管理論の基礎を築いたアンリ・ファヨール（Henri Fayol）は1841年，フランスの建築技師であった父親の赴任先コンスタンチノープルで生まれた[1]。彼は少年時代をボスポラスの海岸で鉄橋の建設工事を眺めながら過ごした。フランスに戻ったファヨールはパリの中学校を卒業して，1858年サンテチェンヌ鉱山学校（École Nationale des Mines de Saint-Étienne）に入学し，技師の資格を取得して，1860年コマントリ・フールシャンボール鉱業会社に入社した。この会社は一般にはコマンボール（Comambault）とよばれており，ファヨールは25歳の若さで鉱業所長に就任，要職を歴任した後，経営危機に直面していた会社を立て直すために1888年，同社の社長に就任した。彼は新しい管理方式の採用などによって，1885年以降無配を続けていた同社の経営を再建することに成功した。

　彼がコマンボール社の再建に用いた方法は，老朽化した工場を閉鎖し，効率の高い工場に生産を集中すること，研究開発を重視したことなどであるが，とりわけ，ファヨールが述べているように「自ら革新的な管理方法による成功」でもあった。経営危機の会社をわずか数年で建て直したばかりでなく，その後20年以上にわたって高い業績をあげ続けたことについて，ファヨールは，「同一の鉱山，同一の工場，同一の財源，同一の販路，同一の取締役会，同一の従業員であったにもかかわらず，ただ管理の革新的方法の影響のみによって，会社は衰退への歩調と同じ歩調で上昇していった」と述べ，経営管理の重要性を強調している[2]。

　彼は管理の重要性と管理教育の必要性を早い時期から説いていたが，その主張は1916年，「産業ならびに一般の管理」（Administration Industrielle et

Générale）の表題で*Bulletin de la Sosiété de l' Industrie Minérale* という雑誌に掲載された。経営学史における不朽の名著といわれるこの論文が単行本として刊行されたのは1917年（ドゥノ社初版）であった。英訳が刊行されたのは1929年であったため，彼の理論がフランス以外の国々に紹介され，評価されるようになったのは相当後になってからであった。

　ファヨールは管理を企業以外の，政治や宗教などのすべての組織体に適用可能なものと捉え，これらの組織体に共通の管理原則を提示し，理論化しようと試みたのである。彼は管理が予測し，組織し，命令し，調整し，統制するという一連の過程を通して実践されると主張したことから，彼の理論は管理過程論とよばれている。彼の理論を高く評価し継承したアーウィック（Urwick, L. F.），デイヴィス（Davis, R. C.），クーンツ（Koontz, H.），ニューマン（Newman, W. H.）などは管理過程学派とよばれている。

　1918年，ファヨールはコマンボール社を退職し，管理学研究所（Centre d' Etudes Administrative）を設立して管理論の普及に努めると同時に，政府の要請に基づいて行政機関や軍隊の管理についての調査・研究を行なった。この管理研究所は，1920年にフランス・テイラー派によって設立された「フランス科学的管理協会」と合併し，フランス管理協会（Comité National de l' Organisation Françaisé）に発展した。彼は1925年，84歳で死去した。

2. 企業管理と管理教育

　ファヨールはまず，規模の大小を問わず，企業を含むあらゆる組織に見出される活動として6つの活動をあげている[3]。

(1) 技術活動――生産，製造，加工
(2) 商業活動――購買，販売，交換
(3) 財務活動――資本の調達と管理
(4) 保全活動――財産と従業員の保護
(5) 会計活動――財産目録，貸借対照表，原価，統計など

(6) 管理活動——予測，組織，命令，調整，統制

　これら6つの活動は，企業活動の本質的な職能であり，より詳細には次のように説明される[4]。

(1) 技術的職能——技術活動の多様性，あらゆる性質（物的，知的，道徳的）の製品が一般に技術者の手で作られている事実，職業学校における教育がもっぱら技術的教育であること，技術者に与えられる就職口などをみれば，技術的職能の重要性は明らかである。しかし，技術的職能がすべての職能の中で常に最も重要な職能というわけではない。本質的な6つの職能は相互依存の関係にある。

(2) 商業的職能——購買することおよび販売することの知識は，うまく製造する知識と同じように大切である。商業的手腕は，鋭敏性や決断性とともに，市場や競争者の力についての深い知識，長期の予測，さらに大規模事業の経営にあっては，業者間協定の実務経験を必要とする。

(3) 財務的職能——資金を調達するためにも，余剰資金を利用してできるだけ多くの利益をあげるためにも，上手な財務管理を必要とする。成功のための本質的な条件は，企業の財政状態をいつも正確に把握していることである。

(4) 保全的職能——保全的職能は財産や従業員を窃盗や火災や洪水から保護し，ストライキ，テロや陰謀を避けることを使命とする。

(5) 会計的職能——会計的職能は企業の推移を見る，いわば視覚器官である。企業の状況についての正確な観念を与える簡潔で明確な優れた会計は，経営の強力な一手段である。産業大学校は会計教育に対して無関心であるが，これは会計的職能の役割の重要性が認識されていないためである。

(6) 管理的職能——事業の全般的活動計画を作成すること，組織体を構成すること，諸努力を調整すること，諸活動を調和させることは，通常

管理とよばれる職能であるが，これらは上記5つの職能の中に含まれない固有の職能である。計画，組織，調整，統制に加え，管理と密接に入り交じっている命令も管理概念に含める。

企業の本質的活動が6つの職能から成ることを指摘したファヨールは，なかでもとりわけ管理職能が重要であると主張する。管理することは，具体的には以下のことを意味する[5]。

① 計画することとは，将来を探求し，活動計画を作成することである。
② 組織することとは，事業経営のための，物的および社会的な，二重の有機体を構成することである。
③ 命令することとは，従業員を職能的に働かせることである。
④ 調整することとは，あらゆる活動，あらゆる努力を結合し，団結させ，調和を保たせることである。
⑤ 統制することとは，樹立された規則や与えられた命令に一致してすべての行為が営まれるよう監視することである。

管理は，企業の社長や経営者だけに特有の職能ではなく，他の5つの企業活動における本質的職能と同様，組織体のトップと構成員間で分担されるべき職能である。また，ファヨールは管理（administration）と経営（government）を明確に区別する。経営することとは，企業に委ねられているすべての資源からできるだけ多くの利益をあげるよう努力しながら企業の目的を達成するよう事業を運営することである。つまり，企業活動の本質的な6つの職能を確保することである。これに対して管理は，経営がその進行を確保しなければならない6職能の1つにすぎない。

ファヨールは，上記の6つの職能を遂行するためにはそれぞれ専門的能力が必要であると述べている。すなわち，技術的職能を遂行するためには技術的能力が，商業的職能を遂行するためには商業的能力が必要であり，管理的職能を遂行するためには管理的能力を必要とするのである。これらの6つの能力は，次のような資質および知識の全体を基礎としている[6]。

① 肉体的資質―健康,体力,器用さ
② 知的資質―理解習得力,判断力,知力と柔軟性
③ 道徳的資質―気力,堅実性,責任をとる勇気,決断力,犠牲的精神,気転,威厳
④ 一般的教養―専門的に訓練されている職能領域以外の種々の一般的知識
⑤ 専門的な知識―技術,商業,財務,管理などの職能に関する知識

企業活動のための本質的な職能は,これらの資質と知識を含んでいなければならない。そしてファヨールは,実際の企業活動において本質的な職能がどの程度重要とされるかは,企業の規模や職能の分担状況によって異なってくる,と述べている。その重要度を数値で示すことは適切ではないけれど

図表4-1 工業経営従業員に必要な能力の相対的重要性

大規模事業
技術的職能担当従業員

担当者の種類	能　　力						価値総計
	管理的	技術的	商業的	財務的	保全的	会計的	
大規模工場							
労　　働　　者	5	85			5	5	100(a)
職　　　　　長	15	60	5		10	10	100(b)
係　　　　　長	25	45	5		10	15	100(c)
課　　　　　長	30	30	5	5	10	20	100(d)
技　術　部　長	35	30	10	5	10	10	100(e)
取　　締　　役	40	15	15	10	10	10	100(f)
多数工場複合体							
取締役社長	50	10	10	10	10	10	100(g)
国　営　産　業							
大　　　　　臣	50	10	10	10	10	10	100(h)
総　理　大　臣	60	8	8	8	8	8	100(i)

出所)ファヨール,H.著,山本安次郎訳『産業ならびに一般の管理』ダイヤモンド社,1985年,16ページ

図表 4-2　工業経営従業員に必要な能力の相対的重要性

各種規模別工業経営
経　営　者

経営者の種類	能　　力						価値総計
	管理的	技術的	商業的	財務的	保全的	会計的	
零細事業経営者………	15	40	20	10	5	10	100(m)
小規模事業経営者……	25	30	15	10	10	10	100(n)
中規模事業経営者……	30	25	15	10	10	10	100(o)
大規模事業経営者……	40	15	15	10	10	10	100(p)
超大規模事業経営者…	50	10	10	10	10	10	100(q)
国営事業経営者………	60	8	8	8	8	8	100(r)

出所）図表 4-1 同訳書，17 ページ

も，あえて数値化して示すならば，図表4-1，4-2のようなものになる。

　図表4-1は大規模な工業企業の技術的職能担当者に必要な本質的な職能の重要性を比較したものであり，図表4-2はさまざまな規模の工業企業の経営者に必要な本質的職能の重要性を比較したものである。ファヨールによれば，図表4-1の結論は技術的職能以外の商業，財務等々の職能についてもあてはめることができるし，図表4-2の結論はあらゆる種類の事業の経営者にあてはめることができる。このような検討の結果から，彼は「あらゆる種類の事業において，下位従業員に本質的な能力は事業に特有な専門的能力であり，また経営者の本質的能力は管理能力である」という結論を導き出している。

　図表4-1および図表4-2から明らかなように，上位の責任者であればあるほど管理的能力の重要性が増大し，企業規模が大きくなればなるほどその経営者の管理的能力の重要性が増大する。しかし，当時のフランスの実業学校においては管理能力を養成するための科目はまったく設けられておらず，管理能力は実務経験の中でしか修得することができなかった。ファヨールは，管理能力もまた他の技術的能力と同様にまず学校において修得されるべ

きものであると主張する。そして彼は，フランスの実業学校において管理教育が行なわれていないのは，管理教育のための教理（doctrine）が欠けているためであるので，まず管理の教理を確立すべきであると考える。

　教理の確立は，それほどむずかしいことではない。「ただ何人かの偉大な経営者たちが，事業の経営を容易にする最も適当と思われる原則とその原則の実現に最も有効な方法についての彼らの個人的な見解を発表しようと決意すればよいのである。これらの諸見解の比較と討論からやがて原則という光が現われてくるであろう[7]」。すなわちファヨールは，成功した複数の経営者たちの経験から導き出された最高の管理法をさらに検討し，洗練することによって管理の教理を確立することができると考えたのである。

　管理能力は企業だけでなく，政府や家庭においてさえ必要とされるから，国民のあらゆる階層において管理教育が必要であり，教育水準もさまざまなレベルにおいて準備されなければならない。すなわち，管理教育の水準は「小学校では初歩的であり，中学校ではやや拡大されたものであり，高等学校では十分に展開されたものであるべきである[8]」と述べている。

3. 管理原則

　あらゆる組織体には，管理機能が必要である。そして管理機能を遂行するためには，判断の基準となる原則が必要となる。管理原則はそれを適用する際に厳密なものでもなければ，絶対的なものでもないとファヨールは述べている。同一の原則を同じような条件の中で2度適用するようなことはほとんどない。状況は多様で変化しやすいし，人間や他の要素も多様で変化しやすいためである。したがって原則の適用にあたっては柔軟性が重要であり，原則を使いこなすには知性，経験，決断，節度などを必要とするのである。さらに，管理原則の数は特に限定されるわけではないが，ファヨールは彼が最もよく用いたものとして14の管理原則をあげている。

　① 分業の原則

② 権限・責任の原則
③ 規律の原則
④ 命令の一元性の原則
⑤ 指揮の統一の原則
⑥ 個人的利益の全体的利益への従属の原則
⑦ 公正な報酬の原則
⑧ 権限の集中の原則
⑨ 階層組織の原則
⑩ 秩序の原則
⑪ 公正の原則
⑫ 従業員の安定の原則
⑬ 創意の原則
⑭ 従業員団結の原則

　これらの管理原則は経営管理論の中でよく知られているものもあるので，ファヨールの解説にしたがって，詳細にみていくことにする[9]。
① 分業の原則
　分業は同じ努力でより多く，またよりよい生産を可能にする。常に同じ仕事を繰り返す労働者，同じ業務を絶えず処理する管理者は，熟練，信念と正確さを取得して，その結果，それぞれの能率を増進することになる。仕事をかえることはそのたびごとに適応のための努力を必要とし，そのために生産は減退する。分業はその結果として職能の専門化と権限の分化をもたらす。
② 権限・責任の原則
　権限とは命令を下す権利であり，これに服従させる力である。職能に結びついた力である権限と，学識，経験，道徳評価，業績などから形成される個人的権威とは区別されなければならない。個人的権威は，権限に欠くことのできない補完物である。
　権限が行使されるところには，常に責任（権力の行使に伴う制裁）が生ず

る。権限に基づく制裁，すなわち賞罰は，優れた管理のための条件の1つである。権限の濫用とトップの弱体化とを防ぐことはトップの高い道徳的価値にかかっている。

③　規律の原則

　規律は，本質的には，服従，勤勉，活動，態度であり，企業と従業員との間に締結された協約に従い，これを守ることである。協約がかわれば規律もかわるが，優れた企業経営には規律が絶対的に必要であり，またどんな事業も規律なくしては繁栄しない。規律を作成し，これを維持する最も有効な方法は次の3つである。

　　a. すべての組織段階に優れた管理者をおくこと
　　b. できるだけ明瞭で，できるだけ公正な協約をつくること
　　c. 適正な判断で賞罰の制裁を行なうこと

④　命令の一元性の原則

　職務担当者はどんな行為をするに当たっても，ただ1人の管理者からのみ命令を受けなければならない。命令の2元性はしばしばみられるが，そのような場合には，権限は害され，規律は損なわれ，秩序は乱され，安定は脅かされる。

⑤　指揮の統一の原則

　同一の目的をめざす諸活動の組織体は，ただ1人の指揮者とただ1つの計画をもつべきである。これは行動の統一，諸力の調整，努力の集中のための必要な条件である。

⑥　個人的利益の全体的利益への従属の原則

　企業においては，従業員個人あるいはその集団の利益が企業全体の利益に優先してはならないし，また家の利益は家族一員の利益に優先しなければならない。経営においては個人的利益と全体的利益が互いに対峙しているが，この2つの利益を調和させることが必要である。調和を実現するには，次のような方法がある。

a. 責任者の精神的な強さと優れた模範
　　b. できる限り公正な協約
　　c. 注意深い監督
⑦　公正な報酬の原則
　従業員の報酬は彼が提供した勤労の対価である。そして，それは公正であり，雇用者にも従業員にもともに満足を与えるものでなければならない。報酬の支払い方法に関しては，次のようなことが求められる。
　　a. 支払方法は，公正な報酬を保証すること
　　b. 支払方法は，有効な努力に報いながら労働意欲を高揚させること
　　c. 支払方法は，合理的な限界を超えて過度の報酬になってはならないこと
⑧　権限の集中の原則
　生物的有機体において情報が大脳に集中しているように，社会的有機体もまた有機体のすべての部分を運動させる命令が指導部署から出される。経営における権限の集中と分散の問題は，程度の問題であり，従業員全体の能力をできるだけ最善に利用することを目的に権限が配分されるべきである。部下の創意性を拡張し，その役割の重要性を増大させるときには分権化が必要であり，逆の場合には集権化が必要である。
⑨　階層組織の原則
　階層組織とは最高経営者から末端の従業員に至る職務担当者の系列であり，階層組織の経路は，最高経営者から部下へ，あるいは部下から最高経営者へ，発せられた情報が伝達される経路である。この経路は正確な伝達のためにも，また「命令一元性の原則」の上からも不可欠なものである。
　情報伝達の迅速さが事業の成否を決定する場合も多いので，迅速な情報伝達が求められるが，階層数の多い大規模企業や国の行政組織においては迅速な情報伝達は困難である。階層組織の経路を尊重しながら迅速な情報伝達を確保する手段として「架橋」という方法がある。ある階層組織が図表4-3の

ような情報伝達経路をもつ場合，FとPが情報のやりとりをするには，下から発せられた情報は組織の各階層を経て，F→A→Pと伝達され，それに応答するPの情報はまったく逆の経路を通ってP→A→Fと戻されることになる。

図表4-3

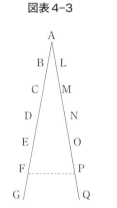

出所）図表4-1同訳書，57ページ

しかし，「架橋」F-Pを用いることができるのであれば，FとPの間の情報伝達は，きわめて簡単で迅速になる。これは実際にしばしば用いられている方法なのであるが，もしも管理者EとOがFとPに直接交渉する権限を与え，FとPが交渉の成果についてそれぞれの上司に直ちに報告するならば，階層組織の原則も守られることになる。

⑩　秩序の原則

組織においては，物的秩序と社会的秩序が守られていなければならない。物的秩序の公式は適所適材ならびに適材適所である。すなわち，物的秩序とは，1つのある場所ないし地位が各対象物に確保されていること，およびすべての対象物がそれに指定された場所ないし地位に置かれていることである。その際に場所ないし地位が正しく選択されていることが必要である。

それと同様に，社会的秩序とは，1つの地位が各従業員に確保され，また各従業員が彼に指示された地位にあることを意味する。そしてその際に，その地位が従業員に適し，従業員がその地位に適していることもまた必要である。組織において無用なポストを増やしたり，無能な人を重要なポストに就かせたりする場合には，社会的秩序が破られることになる。

⑪ 公正の原則

正義とは締結した協約を実現することである。しかし協約はすべてのことを予見しうるものではないから，しばしばこの協約を解釈し，その不十分な点を補足しなければならない。従業員がその職能の遂行においてできる限り意欲を燃やし献身するよう激励するには，従業員を好意をもって取り扱わなければならない。この好意と正義の結合から公正が生まれる。

⑫ 従業員の安定の原則

特定の職務についての知識を修得するためには時間がかかるため，従業員の配置換えの多い組織は能率が低下する。特に大規模な会社においては，その人事や業務を理解させ，活動計画を決定させ，自信をもたせ，他人にも信頼されるようになるのには相当長い時間を要するので，あまり頻繁に異動させるべきではない。とはいえ，この原則も他の原則と同様，程度の問題である。

⑬ 創意の原則

従業員に提案する自由，実行する自由を与えることによって，組織体のあらゆる階層の従業員の熱意と活力を引き出すことができる。従業員が自ら計画を構想し，実行することは創意とよばれ，経営者はこの創意をできるだけ奨励し発展させるようにしなければならない。経営者は権限の原則と規律の原則を尊重しつつ，全従業員の創意を鼓舞し，維持しなければならない。

⑭ 従業員団結の原則

従業員の調和，団結は事業経営における大きな力となる。それゆえ経営者は団結の確保を図るように努力しなければならない。そのためには「命令一

元性の原則」が遵守されるべきであり，また2つの危険が回避されるべきである。回避されなければならないのは次の2つの危険である。

a. 経営者は，自分の部下を互いに分離反目させてはならない
b. 文書での連絡を濫用してはならない。事業の問題を議論したり，説明で補足する場合，これを口頭で行なうことの方が速さにおいて，明瞭さにおいて，調和を保つ点において益するところが多い

　これらの管理原則はファヨールが最もよく用いてきたものであるが，彼の個人的見解にすぎないので，管理原則は多くの人びとによってさらに検討され，一般に広く認められるような管理法典（code administratif）に編集される必要があると彼は述べている。管理原則は，航海において進路を決定させる灯台のようなものであり，原則がなければ闇夜に方向を見失うことになり，またたとえ立派な原則があったとしても経験や節度がなければ，それを経営活動に活かすことができない。

4. 経営管理の要素

　ファヨールは経営管理の機能が，計画（予測），組織，命令，調整，統制の5つの要素から成ると考える。

　「計画すること」とは具体的には，活動計画を策定することである。活動計画とは目標とされる成果であり，従うべき活動方針であり，超えるべき発展段階であり，とるべき手段でもある。活動計画の策定は，すべての事業経営において最も重要であり，かつ最も困難な活動の1つである。活動計画は，① 企業の保有する資源（土地・建物などの不動産，機械・原料・資金などの動産，従業員，生産力，販路など），② 現に営まれている事業活動の性質と重要性，③ 将来の可能性（部分的には技術的・商業的・財務的諸条件などの可能性）に基づいて策定される。ファヨールは，大規模な鉱山会社における活動計画の作成方法を例示した後，「活動計画は企業の保有する資源の利用と目的達成のために使用すべき最良の手段の選択を容易にする[10]」

と述べている。

　企業を「組織すること」は，原材料，設備，資本，従業員など，事業の運営に有用なあらゆるものを企業に備えることである。組織は物的組織と社会的組織に区別されるが，ここで問題とされるのは社会的組織である。

　社会的組織は階層的に構成され，従業員の人数が多くなるほど階層数が増大する。いま1人の経営者が15人の労働者を部下にもつことができるとすると，階層数は2つであり，労働者の数がこれ以上多くなる場合には経営者と労働者の間に職長が仲介者として入らなければ労働者の監督ができなくなる。1人の職長が監督できるのは労働者15人までであるので，60人の労働者に対しては4人の職長が必要である。経営者はこの4人の職長を介して社会組織を監督するが，経営者が同時に監督できるのは職長4人までであるので，労働者がこれ以上に増加する場合には職長と経営者の間に課長を置かなければならなくなる。この課長も職長4人までが監督の限界であるのでそれ

図表4-4

		(訳者注)	
最初の長	C^0,	………………………	15
――	C^1,	………………………	60
――	C^2,	………………………	240
――	C^3,	………………………	960
――	C^4,	………………………	3,840
――	C^5,	………………………	15,360
――	C^6,	………………………	61,440
――	C^7,	………………………	245,760
――	C^8,	………………………	983,040
――	C^9,	………………………	3,932,160
――	C^{10},	………………………	15,728,640
――	C^{11},	………………………	62,914,560
――	C^{12},	………………………	251,658,240

(訳者注)　原本はCとあるが，任意の段階の4人の長がC^nであるから，最初はC^0でなければならないので訂正した。つまり4^0は1だから，1人の職長に労働者15人になる。Cでは4となって誤りとなる。

出所) 図表4-1同訳書，101ページ

以上に労働者が増えた場合には課長と経営者の間にさらに責任者を置かなければならなくなる。そこで社会的組織の構成は図表4-4のように階層的に形成されることになる。

　企業規模が拡大するとともに機関の数も増加するが，ファヨールは株式会社においては次のような機関を区別することができると述べている。

　　a. 株主集団
　　b. 取締役会
　　c. 全般的管理者（社長）とその参謀
　　d. 地域ならびに地区の管理者
　　e. 技師長
　　f. 部課長
　　g. 工場長
　　h. 職長
　　i. 労働者

社会的組織の担当者あるいは構成要素は，たとえば大規模な工業企業においては，労働者，職長，係長，課長，部長，技師長，管理者，全般的管理者などがあげられる。社会的組織の価値は，これらの責任者の資質にかかっているが，大規模企業の責任者に求められる条件は，① 何よりもすぐれた経営管理者であること，および② 企業の特徴的な専門的職能に関するかなり大きな能力をもっていること，の2つである。

　社会的組織を構成することやこれを監督することは，組織図を作ることによってより容易に行なうことができる。組織の一覧図表によって組織の全体像，諸部門とその限界，階層組織の各段階などを一目で把握することができる。それはまた，部門の重複または侵害，命令の2元性，所属の明瞭でない職能，専任の責任者の欠如などといった組織の欠陥に目を向けさせることになる。

　社会的組織が構成されると，次にこれを機能させることが問題となるが，

これが「命令すること」の使命である。この命令という使命は企業の各階層の管理者によって分担され，各管理者はその担当する組織単位について権限と責任をもつ。各管理者にとって命令の目的とするところは，企業全体の利益のために，自分の担当する組織単位の構成者に，できるだけ有利な働きをさせることである。

「調整すること」というのは，企業の活動と成功とを容易にさせるように，すべての事業活動を調和させることである。換言すれば，調整することとは，事物と行為に適切な割合を与えることであり，手段を目的に適応させることである。したがって，よく調整された企業には，次のような事実がみられる。

① 経営の各部門は，他の部門と歩調を合わせて活動する。すべての活動が秩序を保ち，確実さをもって遂行される。
② 各部門においては，課や係が共同の仕事において担当すべき役割と，互いに手を貸し合わねばならない相互援助について正確に情報を与えられている。
③ 諸部門と各部門内の課の進捗計画は，絶えず周囲の状況と調和が保たれている。

これに対してよく調整されていない企業には，次のような徴候がみられる。

① 各部門が他の部門を無視するか，あるいは無視しようとする。各部門は隣接する部門も企業全体も気にすることなく，あたかもその部自体が目的であるかのように行動する。
② 同じ部門の中の課や室の間に，異なる部門との間におけるような完全な仕切りが存在する。
③ 人びとは，だれも全体の利益を考えない。創意工夫も献身の精神も存在しない。

これらの徴候は，不調整に起因するものであり，部門責任者の会議によっ

てこの不調整を解決することができる。

「統制すること」とは，すべての事物が，採用された活動計画，与えられた命令，承認された原則に従って行なわれているかどうかを確かめることである。統制の目的は間違いを修正して，これを繰り返すことを避けるように警告を発することである。統制は事物，人間，行為などすべてに適用される。

管理的見地からみれば，統制は，活動計画が存在すること，その計画が日々執行され維持されていること，社会的組織が完成されていること，従業員の一覧表が用いられていること，命令が原則に従って発令されていること，調整の会議が行なわれていること，などという事実を確保するものでなければならない。統制は，管理的見地のほか，商業的見地，技術的見地，財務的見地，保全的見地，会計的見地からも行なわれなければならない。

5. ファヨール管理論の特質と管理過程学派

ファヨールは，企業活動が６つの活動から構成されていることを示した。このように企業活動の構成要素を明確に提示し，その中でも特に管理的活動が重要であることを指摘したのは，ファヨールが最初である。彼はさらに，経営管理職能が計画，組織，命令，調整，統制という５つの要素から成ることを指摘し，その１つひとつを詳細に検討している。彼の経営管理概念は今日の経営学に広く継承されており，これが，彼が「近代管理論の真の父」とよばれるゆえんである。

ファヨールの管理論の特質は，彼の活動計画についての理論および組織理論に見出すことができる[11]。まず活動計画論であるが，その中核は予算である。彼は活動計画にあらわれる生産要素を予算の形で統一的に把握した。そして予算には，経営活動の統制基準としての役割も意図されている。

一方，組織はファヨールがあげた管理の５つの要素のうちの１つにすぎない。しかし，彼の著書においてこの組織についての記述は５要素全体の半分

以上（99ページ中の57ページ）を占めており，5つの要素の中でも彼がとりわけ組織を重視していることがここからもわかる。「むしろ彼の管理論全体を1つの組織論とみることも可能」であり，「たとえば，彼の14の管理原則の大部分は，そのまま組織原則といい得るもの[12]」であるとも考えられる。

ファヨールはテイラー（Taylor, F. W.）の科学的管理法を高く評価しながらも，テイラーの職能的職長制度については，命令一元性の原則に反し命令系統を混乱させるとして厳しく批判している。そして，ファヨールは命令の一元性を維持しつつ，全般管理者の負担を軽減し，職能専門化の利点も引き出すことのできる組織として参謀部を提唱したのである。

テイラーの研究が能率技師として労働現場における作業の能率化や作業の標準化を目的としたものであるのに対し，ファヨールのそれは経営者として企業全体の管理組織の合理的な運営を目的とするものであった。下位の管理階層である作業現場の管理を研究対象としたテイラーの理論と企業全体ないし上位の管理階層を研究対象としたファヨールの理論の相違は，2人の実務における経験の相違からきたものである。

テイラーの主たる関心は課業を設定し，作業を標準化することによって，作業能率を向上させることにあった。彼は職長の機能を執行的機能と計画的機能に分け，計画的機能を作業現場から奪い取り，管理者の手に委ねてしまった。そして8人の職長が同時に労働者を監督・指導する職能的職長制を提唱したのであるが，これら8人の職長間の調整のむずかしさの問題はほとんど考慮していなかったように思われる。これに対して，経営者として部門間や部門内の各セクション間の調整の困難さを十分経験してきたファヨールは組織が1つの目的に向って順調に活動を進めるためには調整が重要な管理の要素であるということを十分認識していたのである。

経営管理がいくつかの過程的要素から成るというファヨールの経営管理概念は，その後多くの研究者によって継承・発展させられていくことになったが，この理論の継承者たちは一般に管理過程学派（management process

図表4-5　マネジメント・プロセスの分類

	計画	組織化	経営要素の調達	要員化	動機づけ	指令	命令	行動化	調整	統制
Fayol, H.	○	○					○		○	○
Brech, E. F. L.	○				○				○	○
Davis, R. C.	○	○								○
Newman, W. H.	○	○	○			○				
Terry, G. R.	○	○						○		○
Koontz, H. & O'Donnell, C.	○	○		○		○				
Allen, L. A.	○	○			○				○	○
Fox, W. M.	○	○								○

出所）杉本常「ファヨール」車戸實編『経営管理の思想家たち』早稲田大学出版部，1987年，34ページ

school)[13]とよばれている。彼らは，ファヨールが提示した経営管理の5つの要素の他にさまざまな要素を追加し提示している。

ファヨールはまた，管理を企業だけでなく，あらゆる組織体に適用可能なものとして捉えた。この考え方は，現代的組織論の研究者に継承されていくことになった。さらに，彼は経営と管理を明確に区別し，経営を企業目的を達成するための機能と捉え，したがってトップ・マネジメントの職能と捉え，組織のあらゆる階層において必要とされる機能である管理と区別した。

ファヨールによってはじめられた経営管理原則と経営管理過程についての研究は，その後多くの研究者によって受け継がれ，発展させられていった[14]。まずイギリスのシェルドン（Sheldon, O.）は，その製菓会社経営者としての経験を踏まえ，企業の社会的責任を重視する立場から書かれた彼の主著の中で，経営管理の原則をあげている[15]。アメリカのフォレット（Follett,

M. P.）も1925年から1932年にかけての彼女の講演の中で独自の管理原則を提唱した。彼女はもともと政治・社会思想家として多くの社会事業に携わっていたが，しだいに政治・社会問題から経営管理問題へと関心を移してゆき，「経営管理の科学化」をめざした。彼女の講演集は彼女の死後，アーウィックによって編集され公表された[16]。

　この他，長期にわたってイギリス経営学界を代表する立場にあり，国際経営者協会の指導的地位にあったイギリスのアーウィックはファヨールの経営管理論を紹介する著書の中で経営管理原則の体系化を試みた[17]。また，いくつかの会社の副社長などを経た後，経営組織の研究に従事したアメリカのブラウン（Brown, A.）は，経営組織一般の原則の確立と原則の経営組織への適用を試みた[18]。

　第2次世界大戦後，管理過程の分析と管理原則の体系化を行なったアメリカのニューマンや管理原則と管理過程の研究によって経営管理の体系化を試みたイギリスのブレック（Brech, E. F. L.）らは管理過程論の発展に貢献した[19]。第2次世界大戦後は，ケース・スタディのアプローチや人間関係論など経営学の他の分野における研究も進展した。その結果，経営学の他の研究分野における研究成果も管理過程学派に取り込むべきだとする「修正経営管理過程学派」を提唱したアメリカのテリー（Terry, G. R.）や，経営学の学派分類を行ない，管理過程論の立場から「経営の統合理論」を提唱したクーンツとオドンネル（Koontz, H. & O'Donnell, C.）らが研究成果を公表した[20]。実務と経営コンサルタントとしての豊かな経験をもつアメリカのアレン（Allen, L. A.）は管理原則を重視した著作を公表した[21]。

注）
1) ファヨール，H. 著，山本安次郎訳『産業ならびに一般の管理』ダイヤモンド社，1985年，217ページ。ファヨールの生涯については，山本訳書の巻末の「解説」に詳述されている。以下，ファヨールの生涯についてはこれによっている。なお，ファヨールのこの著書の日本語訳書にはこの他に，都筑栄訳『産

業ならびに一般の管理』風間書房，1964年，佐々木恒男訳『産業ならびに一般の管理』未来社，1972年がある。本章では，山本訳を用いた。
2) 同上訳書，221ページ
3) ファヨール理論の整理に次の文献を利用した。工藤達男『経営管理過程論の史的展開』学文社，1979年
4) 前掲訳書，5～8ページ。なお，フランス語のfonction，英語のfunctionは一般に「機能」あるいは「職能」と訳されるが，ここでは前掲山本安次郎，工藤達男に従って，「職能」と訳すことにした。
5) 同上訳書，9ページ
6) 同上訳書，11～12ページ
7) 同上訳書，25ページ
8) 同上訳書，26ページ
9) 同上訳書，32～70ページ
10) 同上訳書，89ページ
11) 杉本常「ファヨール」車戸實編『経営管理の思想家たち』早稲田大学出版部，1987年，35～37ページ
12) 同上稿，36ページ
13) 今日の経営学研究をいくつかの学派に分類し，ファヨールに連なる学派を管理過程学派と名付けたのはクーンツ（Koontz, H.）である。Koontz, H. ed., *Toward a Unified Theory of Management*, 1955.
14) 工藤達男，前掲書，111～112ページ
15) Sheldon, O., *The Philosophy of management*, 1923.（田代義範訳『経営管理の哲学』未来社，1974年）
16) Urwick, L. F., ed., *Freedom and Co-ordination*, 1941.（斉藤守生訳『フォレット経営管理の基礎』ダイヤモンド社，1963年）
17) Urwick, L. F., *The Elements of Administration*, 1943.（堀武雄訳『経営の法則』経林書房，1971年）
18) Brown, A., *Organization*, 1945.
19) Newman, W. H., *Administrative* Action, 1951.（高宮監修・作原猛志訳『経営管理』1958年），Brech, E. F. L., *Management*, 1948.（植野郁太郎訳『経営管理』三和書房，1953年）
20) Terry, G. R., *Principles of Management*, 1953., Koontz, H., & O'Donnell, C., *Principles of management : An Analysis of Managerial Functions*, 1955.（大坪檀・高宮晋・中原伸之訳『経営管理の原則1～4』1965～66年）
21) Allen, L. A., *Management and Organization*, 1958.（高宮晋訳『管理と組織』ダイヤモンド社，1958年）

▶ 学習の課題
■1 ファヨールのあげた14の管理原則以外にも多くの管理原則が知られている。これらの管理原則について調べてみよう。
■2 経営管理の要素について，ファヨールがあげた5つの要素以外の要素も詳しく調べてみよう。

◆ 参 考 文 献
杉本常「ファヨール」車戸實編『経営管理の思想家たち』早稲田大学出版部，1987年
ファヨール，H. 著，山本安次郎訳『産業ならびに一般の管理』ダイヤモンド社，1985年
アーウィック，L. F. 著，斉藤守生訳『フォレット経営管理の基礎』ダイヤモンド社，1963年
クーンツ，H=オドンネル，C. 著，大坪檀・高宮晋・中原伸之訳『経営管理の原則1〜4』1965〜66年
雲嶋良雄『経営管理学の生成』同文舘，1964年
佐々木恒男『現代フランス経営学研究』文眞堂，1981年
佐々木恒男『アンリ・ファヨール——その人と経営戦略，そして経営の理論』文眞堂，1984年
山本安次郎『フェイヨル管理論研究』有斐閣，1955年
山本安次郎「フランス経営学説」『現代の経営学説』現代経営学講座第5巻，有斐閣，1959年
佐々木恒男編訳『公共心の覚醒——ファヨール経営管理論集』未来社，1970年
徳重宏一郎『経営管理要論』同友館，1986年

● 第5章のポイント

■ ホーソン実験を通じて、人間を感情ある人間として捉え、合理的ではなく、感情に基づいたり非合理的行動をする人間のあり方が認識されたこと。

■ 人間関係論の貢献の1つは、公式組織とインフォーマル・グループとの発見にある。特に後者は、社会的統制が行なわれ、グループ内に不文律が作られ活動を規制していた。

◎ 基本用語

【ホーソン実験】 1920年代ウェスタン・エレクトリック社ホーソン工場で行なわれた4つの実験の総称。照明実験、継電器組み立て実験、面接プログラム、バンク配線作業実験がある。人間の感情が作業に大きな影響を与えることがわかり、人間関係論が提唱される契機となった。

【社会的統制】 インフォーマル・グループ内においては、独自の作業基準をもち、過大申告や過少申告をして、仲間と出来高の調整を行ない、お互いが規制し合いながら、集団を維持しようとする機能が働いている。

第5章　人間関係論

1. ホーソン実験の目的

　テイラー（Taylor, F. W.）は科学的管理法の真の目的を労働者と使用者の双方に意識革命を起こすことであると述べたが，テイラー以後，今日に至るまで，作業標準を設定し，作業の能率を高めるための労働科学の研究はますます推し進められてきた。近代において，アダム・スミス（Smith, A.）の分業の思想を端緒として開始されてきた生産性の追求は，テイラーによって一段と高められることになった。1910年代に登場した科学的管理法は，第1次世界大戦を契機として20年代に急速にアメリカの企業に浸透していった。

　1924年から1932年にかけて，ウエスタン・エレクトリック社のホーソン工場で一連の実験が行なわれた。のちに，ホーソン実験として知られるようになる，この実験の当初の目的は，労働条件，作業環境が労働者にどのような影響を与えるかを調べることにあった。労働条件，作業環境が作業者にとって好ましい状況であれば，当然作業能率は高まり疲労も少なくなる。さまざまな諸条件の中で，1つの可変要素をどのように設定すれば，最も効果的で生産性を高めることができるかという実験は意味のないことではない。作業の標準化が目的であるが，標準化の可否はともかくとして，いくつかの労働条件と能率の関係を調べるために実験は開始された。

2. 実験の概要

(1) 照明実験

　実験は「照明実験」から始められた（1924-27）。この実験の概要は，同じ作業を行なう実験グループを2つに分け，1つのグループは照明を一定のまま作業させ，もう1つのグループは，明るさをさまざまに変化させ，2つ

図表5-1 ホーソン実験の照明実験

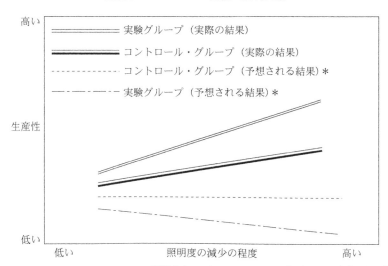

＊照明度はコントロール・グループにおいては変化しない状態
出所）Bartol, K. M. and Martin, D. C., *Management*, McGraw-Hill, Inc., 1994, p. 49.

のグループ間の生産性の相違を調べることにあった。照度と生産性の関係を明らかにすることで，照度の標準化も可能であった。しかし，実際には照度を変化させたグループも照度が0.06燭光（月明かり程度）まで落ちて初めて能率が低下したものの，いずれのグループも生産性が上昇するという，当初の仮説に反する結果に終わったのである。作業条件と生産性の間には何の相関もないというこの実験結果は，たとえば科学的管理における標準化の概念を否定しかねないものであった。作業能率を上げるには，一定の明るさが求められ，照度の標準化は，当然科学的管理の延長線上に設定されるべきものであった。照明実験に対する仮説と実際の結果との説明が十分になされないままに，1927年には第2回の実験が行なわれた。

図表5-2　継電器組立実験作業室

（ウエスタン・エレクトリック社ホーソン工場〈シカゴ〉）

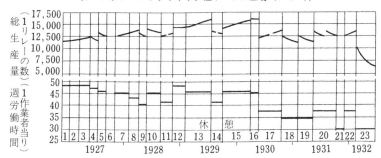

出所）メイヨー, E. 著, 村本栄一訳『産業文明における文明の問題』日本能率協会, 65ページ

(2) 継電器組み立て実験

　第2回実験「継電器組み立て実験」は単一の条件要素だけを変化させることをやめ, 労働条件のさまざまな変化を観察し, また観察者の目がよく行き届くように, 少人数のグループ（6名の女子工員, ただし実験対象者は5名, 1名は5名に部品を渡す役割）によって実施された。労働時間や労働条件と疲労の関係, 休憩の必要性の可否, 労働時間短縮は望ましいか, あるいは, 午後に生産性が低下する理由は何か等々, こうした事前設定は周到に準備・計画され, 5年間にわたって行なわれた。図表5-2は, 実験の各期間における生産量と労働時間の関係を示したものである。

　表下の1から23までは, 個々の実験期間を示している。いくつかのポイントとなる期間を概括すると以下のようになる（Wは週を表す）。

　1期（2W）：実験開始前の生産記録。彼女たちの知らない間に記録を取る。

　2期（5W）：実験作業室へ移転した最初の期間。労働条件や作業手順は従来のまま。

　3期（8W）：賃金支払い方法を100名の団体出来高払いから5名のグループの出来高払いへと変更した。個人努力が反映されやすい。

4期（5W）：午前と午後に5分間の休憩を取ったため労働時間が減少した。以後，4期から7期までは，おもに休憩に関する実験が行なわれた。

5期（4W）：休憩時間は10分が2回になる。

6期（4W）：5分の休憩が6回与えられた。作業が絶えず中断するため，生産量が多少落ちた。

7期（11W）：午前中にコーヒー，スープ，サンドイッチなどの間食，午後にも茶菓などを出した。休憩時間は，軽食の関係で午前中は15分，午後は10分に変更された。この条件は11期まで継続された。間食を出す理由は，彼女たちが朝食をほとんど食べずに仕事にかかることがあり，昼食時間前から生産量が低下する傾向にあったためである。

8期（7W）：第7期の条件は継続したまま，半時間早く仕事を終了した。日産量や週生産量は著しく高まった。8・9・11期は，労働時間の短縮が課題となった。

9期（4W）：労働時間がさらに短縮され1時間早く終了した。日産量や週生産量は低下したが，時間当たりの生産量は上昇した。

10期（12W）：すべてを7期と同じ条件に戻した。日産量，週生産量ともに，もっとも高くなり，しかも生産量を持続した。

11期（9W）：基本的に7期と同じ。ただし，土曜の午前の分は有給。

12期（12W）：作業者と了解の上で，最初の条件（3期）に戻した。軽食も労働時間の短縮も，週労働日数の短縮もすべて廃止したにもかかわらず，12週を通じて，生産量は過去最高を記録した。

基本的な条件の変更は，11期までで終わり，以後は各期の繰り返しであったり，小さな変更であったりした。13期（31W）は，飲み物は会社支給としたが食事は自弁とし，14期は11期と同じく土曜日を休業とした。12期から作業条件は著しく悪くなったにもかかわらず，13,14期を通して，作業能率は高水準を維持した。継電器組み立て実験は，以後23期まで続けられるが実験的価値を見いだせたのは13期までであり，12期までの結果をふまえて，

実験の中心は面接プログラムに移っていった。

(3) 面接プログラム

1928年9月継電器組み立て実験の12期の開始と時期を同じくして，面接プログラムも実施された。面接プログラムに対する評価は論者によって異なっているが，結果的に人間の感情という新しい視点を認識し，着目するきっかけとなった点で無視できないものであった。

第1回の面接は，検査部門の1600名を対象に行なわれた。面接の目的は，継電器組み立て実験の中で注目され始めた監督者と作業者の関係を改善することにあった。組み立て実験を通して，監督者と作業者との人間関係やリーダーシップのあり方が，生産性の向上や作業者のモラール（morale）に大きな影響を与えることが注目されていた。面接は，職場状況をよく把握している5名の従業員が面接者となり，仕事・労働条件・監督の所与の項目について「イエス」，「ノー」といった択一的なコメントを得るようにして実施された。1929年2月には，第2回面接が現業部門10300名を対象に，また1930年2月には第3回面接が8部門9226名を対象に実施された。第2回の7月からは面接方法が択一的な方法から任意的な方法に変更された。その理由は，面接者と従業員との間の意識や関心の違いから，面接者の質問に対する的確な回答が得られない状況がしばしば起こったからである。また，面接者は，非面接者自身が関心を持ち，話しやすいテーマで対話ができるように，聞き役に徹し，議論をしたり訓戒を与えたりしないことが求められた。こうした面接結果は，37項目に分類され，緊急度と満足度という観点から整理・分析が行なわれた。

満足度の分析を通じて，不満には次のような3つの種類があることが見いだされた（図表5-3）。

(1) 事実に基づいた不満，(2) 感覚上の不満，(3) 感情（sentiments）に基づく不満である。(1)の不満は，たとえば「ロッカーが足りない」「機械が壊れて

図表5-3 不満の分析

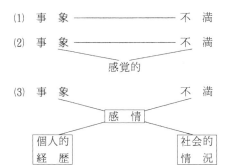

出所) レスリスバーガーF. J. 著, 野田一夫訳『経営と勤労意欲』ダイヤモンド社, 1965年, 24ページを一部変更

いる」といった物理的不満で容易に原因が確認でき, したがって対応も直接的に可能なものである。(2)は「洗面所が汚れている」「部屋が暑い」といった個人的な感覚によって, 基準の異なっている不満である。不満の基準は一定ではなく一律的な対応は不満の解決にはなりにくい。また, (3)の不満は, 個人の期待や感情に根ざしたもので「賃金が低い」「昇進が遅い」などである。注目すべきことは, たとえば「賃金が低い」という不満は, 個人の学歴, 経歴, 能力あるいは社会的情況などによって相対的に異なってくることである。図表5-3は, こうした関係を説明したものであるが, (3)の段階では感情が全体的な情況の中で把握されるものであることが示されている。しかし, それを規定している感情は何かが問われ, 問題は不満の対象ではなく, 不満を抱いている者の感情の構成要因を解明することが求められるようになる。

(4) バンク配線作業観察室実験

ホーソン実験の最終段階として行なわれたのが「バンク配線作業室実験」である。継電器組み立て実験の中で, 労働条件や作業環境が変化しても生産性が増加傾向にあったのは, テストメンバーに選ばれたことが大きな誘因と

されていたが，最後の実験の目的は，職場情況などの社会的要因が人間の感情にどのような影響を及ぼすかを解明するものであった。実験は配線工，ハンダ工，検査工がそれぞれ9・3・2名の割合で配置されたグループを研究対象として，集団出来高給制度のもとに観察された。これ以外にも観察者（調査員と面接者）が加わったが，観察者の移動はできるだけ自然に行ない普段通りの行動が望まれた。労働者の生産性を上げる最も有効な方法は，賃金に対する刺激であり，多くの賃金を得るためには作業能率を上げるというのが当時の基本的認識であった。集団出来高給制度は，この前提の上に実施されたものであった。しかし，実験では前提がほとんど意味をもっていないことが明らかになった。テイラーは，課業（task）を1日の仕事量として賃金算定の基準としたが，この実験の集団は，集団独自の作業基準をもち，生産性を上げる努力をするのではなく，生産性を一定の水準に維持することを目的として仕事していることがわかった。一定の水準とは，会社側の達成基準より低く設定された集団の基準であった。このように労働者が独自の基準を設定する理由は，必要以上に能力があると見なされれば標準作業量が引き上げられ，生産能率が低い者への注意，雇用と賃率の維持が困難になるからであった。実際には，図表5-4[1]に示されたように，観察室内には2つのインフォーマル・グループが存在し，組織内でグループを形成していた。図表の上の図は内部グループの関係を表し，下の図は，生産高に関する分析を示したものである。W（wireman）は配線工，S（solderman）はハンダ工，I（inspector）は検査工，個々の数字は個人の識別番号である。図表でわかるようにW1からW4，I1，S1が1グループ，W7からW9，S3が1グループを形成している。ただし，W2は仕事はよくできるが自分勝手で仲間とのつきあいは悪く，孤立している。W5も仕事面では優秀だが，自分の力を誇示したり告げ口をするので，みんなからは嫌われていた。また，W6は仕事が速く，クリークBの一員としてリーダーになりたいと希望していたが，受け入れられなかった。こうした人間関係は，さまざまな種類のゲームへの

図表5-4 バンク配線作業実験内の内部グループと生産高の分析

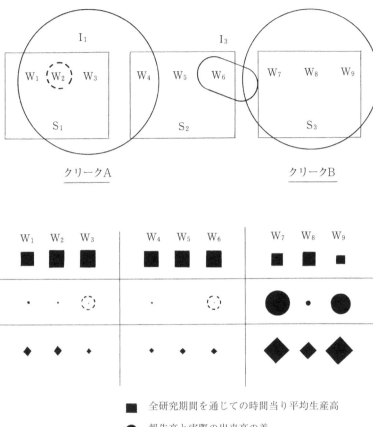

出所) Roethlisberger and Dickson, *Management and the Worker*, Harvard University Press, 1939, p.518.

参加, 窓の開閉についての口論, 職務の交換, 仕事の助け合いなどの局面でグループとして機能していた。たとえば, ゲームをするときのメンバーは, グループ内での人間同士が主であり, 窓の開閉はどちらの言い分に利がある

かよりも，それぞれの友好関係が支持の決め手になっており，仕事の助け合いも能率の高い者が低い者を助けるのではなく，相互に好意をもっているか否かが関係していた。費用と能率の論理にしたがうとされていた人間の労働が，能率よりも好きか嫌いか，好意的かそうでないかといった，能率とは関係のない人間の感情が優先されるような作業環境が存在することは大きな発見であった。図表5-4の下図は，個々人の能力と実際の出来高，報告高の情況を示したものである。時間当たりの出来高は，クリークAの方がクリークBよりも高く，そのことが両者の社会的地位や意識の差を生じさせることになった。また，図に特徴的なように報告書と実際の出来高との差についてもW7とW9はともに時間当たりの生産性は低く，そのため出来高以上の報告をしたり，控除時間を多く要求したり，自らの低い能力を補う操作をしている。逆に，W3とW6は報告高を実際の出来高より過少に申告している。どちらも能力は高かったが，W3は他のメンバーとの差が大きくなることを嫌って少なめに報告をし，W6はクリークBのリーダーになりたいと思っていたので，Bグループの低い生産高にあわせて自らの立場を悪くなるのを防ぐためだと解釈された。このように生産高は，個々人の感情や思惑によって左右され，さらにグループ全体の統制力として機能していた。そのために労働者たちは，独自の行動基準をもち，お互いを牽制しあっていた。たとえば，以下のようである。

⑴ あまり仕事をしすぎてはいけない。高い生産性を上げると他の人びとに迷惑をかけることになり，また集団の基準を守らなければ，嫌悪され，皮肉と嘲笑が浴びせられた。

⑵ あまり怠けすぎてもいけない。集団出来高給制度のもとでは仕事をしないで個人の出来高以上の賃金をもらうのはさぼり屋とされた。

⑶ 仲間の迷惑となるようなことを監督者に話してはいけない。

⑷ あまりお節介をしてはいけない。

このような相互の規制だけではなく，生産高を一定に保つために日々の生

産高を過少申告，架空申告したり控除時間を要求（作業時の不可欠なロスタイムの認定，未熟な仕事をする際の余分にかかる時間の控除認定）して実作業時間を少なくするなど，より直接的な操作すら行なわれていた。

ここに至って，生産性に影響を与える要因は，労働条件や作業環境ではなく，作業集団内部における人間関係，あるいは人間相互関係が重要な意味をもつと考えられるようになってきた。観察室の中には2つの派閥ないしインフォーマル・グループが存在し，そのグループ内で労働者を拘束する社会的統制（social control）の作用が行なわれていることが確認された。「実験室」の中で見いだされたインフォーマル・グループは，生産能率を高めることによって賃金収入を増やすという経済人モデル的な行動をとるのではなく，意識的に一定のレベルを維持することを行動基準としたことはすでに述べた。こうした行動基準が作用するのは，観察室のメンバー相互の間に何らかの合意が機能している結果である。

3. 人間関係論の所説

(1) レスリスバーガーの理論体系

メイヨー（Mayo, E. G.）は，オーストラリアで生まれ，大学で医学，心理学，哲学などを学び，1922年アメリカに移住した。1926年から47年までハーバード大学に勤務し，1928年からホーソン実験に参加し，主体となったハーバード・グループの指導的役割を果たしたが，実験に関する論説は行なっていない。

これに対してレスリスバーガー（Roethlisberger, F. J.：1898-1974）は，1927年から1967年までハーバード・ビジネス・スクールに勤務し，メイヨーと一緒にホーソン実験に参加した。レスリスバーガーのホーソン実験に関する主たる文献には以下のものがある。

『経営と労働者』（*Management and the Worker*, 1939, Dickson, W. J. 共著）

『経営と勤労意欲』（*Management and morale*, 1941）

レスリスバーガー理論の特質は，メイヨーが蒔いたホーソン実験の種を育てて刈り取り，そして理論的に整理したことである。実験の結果に基づいてレスリスバーガーは，人間を相互に独立した個々人ではなく，感情をもった社会的動物であり，そのように取り扱うべきだと述べている[2]。感情の論理により導かれる人間観の発見は，レスリスバーガーの第1の貢献であった。感情に導かれるとは，基本的には非論理的・非合理的（illogical or irrational）なのではなく没論理的（nonlogical）であり，それが人間の行動の性質であるとする[3]。論理的であるとは，個人的な信念によって左右されることのないような客観的な関係に基づいたものであり，没論理的とは客観的な関係を，感情を通して行動することを意味している[4]。個々の感情をもつ人間が社会組織の中でインフォーマルなグループを形成し，対内的な社会的統制を行なう。こうした公式組織に対するインフォーマル・グループの発見が第2の貢献である。第3の貢献は，公式組織とインフォーマル・グループによって形成される組織を1つの社会システムと捉えたことである。図表5-5は社会システムの体系を表したものである。

　全体的な社会システムは，利益，能率，設備，コストなど生産活動に関する技術的組織と人間の協働に基づいた人間的組織との相互作用の上に成り立っている。人間的組織は，個々の経歴に基づく個人と個人を超えて社会的な関係の中で，個人が帰属する社会的組織からなり，社会組織はまた，目的を達成するために合理化され，管理体系を伴った公式組織とそのうちに自生的・内在的に発生し，対内的な社会的統制をもつインフォーマル・グループからなっている。公式組織は主に費用と能率の論理により導かれ，インフォ

図表5-5　社会システムの体系

ーマル・グループは主として感情の論理によって規定される。

　レスリスバーガーは，組織を全体的な社会システムとして体系化しながらも，その主眼を対内的な社会的統制によって組織内部に均衡を保とうとする個人に向けている。個人を中心としてインフォーマル・グループや公式組織との相互関係のもとで自発的協働を行ない，心理的欲求や社会的欲求などの人間としての満足感を得る個人である。つまり，人間が日々の生活の中で関係づけられるさまざまな情況を全体的情況として理解することである。個人は情況に対面しながらも，その情況に適応的に行動していかなければならない。疲労や単調感などの問題も人間のおかれた情況との関連の中で理解されなければならない。レスリスバーガーは，その情況を3つに分類している[5]。

　① 社会構造における変化の問題
　② 管理とコミュニケーションの問題
　③ 社会構造に対する個人の適応の問題

　まず，①の経営組織の変化は技術的組織の変化だけではなく，人間組織にも影響を及ぼし，公式組織やインフォーマル・グループも変化を受けることになる。その場合，グループ内部の均衡は著しく安定を欠くことになり，グループの成員の抵抗を受けることになる。こうした変化に対して，技術的組織は比較的早く適応するが，インフォーマル・グループでの変化への対応は鈍くなる。経営組織の変化はグループや個人への影響を十分に考慮して行なわなければならない。

　②は，コミュニケーションの問題である。従来の組織では上から下へのコミュニケーションが行なわれていたが，下から上へのコミュニケーションも重要である。特に後者は下位の階層の人びとの感情に関わる無形の問題を含み，そのため，時として伝達の途中で曲解・歪曲の可能性がある。上位の管理者は，情報の背後に潜む具体的状況に配慮しなければならない。

　③は，主として個人の移動に関することであり，個人が組織の内外に移動

した場合には，新しい組織への適応が必要となる。公式組織への適応はともかく，インフォーマル・グループへの適応は必ずしも容易ではない。管理者は新しい情況に適応しやすいように配慮しなければならない。

このように人間の環境を全体的な情況として捉えたことは，レスリスバーガーの第4の貢献といえる。

(2) 人間関係論の限界

人間関係論は，人間の感情の重要性を認識しながらも，それが必ずしも生産現場における能率の向上にはつながらなかった。メイヨーやレスリスバーガーによって展開された人間関係論は，従来の合理的な基準に基づいて行動する経済人モデルから，非合理的で感情をともなって行動をする社会人モデルを提起した。社会人モデルは，目的達成に向け能率の論理に則った従来の管理のあり方に対して，人間の没論理的な側面を強調することにより，組織の構成員は感情ある人間であることを強くアピールした点に意義がある。しかし，それはあくまで人間の一面を表しているにすぎない。組織行動においては，感情という人間の没論理的な側面を強調するだけではなく，公式組織のもつ組織本来の目的や合理的側面を軽視することは許されない。ホーソン実験の後，人間の感情を重視した行動の結果，監督者と労働者の関係は，監督者が部下のご機嫌を取る，いわゆる「ニコポン主義」の風潮を生み出すこととなった[6]。職場の雰囲気はよくなるが，生産性は上がらないという現実的な弊害を生じさせる原因ともなったのである。

社会人モデルのもう1つの特徴は，行動が職場の情況や感情によって左右され，個々人の意思に基づいて自発的・積極的に行なわれる行動ではないということである。そうした意味では，社会人モデルは受動的あるいは妥協的な人間モデルであった。しかし，人間は社会的な動物として，何らかの組織に所属し，個人的な目的をもって行動している存在である。しかも，社会的欲求が認められる前提として，組織の構成員であることが二次的なものとな

っている。「感情ある人間」を認めることは必要条件であるが、組織の中では、個人は自らの目的や役割をもち、自律的に行動する人間として考察されなかったことが、このモデルの1つの限界を示している。また、インフォーマル・グループの発見は、個人がグループに帰属することによる心理的な安心感を労働者に与えることにはなったが、それは生産性の向上に直接寄与するものではなかった。組織は個々に組織目的をもち、目的志向的で合理的な活動をするものであるが、インフォーマル・グループは目的志向性に乏しく、組織目的と一致する行動を取るとは限らない。組織が目的を達成するための手段であるからには、その組織構成員は目的に向けて努力しなければならない。しかし、個人の心理的満足は生産性に対する動機づけとしては不十分なものであり、行動科学的アプローチの中で、動機づけ理論として研究されるようになる。

注）
1) Roethlisberger, F. J. and Dickson, W. J., *Management and the Worker*, Harvard University Press, 1939, p.518.
2) レスリスバーガー, F. J. 著, 野田一夫訳『経営と勤労意欲』ダイヤモンド社, 1965年, 31ページ
3) 前掲書, 36ページ
4) 前掲書, 37ページ
5) Roethlisberger and Dickson, op. cit., p. 551.
6) 上野一郎『マネジメント思想の発展系譜』日本能率協会, 1976年, 158ページ

▶ 学習の課題
1 ホーソン実験における各種実験において何が見い出されたのかを確認してみよう。
2 経営学における人間観として、人間関係論で発見された「社会人モデル」以外に、どのようなモデルがあるか確認してみよう。

◆ 参考文献

工藤達男『経営管理論の史的展開』学文社，1987年
工藤達男・坪井順一・奥村哲史『現代の経営組織論』学文社，1976年
車戸實編『経営管理の思想家たち』ダイヤモンド社，1974年
雲嶋良雄『経営管理学の生成』同文舘，1966年
レスリスバーガー，F. J. 著，野田一夫訳『経営と勤労意欲』ダイヤモンド社，1965年
メイヨー，E. 著，村本栄一訳『産業文明における人間問題』日本能率協会，1957年
進藤勝美『ホーソン・リサーチと人間関係』産業能率短期大学出版部，1978年

● 第6章のポイント

■ 管理に関する基礎的な用語（経営と管理，機能と職能など）を理解するとともに，管理の普遍性を理解し，管理論の重要性を認識すること。

■ ファヨールに始まった管理過程論の意味するところを理解し，管理過程論に対する批判や修正論に対して，新しい管理過程論を展開する。具体的には，事前管理，事中管理，事後管理，全般管理という時系列的な配列の中で管理過程論（管理機能論）を考える。

◎ 基本用語

【管理過程論】　H.ファヨールの企業活動の分類としてあげられた6番目の管理活動を発端とし，管理のプロセス（予測，組織，命令，調整，統制）を管理過程といい，管理者の仕事を認識する契機となった。

【管理の普遍性】　管理は，大小を問わず，また営利，非営利を問わず，あらゆる組織体に存在する概念である。

【機能と職能】　職能は仕事の分担を表す言葉であり，製造，販売，財務，購買などは職能を表現したものである。いっぽう，機能とは，管理者の仕事を表す言葉であり，計画化，組織化，統制など，管理機能として表現される用語を意味している。どちらも英語ではfunctionsであり，どのように表現するかによって意味内容が異なる。

第6章 管理過程論の発展[1]

1. 管理の概念について

　経営管理論は，アメリカの経営学（Management）を意味している。元々，経営学という名称は，ドイツの経営経済学（Betribswirtschaftslehre）を表したものであり，戦後入ってきたアメリカの経営学を経営管理論とよんで区別するようになった。当然，学問的な性格の違いがある。ドイツの経営経済学は，数次にわたる方法論争からもわかるように，用語，概念を明確に定義することから始まっている。これに対して，アメリカの経営学は，プラグマティック（pragmatic）な性格をもち，言葉の定義よりも問題解決志向的で，現実的な対応能力が求められている。しかし，ある程度は経営学に関する用語の定義はしておく必要がある。たとえば，経営者と管理者についてもアメリカ経営学では基本的に区別をしない。しかし，一般的に経営者と管理者は職分も違い，役割も違う。基本的な用語・概念はある程度定義して使わないと学問的な混乱を招くだけである。経営管理論は経営機能と管理機能の2つの言葉を表している用語である。それぞれの概念については，後述する。

　経営管理論，特にその中核をなす伝統的な管理理論は，バーナード＝サイモン理論に比べて，古典的・教条主義的理論として批判の対象となっている。伝統的な管理理論は，古い理論であり，固定的な理論であるというのが一般的な認識である。しかし，その一方で，PDCAサイクルのように，管理過程論を顧みない人たちが管理サイクルを使って新しい概念であるかのように展開している。アメリカにおける経営理論は，基本的に学問的性格が曖昧であるが，管理過程論は，応用科学であり，目的達成のための技術論である。こうした意味で，管理理論は技術論としての時代的要請の変化に対応しながらも，技術的継承性をもつと考えられる。経営概念が体制無関連的よ

うに，管理概念も体制無関連的であり，時代や体制に関係なく存在するものである。過去の技術論の蓄積のもとに，今日の理論が形成されており，管理理論は，組織体の編成原理や管理の運用技法を中心として，組織体の目的達成のための技術であるという性格をもつ。管理理論は実践的な学問であり，実践的な運用技術としての枠組みを有している。伝統的な理論であるから古いのではなく，伝統的であるがゆえに実践の中に根を張り，厳然とした有用性をもっているのである。組織運営上，新しい視点やアプローチの導入は必要であり，新たな学問的展開においても，新規性・革新性は必要である。そうした意味で，クーンツ（Koontz, H.）は，新しい流れを1つの学問的側面・アプローチとして取り入れることを提唱し続けてきた。今後の発展のためにも，こうした姿勢は必要となる。

　周知のように，ファヨール（Fayol, H.）は，管理を普遍的な概念として捉え，企業経営体のみならず，行政自治体，学校，労働組合，教会，各種団体，その他のいかなる組織体においても管理という行為は行なわれており，各組織体に共通する管理の一般的な理論が存在すると考えている。もちろん，管理は，一般理論だけではなく，個々の組織体を特徴づける特殊理論も存在しており，あらゆる組織体に共通する一般理論を土台として，個々の組織上の特徴に応じた特殊性が加味され，展開されているということができる。ファヨールを端緒として管理の普遍性を唱える論者を普遍主義者（universalist）という。

(1) **管理理論前史**
　経営学の成立は1910年頃とされている。テイラーの『工場管理』(1903)，『科学的管理の諸原理』(1911) ファヨールの『産業ならびに一般の管理』(1916) など，管理理論の主要な著書がこの時代に刊行されているからである。しかし，それ以前にも経営学に影響を及ぼした著作がないわけではない。たとえば，アダム・スミス（Smith, A.）の分業論やバベッジ（Babbage,

C.）の分業論，原価計算論，工場立地等に関する著作等である。スミスは『国富論』(1776) において，分業は労働生産性を増大させる最大の要因であると考え，有名なピンの製造の例をあげながら利点について述べている。分業の最大の利点は，未熟練労働者での作業を可能にしたことであり，農村から都市へ流入した者たちが工場労働者となり，産業の発展に貢献したことにある。分業論の管理理論への貢献は，単純化と専門化にある。のちに3Sの原則と表現される ① 単純化（Simplification）② 専門化（Specialization）③ 標準化（Standardization）のうち，① と ② はスミスによるものである。単純化は，分業の過程で仕事を細分化し，誰もが容易に作業ができる程度に作業内容を振り分けることである。また，専門化は，作業が単純化され，同じ仕事を繰り返しを行なうことによって，技能的な向上，つまり習熟することができ，専門的な技能となることである。テイラーの提起した標準化の概念を加えて，3Sの原則は，今日では作業領域を中心とした基礎的な原則である。一方，バベッジは『機械と製造工場の経済性について』(1833) において，スミスと同様，分業の利点，特に技能と経済性について述べるとともに，工場労働の中にある原則性を見いだそうとしたといわれている[2]。原価計算や人事管理に関する問題についても，不十分ながら論究している。こうした経営学に関する先達たちの研究は，主として作業領域の管理の理論として実践的な活動の中に根づいている。

2. マネジメントの概念

(1) 機能と職能

ファヨールが企業活動の1つとして取りあげた管理活動（予測・組織・命令・統制・調整）は，以後の経営学の中では管理過程論としての継承されるようになった。ここでは，管理者の機能の展開という意味で管理機能論と表現するが，管理機能論の枠組みを検討する前提として，経営管理上のいくつかの混乱について見解を示しておきたい。

managementの訳語については，経営，管理，あるいは経営管理，マネジメントなどの用語の厳密な定義が行なわれないまま使われており，その結果，わが国の経営学の発展上，概念的な不明確さをもたらし，概念上の混乱を招いている。managementという用語を経営と解するか，管理と解するかによって意味内容は大きく変わってくる。一部には，その区別をしない論者もいるが，対象や行動，あるいは意思決定の質など多くの違いがある。経営と管理の概念についての相違は簡単に後述する。経営管理という用語は，往々にして経営と管理の両方の意味を含んだ曖昧言として用いられることもある。実態や対象をあえて特定しない形でカタカナ表記をすることもある。ただ，それぞれの用語の使用について，どれだけ意識的に使い分けが行なわれているか定かではない。たぶんに慣習的に使われている可能性がある。

　管理論上，職能と機能という用語を一般的に用いるが，それぞれのもつ特定の意味内容にもかかわらず，無限定に用いられることが多い。いずれも言語はfunctionsであるが，計画化，組織化などの管理機能も，論者によっては管理職能と表現されたりしている。経営学上，職能とは仕事の分担を表す言葉であり，具体的には，製造・販売・財務・購買・人事・経理等，仕事の部門を示す用語である。機能は管理者の仕事の内容を表しており，管理者は

図表6-1　機能と職能の関係

機能＼職能	製造	販売	財務	購買	人事	技術	……
組織化	○	○	○	……	……	……	……
計画化	○	○	……	……	……	……	……
統制	○	○	……	……	……	……	……
動機づけ	○	○	……	……	……	……	……
教育	○	○	……	……	……	……	……
革新	○	○	……	……	……	……	……
評価	○	○	……	……	……	……	……

出所）坪井順一「管理過程論の展開」佐久間信夫編『現代経営学』学文社，1998年，107ページ

どの職能部門へ行こうと管理者としての仕事は同じである。販売部門を担当すれば，販売に関する組織化をし，計画化をし，統制をする。1人の管理者がすべての管理機能を実行することは困難であり，各機能を補佐する存在としてスタッフが生成する。

機能と職能の関係は図表6-1の通りである。この機能と職能という用語は，基礎的な用語であるにもかかわらずかなり多くの論者に混乱がみられる。

(2) 経営機能の概念

経営（機能）概念は，対象が経営者職分であり，その意味するところは企業の基本的・根幹的な意思決定を行なうことである。経営者は企業の成長・発展のために「何をすべきか」を決定し，基本的な経営計画を立案する。経営者は長期的観点に立って企業を成長させていく責務を負っている。経営計画は，最近では経営戦略論としてよばれることの方が多いが，基本的には同じ概念である。ただし，ニュアンスとして経営戦略は市場・環境に働きかけ，それらを創造的に創りかえることを意味しているのに対して，経営計画という表現は市場・環境への適応を念頭においたものであるということもできる。基本的な概念が大きく変わるわけではないが，経営機能として検討されるべき経営戦略の種類を簡単に列挙すれば，以下の通りである。

① 高級人事：次期の経営者，取締役を誰にするかは企業の経営に大きな影響を与えるが，理論的な経営戦略の対象ではない。属人的な要素が多く，後継者のあり方を法則づける合理的な基準はない。本来は戦略上，重要な要素であるが，通常は経営戦略としては除外されている。歴史を振り返っても，創業者の偉大さが2代目にはつながらず没落する例は多い。

② 新製品開発：新製品には2つの概念がある。全く新しい概念として市場に提供される製品と従来の製品の改良品としての新製品である。

③ 製品市場戦略：アンゾフ（Ansoff, H. I.）の製品 – 市場マトリクスに示された，市場浸透力・市場開発・製品開発・多角化の4つの成長ベクトルの中で外部環境の変化に対応し，機会と努力を方向づけるものである。
④ 多角化：アンゾフの分類に従えば，多角化にもいくつかのパターンがある。
・水平的多角化：既存製品と同一か，あるいは密接な関連をもつ製品市場に新製品を投入する。どちらかといえば商品の多種類化を意味している。既存の市場に多種類の商品展開をするのでリスクは比較的少ない。
・垂直的多角化：現在の製品分野と異なる生産・流通段階に進出する。
・集中的多角化：現有製品，あるいは市場，または両者に関連性のある製品分野に進出する。
・集成的多角化：ほとんど関連性のない分野へ進出する。
⑤ 流通チャネル：流通チャネルは新しい販売ルートの開拓を意味している。既存の流通ルートだけではなく，新しいルートの開拓によって，販売の拡大をめざす。日本の流通経路は閉鎖的で外部からの進出を拒む形になっている。そのため，多くの外資系企業は国内メーカーと技術提携を行ない，国内メーカーの販売ルートを使って商品を流通させている。国内の流通経路は参入障壁だという批判もある。

図表6-2　成長ベクトルの構成要素

使命(ニーズ) \ 製品	現在	新規
現　在	市場浸透力	製品開発
新　規	市場開発	多角化

出所）Ansoff, H. I.（1965）邦訳（1969, p.137）を加筆修正。
　　　坪井順一・間嶋崇編著『経営戦略理論史』学文社，2008年，58ページ

⑥ 競争戦略：競争戦略には，通常4つのものがある。
・市場拡大化戦略：市場占有率（シェア）の拡大を目的とする。
・市場細分化戦略：対象を絞った消費者に商品・サービスを適合させる。
・製品差別化戦略：他社製品との違いを明確にし，独自性を打ち出す。
・市場集中化戦略：売れる可能性のある製品あるいは市場に製品を集中的に投入する。
⑦ 同型化（同質化）：戦略は創造性，独自性を中心に考えるが，同型化（わかりやすくいえば模倣）することも，戦略の1つとして考えられている。
⑧ 設備投資：設備投資には，緊急の生産増大に対応する設備投資もあるが，将来への先行投資としての設備投資もある。設備投資は重要な概念であるが，失敗は企業にとって大きなリスクとなる。
⑨ 合併・買収：これは株の取得による支配・吸収を意味する。日本では，株を買い占めて買収という形は少ないが，合併はさまざまな形で行なわれている。
⑩ 技術提携：企業の競争力を高めるために，弱点部門の技術を導入する，あるいは，より先端の技術導入をめざすなど，技術提携の目的は多様である。
⑪ 増資：資本の調達をする。
⑫ 株式上場：証券取引所に株を上場することで，社会的な信用を増し，資本の調達も容易になる。一部上場，二部上場，店頭市場など，上場には一定の基準がある。
⑬ 撤退：企業にとって先行きの利益が見込めない，あるいは不採算部門をもつ場合は，事業から撤退することも戦略の1つである。完全に撤収するか，当該部門を売却するかが検討される。

(3) 管理機能の概念

　管理の概念は，管理者職分を意味し，経営者の策定した基本計画に対して詳細な執行計画を立案し，執行的な意思決定を通していかに計画を実行するかが問題となる。経営者が利益に対して責任をもつように，管理者は執行された結果に対して責任を負わなければならない。計画を有効に達成するためには，優れた管理の展開が必要であり，管理者は以下のことに留意しながら管理を行なわなければならない。

① 経営目標を効率的に達成するために，経営諸活動を合理的に形成し，目的志向的に運営しなければならない。
② 管理は一定の原理原則に則って行なわれるべきである。
③ 仕事は管理者自らが行なうのではなく，管理者の役割は部下に助言を与え，叱咤激励し，目的達成に向けて方向づけることである。
④ 職場における人間関係を良好にし，よりよいリーダーシップを発揮しなければならない。
⑤ 社長は管理の最高責任者であり，各級管理者は社長の分身代行として権限を行使する存在である。

　①の管理行動は，組織目的を達成するための行動であり，管理者は策定された経営計画の具体的・実際的な展開を行ない実効性を発揮できるものでなければならない。②について，管理の実際的な運用においては，多くの原理・原則が適用されていることを認識すべきである。原理・原則の多くは経験的に導かれたものであるが，原理・原則に則った管理が行なわれる限り，効率的な活動が実施されることになる。しかし，状況は常に同じではなく原理・原則にとらわれすぎる必要もない。③は，管理者がなすべき最も重要なことである。管理者の役割は，自らが仕事をするのではなく，優れた指揮・命令により部下に仕事をさせ，目的を達成させることである。管理者は常に所在を明らかにし，部下に対して助言を与え，相談に応じ，時には叱咤激励して指揮することが仕事である。優秀な管理者か否かは，適切な指

揮・命令の発揮にかかっている。④ のよりよいリーダーシップを発揮するということは，言葉で表現するほど簡単なことではない。リーダーシップを発揮するためには，部下から信頼され，決断力に富み，人間性に優れた管理者でなければならない。この場合の人間性とは，経験・専門的知識があるだけではなく，教養や人生観が豊かであり，部下に認められ，信頼される存在であることである。リーダーの重要性が強調される割に，望ましいリーダー像が描けないのは，現実的な問題として属人的な要素が多いからである。⑤の権限は，できるだけ下部に委譲されることが望ましく，特に定型的な意思決定は責任者の権限で許される範囲で委譲されるべきである。権限は，私有財産制度に源を発しており，所有者の分身代行という形で下部への権限委譲が行なわれている。

3. 管理機能（過程）論の枠組み

　ファヨールの管理機能の提唱以来，多くの論者が，それぞれの観点からいくつかの機能を付加，あるいは削除して意味づけが行なわれてきた。管理機能は，基本的に管理者の仕事をあらわしており，管理者が管理活動を行なう上で何をしなければいけないかを記述したものである。機能の展開については，各論者によって，その必要性の認識が異なっており，さまざまな形で取りあげられている。機能の必要性は，時代的な背景にも無関係ではない。たとえば，テリー（Terry, G. R.）は当初，調整（coordination）の役割を重視し，わが国でも調整機能の重要性を述べた著書もあらわれた[3]。管理者の役割として調整の役割が低下したとは思われないが，今日では，調整を取りあげる論者も少ない。また，意思決定論の影響から意思決定を1つの機能とした論者もあったが，必ずしも賛同をもっては受け入れられなかった。意思決定そのものが，経営・管理のあらゆる階層で行なわれており，管理者だけの機能として限定することには無理があったからである。

　管理機能の中で誰もが共通してあげている機能が，計画化（planning），組

織化（organizing），統制（control）の3つである。それ以外にも指揮・命令（direction/order），指導（leading），スタッフ化（staffing），動機づけ（motivation），革新（innovation），教育（education），評価（estimation）など多くの機能がある。アメリカのManagementと題したテキストは，基本的に管理機能論に立脚したものであり，その記述の内容は，個々の管理機能の展開に他ならない。以下，個々の機能について，その意味するところを解説していくが，従来のように管理機能を画一的・一面的に論じるのではなく，機能を事前管理，事中管理，事後管理，全般管理として時系列的に検討してみたい。事前管理は，行動開始以前に配慮すべき機能であり，事の成否を左右する重要な役割をもつとともに，計画化のように，以後の指針あるいは行動の基準となるものもある。この段階が十分に考慮されて体制が整えられなければ，以後の行動にも大きな離齬が出てくることになる。事前管理の対象となる機能としては，調査・研究，組織化，計画化が該当する。事中管理は，活動進行中に行なわれる管理であり，進行形管理である。事中管理は，目的達成に向けて確かな方向性をもつための活動であり，活動を補うために必要な事項も含まれる。統制機能のように初期の計画値に照らして，計画値からの逸脱の有無を常にチェックしていかなければならない。また，部下の士気を高め，状況を考慮する中で，技能の向上や技術的知識の向上を考えていかなければならない。機能としては，統制，動機づけ，教育，革新機能が事中管理に該当する。事後管理は，全体の活動が終わった時点で活動を評価・総括し，次の活動へのフィードバックを行なう役割をもっている。また，活動結果は，必ず上位の管理者に報告されなければならない。機能としては，評価機能がある。最後に，事前・事中・事後管理に横断的に存在する全般管理がある。全般管理には，指揮・命令，調整機能があるが，この機能は，管理者の基本的な役割であり，最も重要な役割であるといえる。

(1) **事前管理**

〔調査・研究（research, survey and study）〕　管理活動の最初の段階は調査・研究である。計画や行為の事前準備を意味する調査・研究を誰も取りあげないのは不思議なことである。調査とは事実の発見行為であり，事実を確認することでもある。環境や活動の対象がどのようなものであるかを知るための行為であり，以後の活動の基礎となるものである。経営内・外調査，市場調査，経済調査，技術調査など調査の対象は広い。調査は，データを収集し，蓄積・提供するだけでなく，その意味するところを分析して現象の中に存在する事実を見いだすことにある。調査は本来，管理者の仕事であるが，その多様性，対象の広範さのゆえに専門の調査スタッフが管理者の仕事を補佐しているのである。これに対して研究は，ある特定の目的を設定し，または結果を予測する行為をいう。研究は，調査結果に基づき，仮説を立て，その仮説を検証する，あるいは，いくつかの代替案について，目的達成のために必要な条件や重視されるべき要因を事前に検討することである。「はじめに調査・研究ありき」というように，この機能はあらゆる行為の前提となっている。

〔組織化〕　組織化は，環境変化に対応しながら手段としての組成を図っていく動態的過程をいう。組織と組織化は異なっており，前者はすでに存在しているものであるのに対して，後者は組織を作る過程である。組織は静態的であるがゆえに，いかにして組織を活性化させるかが主たる課題となる。組織化は，組織形成の過程であり，① 職能分化，② 諸手続の制定，③ 人間の適正配置，④ 管理の分担構造，⑤ 第一線での日々の段取りや配置等を含んでいる。① の職能分化とは，仕事の分担構造を意味しており，専門化の原則による業務の分担でもある（図表6-1参照）。② の諸手続の設定は，役職者の身分・資格・業務運営組織の責任者の設置と機能の明確化などの職制（組織のタテの関係と規程）と各部門の業務配分を定め，業務の範囲と限界を示した業務分掌規定（組織のヨコの関係と規程），各職位ごとの責任・権

限を明確にした職務権限規程，さらに管理手続きマニュアルや方針便覧などがある。職務権限規程は，職位記述書（position discription）や責任権限明細書等によって職務権限の内容と程度（決定，承認，立案，実施，協議，助言）を記したり，権限遂行上必要とされる他職との諸関係を規定したものであり，MG（Management Guide）方式が有名である。また，管理マニュアルは管理活動の上で1つの手順を示したものであり，誰もが同一の対応ができるように手順を定めたものである。定型的なものだけではなく，突発的な事態への対応（たとえば危機管理マニュアルなど）のためにも有効である。③の人間の適正配置は，クーンツのstaffingがこれに該当するが，管理責任者の選抜配置と責任部署の管理核（Management core）の形成を意味している（図表6-3）。管理核は，それぞれの責任部署における責任者が何を指標として，何に対して責任を負わなければならないかを示したものである。たとえば，社長は全社的な利益に対して責任を負い，その場合の指標は収益性である。④ 管理の分担構造（framework of management）は管理の枠組みの設定を意味しており，図表6-3に示されたように各階層で管理責任単位が設定されている。⑤ 日・週単位の作業工程の段取りのように，第一線の監督者にも組織化の機能は存在している。

〔計画化〕　計画化は，行動の開始に当たって何が目標であり，どのように達成するかを示したものである。組織化によって決定された計画責任者は，調査・研究によって与えられた情報をもとに，将来を予測し，代替案を

図表6-3　管理責任単位

	職　位	責 任 単 位	センター化	指　　標	計　　数
管理の核 ◉	社　　長	全社的利益単位	利益センター	収益性	価値計数
◉◉	事業部長	分権的　〃		〃	〃
◉◉◉	部・課長	予算　単位	予算　〃	収益性/経済的合理性	〃
◉◉◉◉	課・係長	原価　　〃	原価　〃	経済的・技術的合理性	価値・物量計数
◉◉◉◉◉	主　　任	作業　　〃	作業　〃	技術的合理性	物量計数

出所）坪井順一「経営組織の基本形態」佐久間信夫編『現代経営学』学文社，1998年，166ページ

選択しなければならない。経営者によって決定された経営計画は，管理の段階で実施計画によって，より具体的なものとなる。管理者は，各階層ごとに，各管理者ごとに細分化された実施計画に対して，実施責任を負わなければならない。また，いくつかの代替案の中から択一的に，最終的な計画案が決定される段階は，意思決定の過程でもある。

(2) 事中管理

事中管理は，実際に管理活動が行なわれている時点での管理であり，進行形管理を特色とする。多くの管理機能が実施されている最中に実効化されなければならないが，その中で非常に誤解が多いのが統制機能である。

〔統制〕　統制機能は進行形管理であり，図表6-4は統制概念を表したものである。統制には3つのステップがある。① 事前に設定された計画値に対して，計画が当初の予定通りに進行しているか否かを比較対照すること（比較対照）。② 実績値が計画通りであれば問題はないが，計画値から逸脱している場合には，差異分析を行ない（差異分析），③ その原因に対して速やかに活動を是正するか，計画そのものを修正するかの措置をとることを意味している（修正・是正措置）。活動が終了してから統制を行なっても修正・是正措置を講じることはできず，統制は，計画の進行中に行なう行為であることに留意しなければならない。「計画なくして統制なし」というように，

図表6-4　統制概念

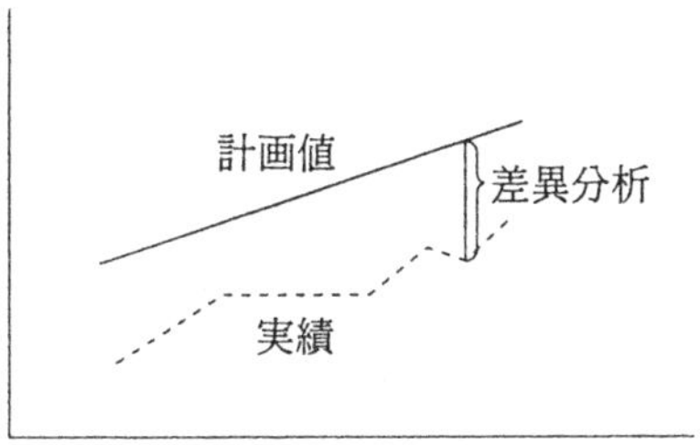

比較対照の基準となる計画値がなければ統制を行なうことも不可能になる。

〔教育〕　技術革新の急速な発展により，管理者だけではなく，経営者はもちろんのこと，部下も多くのことを学ばなければ，新しい事態に対応できなくなる。教育機能は，さまざまな局面に応じて必要な事項を学び，理解・習得するためのものである。各階層に応じた教育プログラムも多数存在するが，管理者は部下を教育しながら，自らも啓発しなければならない存在である。

〔動機づけ〕　管理者は部下に対して，熱心に仕事をし，目的を達成したいという欲求を起こさせ，また，その気持ちを持続させなければならない。従業員個々の勤労意欲を起こさせるために，協力関係（従業員同士の親密さを増し，よい雰囲気で働くことができる），生産性（業績に基づく賃金・ボーナス，仕事の割り当てと条件の事前提示），欲求充足（自己の欲求充足，マズローの欲求段階）などを考慮しなければならない。動機づけで重要なことは，協力すれば目的が達成可能であり，達成したときには正当に結果を評価されるシステムをつくることである。

〔革新〕　経営活動において「現状維持は敗退を意味する」といわれている。技術革新の進歩は速まり，環境の変化も予測困難な状況が続いている。管理活動においても，常に革新を行ないながら企業活動を支えていかなければならない。

技術的な革新，組織的な革新，管理者や社員1人ひとりの意識の改革まで，企業活動は絶えざる革新の連続である。重要なことは，経営者や管理者が革新に対する意欲を持ち続けるような経営風土を作っていくことである。

(3) 事後管理

事後管理は，管理活動が終了した段階で行なわれる管理であり，活動に対する評価と次の新たな活動へのフィードバックを行なうものである。

〔評価（appraisal, evaluation）〕　これを独立した機能として扱っている論者

はほとんどいないが，その理由は統制機能との混同にある。たとえばグロス（Gross）は評価を1つの機能としているが，彼には統制がなく，テリー（Terry, G. R.）は統制機能の中で述べている。しかし，統制機能の項でも取りあげたように，統制のプロセスとして行なうのは計画に対する比較対照であり，結果ではなく途中経過にすぎない。ここでいう評価は，計画が完了したあとでの結果に対する評価であり，事中管理ではなく事後管理を意味している。評価は一定期間の活動が終了したあとで，成果を総合的に判断し，次の段階へフィードバックされるものであり，また，人事考課の査定や基礎資料として用いられるものである。

〔報告 (report)〕　日報，週報，旬報，月報など，管理活動において報告は不可欠の行為である。管理活動は，基本的に上司に報告を行なって初めて1つの区切りとなる。上司は部下からの報告によって，活動の実態・経過を知ることができ，以後の対応や意思決定の判断の材料ともなるものである。

(4) 全般管理

〔指揮 (direction)〕　指揮，指導，あるいはリーダーシップは，多少のニュアンスの違いはあれ，多くの論者が取りあげているものであり，リーダーの指導力を重視するという意味で取りあげられた概念である。指揮は管理のあらゆる局面で必要となるものであり，各機能の中に横断的に存在する。たとえば，計画化や組織化の段階でも指揮は発揮されるべきであるし，計画の進行中にも指揮は発揮されなければならず，計画の終了時にも，次の段階のためにも指揮は重要である。アレン（Allen, L. A.）は，管理機能として指揮，計画，組織，統制をあげているが，指揮を第1の主要な機能とし，他の3つの機能は人びとに仕事をさせるために必要な機能としてあげている[4]。管理活動や戦術上の活動を行なう上で，多くの文献が指揮活動の重要性を指摘している。たとえば，自衛隊法は第1章の総則に続いて第2章は指揮監督が規定されている。指揮機能の重要性は，他の管理機能と役割の上で異なってお

り，同一の機能として同列に扱うべきではない。

〔調整〕　調整機能は，指揮機能と同様に管理の全般に関係するものである。ファヨールは調整を諸行為を調整し，目的に適応させるために，あらゆる瞬間に調整が必要であると述べている[5]。この機能を過去において強調したテリーは[6]，前提として経営目的の設定が必要であり，時間的要因（synchronization）を考慮し，人的努力だけではなく諸要素や諸条件を結合しなければならないとする[7]。調整は平均的な概念ではなく，動的で包括的な概念であり，その概念の中に創造性，企画性，計画性などを含んだものであることに留意しなければならない。また，調整は個人の内部，集団内の個人と個人，企業内の個々の集団の間，さらに企業と社会的な秩序の間にも存在する。

注）
1) 本章は，拙稿「従来の管理機能論の枠組み」佐久間信夫・坪井順一編著『現代の経営管理論』学文社2002を大幅に加筆訂正したものである。
2) Merrill, H. F., *Classic in Management*, 1960. （上野一郎監訳『経営思想変遷史』産業能率短期大学出版部，1968年，11～16ページ）
3) 山田一郎『経営とコオディネーション』日本経済新聞社，1958年　本書はもちろん絶版の書であるが，コーディネーションを中心的に捉えた唯一の書である。
4) Allen, L. A., *The Profession of Management*, p.13.
5) Fayol, H., *Administration industrielle et generale*, dunon, 1916. （都筑栄訳『産業ならびに一般の管理』風間書房，1958年，7ページ）
6) Terry, G. R., *Principles of Management*, Richard, D. Irwin. Inc., 1956. の版ではcoordinationを１つの機能として強調しているが，1970年代以降の著書には調整の記述はない。
7) Ibid., p.33

▶ 学習の課題
1 経営の概念，管理の概念など，用語を理解しておこう。
2 管理機能を時系列的に把握してみよう。

◆ 参 考 文 献

ファヨール, H. 著, 佐々木恒男訳『産業ならびに一般の管理』未来社, 1972年
岸川義光『経営管理入門』同文舘, 1999年
工藤達男・奥村経世・大平義隆『現代の経営管理論』学文社, 1992年
佐久間信夫編『現代経営学』学文社, 1998年
佐久間信夫・坪井順一編著『現代の経営管理論』学文社, 2002年
ファヨール, H. 著, 都筑栄訳『産業ならびに一般の管理』風間書房, 1958年

第 3 部

経営管理論の人間的展開

● 第7章のポイント

■ モチベーション研究を，①欲求系モチベーション理論，②認知系モチベーション理論，③報酬系モチベーション理論の3つの理論群による「3次元モチベーション」の枠組みによって整理する。

■ 人間は日常的行動の中で克服困難な問題を解決しようとする高次元の欲求を顕在的または潜在的に持ち合わせていると仮定される。よって，余暇活動や趣味などと同様に，活動それ自体に動機づけの源泉があるとする「内発的モチベーション」の有効性について検討する。

◘ 基本用語

【課題統覚検査（TAT）】　白黒の単調な絵画を提示し，過去・現在・未来といった時間的変化を含んだ物語を被験者に空想させるものである。その内容を分析・解釈して被験者の人格特性や深層心理などを明らかにしようとする検査技法である。

【目標管理制度】　1954年にP. F. ドラッカーが『現代の経営』の中で提唱した組織マネジメントの概念である。部下に目標設定活動に参加させることで，目標に対するコミットメントを高め，目標達成の過程を個人の主体的な管理に委ねる制度である。管理者による専制的な管理ではないので，個人のモチベーション向上が期待できる。

【エンパワーメント・マネジメント】　個人の自由裁量を拡大（権限委譲）して，自主的な意思決定を促すと同時に，管理者が側面から行動を支援すること。個人の責任感やモチベーションが高まる。複雑化・多様化する顧客ニーズに応え，急激に変化する環境に迅速に対応することが可能となる。

第7章 モチベーション理論の展開

1. モチベーション研究の重要性と変遷

　人間をやる気にさせるメカニズムとは、いったいどのようなものであろうか。このような問い掛けは、企業において経営管理活動に従事するあらゆる人間が考えなければならない基本的命題であろう。いわゆる、人間のモチベーション（動機づけ）を、いかにして適切かつ発展的にマネジメントしていくのかという重要な問題である。

　そもそもモチベーションの語源は、ラテン語の「movere」である。これは英語の「move」に相当するもので、「動かす」それも「何かを求めて動かす」ということを意味している[1]。語源から解釈すれば、モチベーションとは外部から個人への影響力（働き掛け）であるとすることに違和感はないであろう。しかしながら、本来のモチベーションとは、第三者から強制的に行使されるものではなく、個人の自発的行動を引き起こすものでなければならない。モチベーション研究の学説によると、ブルーム（Vroom, V. H.）は「自主的活動の代替的形態間における個人あるいは低次の有機体によって作られる選択を統制するプロセス」と定義し、またジョーンズ（Jones, M. R.）は「行動がいかに始動し、エネルギーを与えられ、持続され、方向づけられ、停止されるのか。そしてこれらが進行するプロセスで、いかなる主観的反応が有機体内に生起するかに関連している」と述べている[2]。すなわち、人間は何らかの動機に基づいて行動をするとされているが、その動機は何なのか、またいかなる心理的メカニズムによって行動の選択がなされるのか、さらに結果としてその行動主体である個人はどのようにして満足感や不満足感などの主観的経験を得るのか、という領域をモチベーション（理論）は扱うとするのが妥当である。このようにモチベーションとは、伝統的な実験心

理学で考えられているように，人間の行動が単なる刺激（stimulus）→反応（response）というパターンだけでは説明できないがゆえに登場してきた概念であるといえよう。

　このような観点に立脚すると，管理者の部下に対する強制的・指示的な行為は，直接的にはモチベーションの対象とはならない。それでは，管理者と部下という局面においては，モチベーションはどのように理解されるべきであろうか。この問題について，管理過程学派のクーンツ（Koontz, H.）がモチベーション概念の理解について高く評価しているベレルソン（Berelson, B.）とスタイナー（Steiner, A. G.）の見解によれば，「活力を与え，活性化を行ない，行動を目標に指導する内的な状態」であると説明している。すなわち，モチベーションとは，管理者が部下の欲求や目標を把握し，それを達成させるように導くことである。このような解釈は，管理的な要素を色濃く反映するモチベーションの捉え方であるが，管理機能としてのモチベーションを定義すれば，「管理者が部下の個人的な欲求や期待を理解し，それを反映することができるリーダーシップを通して，部下の個人的目標ならびに組織目標の達成のための行動へ部下を導くプロセス」といえよう[2]。したがって，モチベーションとは，「組織メンバーへの仕事への意欲を喚起する働き」と定義する。

　現在の企業経営においては，企業のハードとしての構造的側面を重視すると同時に，いかにして従業員の心理的側面に注視しながら経営戦略を展開していくかというソフト面が重視されている。従業員のやる気や能力を最大限に引き出すためには，経営管理者が組織内の心理的エネルギーを集結させて，組織的業績へと昇華させることが必要である。まさにモチベーションの問題である。

　よって本章では，企業競争力の源泉としてのモチベーションについての考察を展開する。しかし，モチベーションについては実証研究や学説が多く，多種多様な視点や方法論で議論されているのが実情である。伝統的にはモチ

ベーション研究の基本的視点として，内容論と過程論という2つの異なるアプローチによって分類されてきた。内容論とは，人間行動のエネルギー付与の問題を扱う欲求の内容に関する研究である。一方，過程論とは，欲求によって付与されたエネルギーの強さ・持続性・方向性に関する研究である。しかしながら，近年では新たな「3次元モチベーション理論」が提唱されている[3]。従来の内容論と過程論を発展的に統合して，モチベーションの①強度，②方向性，③持続性の3次元から，数多あるモチベーション理論を体系化するものである。具体的には，欲求系モチベーション理論，認知系モチベーション理論，報酬系モチベーション理論の3つの理論群による枠組みによって整理されている。以下では，この3次元の枠組みに依拠して，モチベーション理論について論考する。

図表7-1　モチベーション理論の系譜

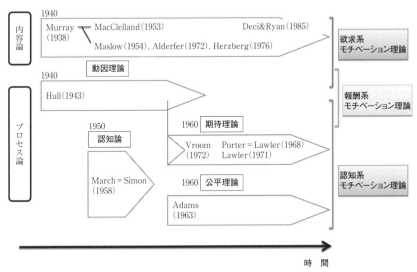

出所）大月博司・中條秀治・犬塚正智・玉井健一『戦略組織論の構想』同文舘，1999年，134ページを加筆修正

2. 欲求系モチベーション理論

　欲求系モチベーション理論とは，モチベーションの強度（あるいはエネルギー強度）に着目した理論群であり，人間の欲求を中心的概念に据えているものである。モチベーションの強度とは，人間をある行動へと突き動かしていく力の強さを意味し，喚起される動機の強さと同様である。スポーツ場面を想起すれば，チーム（選手）の勝利への気持ち（動機）の強さが重要だということが容易に理解できる。人間は常に何らかの欲求を充足させようと働き掛ける存在であり，そこに発現するのがモチベーションであると考えられている。組織メンバーがどのような種類の欲求をもっているのか，またはその欲求間の関連性にアプローチする欲求系モチベーション理論は，個人は何によって動機づけられるのか，その選定範囲に関する理論ともいえる。

　欲求系モチベーション理論を概観すると，一般的には，マーレイ（Murray, E. J.）が欲求に関する理論の始祖とされている。人間の有する欲求を「欲求リスト」として提示し，人間行動における欲求充足のプロセスを説明した。ただし，欲求間の関係性に関しては論及されていない。しかしながら，マーレイの学術的貢献は，「課題統覚検査（TAT：Thematic Apperception Test）」という社会的動機の測定方法を開発したことである。その後，マーレイの欲求理論を基礎として，マクレランド（McClelland, D. C.）が達成動機（achievement motive）欲求モデルの研究を展開した。もう一方の欲求系モチベーション理論の系譜としては，欲求階層モデルを掲げたマズロー（Maslow, A. H.）や，その流れを汲み批判的に修正したアルダーファー（Alderfer, C. P.）のERGモデルなどがある。またマズローに類似しながらも独自の欲求分類を用いることで独特の研究を展開したハーズバーグ（Herzberg, F.）なども代表的な研究者のひとりであり，各モデルが欲求系モチベーション理論の精緻化に向けて進んでいった。

(1) マーレイの欲求理論

　マーレイは，人間がもっていると考えられる欲求を「心因性要求」とよばれる基本的な社会的動機の側面から以下のように整理し，「欲求リスト」として提示した。人間は何らかの欲求をもち，その欲求を充足させようとするのが人間行動であると説明する。①屈従（abasement），②達成（achievement），③親和（affiliation），④攻撃（aggression），⑤自律（autonomy），⑥中和（counteraction），⑦防衛（defendance），⑧服従（deference），⑨支配（dominance），⑩顕示（exhibition），⑪傷害回避（harmavoidance），⑫屈辱回避（infavoidance），⑬養護（nurturance），⑭秩序（order），⑮遊戯（play），⑯拒否（rejection），⑰感覚（sentience），⑱性（sex），⑲求援（succorance），⑳理解（understanding）

(2) マクレランドの達成欲求理論

　マーレイの「欲求リスト」は，人間全般の欲求を対象として考えられたものであるが，マクレランドはマーレイの欲求理論を基礎として，その対象を組織の中の人間行動に関する研究を展開した。特に，達成，親和，権力の3つの欲求は，個人のパーソナリティーと強い関連があることを明らかにした。とりわけ，マクレランドは達成欲求（need for achievement）を重視している。多くの実証研究の結果から，達成欲求と職務のより高いレベルの遂行・成功との強い関係性を発見した。

　達成欲求とは，高い水準によって物事を成し遂げようとする意欲であり，競争的場面で成功を収めようとする動機である。この達成欲求の基準とは，①卓越した基準を設定し，これに挑戦すること，②独自な方法で達成しようとすること，③長期間で達成できることの3つがあげられている。ただし，達成欲求には個人差があるため，高次元であっても中庸の動機づけこそが望ましいとしている点も見逃せない。したがって，達成欲求の強い人間は，職務遂行から直接得られる内的報酬によって動機づけられるので，挑戦的でや

りがいのある職務の割り当て，成果に関する情報を適切な方法とタイミングでフィードバックするということが重要となる。

(3) マズローの欲求階層理論

マズローは人間の欲求を5段階の階層に分け，生理的欲求，安全欲求，社会的欲求，自尊欲求，自己実現欲求へと，低次元から高次元まで段階化して説明した。人間は充足された低次元の欲求では，もはや動機づけには結びつかず，より高次元の欲求を希求する。換言すれば，低次元の欲求とは欠乏することによって行動の動因となり（欠乏欲求），欲求の充足度が増すにつれて動因としての地位を失い，より高次元の欲求が重要となるのである。

ただし，自己実現欲求は他の欲求とは異なり非飽和性があるとされている。すなわち，自己実現欲求は満たされるほど欲求の強さを増大させる（成長欲求）。よって，管理者は，部下の創造性を随時発揮させて，より発展的で革新的な業務を遂行できるような環境をつくることが望まれる。

(4) アルダーファーのERG理論

アルダーファーはマズローの欲求階層モデルにおける欲求階層間の曖昧性を指摘し，若干の修正を加えたERG理論モデルを提唱した。すなわち，①存在欲求（existence needs），②（人間）関係欲求（relatedness needs），③成長欲求（growth needs）の3つの欲求に再構成されるべきであるとした。このモデルの特徴は，3つの欲求カテゴリーが連続的であり，かつ可逆的であるということが強調されている。すなわち，マズローの見解とは異なり，欲求間の漸次的移行を認めながらも，それらの同時的発現や逆行もあり得るとしている。

(5) マグレガーのX理論・Y理論

マグレガー（McGregor, D.）は人間に対する両極的な見方（人間観）を提

図表7-2　X理論・Y理論の人間観

X 理 論	Y 理 論
①生来，大多数の人びとにとって労働は嫌なものである。	①条件が整えば，労働は遊びと同じく自然なものである。
②大多数の人びとは野心がなく，自ら責任を取りたがらず，また命令される方を好む。	②組織目標を達成するには，自己統制が不可欠である。
③大多数の人びとは組織的問題を解決するだけの創造性がない。	③組織的問題を解決するための創造性は誰もが持っている。
④動機づけは生理的レベルでのみ発生する。	④動機づけは生理的レベルや安全のレベルだけではなく，親和，自尊，自己実現のレベルでもみられる。
⑤大多数の人は厳格に統制されるべきであり，また組織の目標を達成するよう強制されるべきである。	⑤人びとは適切に動機づけられたら，仕事に対して自律的であり，創造的である。

出所）マグレガー（1960）より作成

示した。基本的に否定的な人間観をX理論，そして肯定的な人間観をY理論と名づけた。そのうえで，管理者が部下をマネジメントする際には，部下に対する一定の仮説群に基づいて行動を形成するべきであるとした。図表7-2がその仮説群の抜粋である。

　マグレガーによれば，X理論では階層原理に基づいて，命令と統制の原則によって専制的かつ一方的に管理することが合理的であるとされる。具体的には，刺激賃金管理制度や成果主義的人事制度などを用いることが考えられる。一方，Y理論では管理者と部下の双方が組織目標の達成に向かって努力する状態を創出することの重要性を説いている。部下の主体性を尊重しながら目標管理制度（management by objectives）やエンパワーメント・マネジメントなどを導入することが具体的な施策として考えられる（図表7-3）。

　マグレガーの主張を受け入れると，管理者においてはX理論よりもY理論のほうが推奨されるべきであるが，現在までの多くの研究の成果では，Y理論の仮定に基づいた管理を実践すれば，部下の労働意欲が高められるという証拠が必ずしも得られているとはいい難い[4]。X理論とY理論のどちらに依

図表7-3 欲求階層とマネジメント・システム

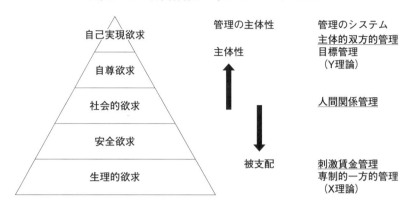

拠した管理が適切なのかは，その企業ないしは管理者と部下の置かれている状況に依存しているといえよう。

(6) ハーズバーグの二要因理論（動機づけ＝衛生理論）

人間は職務を遂行する上で，いかなるときに職務満足または職務不満足を感じるのか。職務満足や職務態度に影響を及ぼす要因を2つに分類して研究を展開したのがハーズバーグの「二要因理論（two-factor theory）」または「動機づけ＝衛生理論（motivation＝hygiene theory）」である。ハーズバーグの研究結果から得られた含意は，非常に画期的で興味深い。その理論的骨子とは，「人間は仕事をする上で満足する要因と不満足に感じる要因とは，互いに独立した別個の要因である」というものである。それまでの職務満足研究では職務満足と職務不満足が一次元的（対極）に捉えられてきたが，ハーズバーグは二次元的に把握したところに特徴が見出せる（図表7-4）。すなわち，人間の基本的欲求を明らかにする一般理論がマズローの主張であるのに対して，職務を通じてどのような欲求が充足されるかを職務満足と職務不満足の観点から説いたのがハーズバーグであるといえる。具体的には，組織が与えるインセンティブから自己を成長させたいという人間の満足に関する

図表7-4 職務満足・職務不満足の二次元的把握

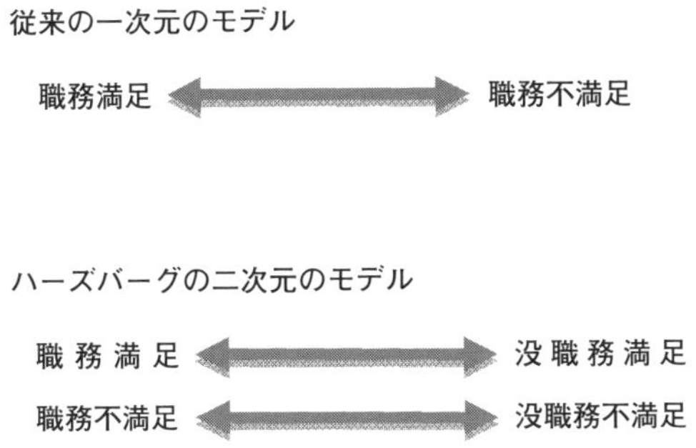

従来の一次元のモデル

職務満足 ⇔ 職務不満足

ハーズバーグの二次元のモデル

職務満足 ⇔ 没職務満足
職務不満足 ⇔ 没職務不満足

要因と，欠落してはじめて不満足を感じる要因に分けている。管理者は，部下の自己実現や精神的成長に関わる「動機づけ要因（motivation factorまたはmotivator）」と主に苦痛からの回避に関わる「衛生要因（hygiene factor）」の両者を考慮することの重要性を説いているのである。

このような主張をするに至るまでには，ハーズバーグを中心とした研究チームによって多くの質的・量的な調査研究が行なわれた。中でも，アメリカピッツバーグのエンジニアと会計士の約200名を対象にした面接調査や，さまざまな職種（下級監督者，女性専門職，農業指導員，定年前の管理者，病院保全要員，軍人，工場監督者，看護師，食事運搬人，教師，エンジニア，科学者，家政婦，技術工，女性組立工，会計士，フィンランドの職長，ハンガリーの技師など）を対象とした質問紙調査による貢献が大きい。これらの一連の研究結果から，職務満足に関わる要因と職務不満足に関連する要因は根本的に異なるということが明らかとなったのである（図表7-5）。

主な職務満足に関わる要因（動機づけ要因）としては，①達成（achievement），②承認（recognition），③仕事そのもの（work itself），④責任（responsibility），⑤昇進（advancement），⑥成長（growth）などが浮かび上がった。職務満足へと導く要因は，職務を通じて自己実現や精神的成長を可能たらしめる性格をもち，真に人間を動機づけるものであるとした。しかし，仮

にこれらの要因が充足されないからといって，直ちに職務不満足を引き起こすわけではなく，そのような状態を没職務満足（unsatisfaction）という概念で説明している。

一方，職務不満足を招く要因（衛生要因）は，①会社の政策と経営（company policy and administration），②監督（supervision），③監督との関係（relationship with supervisor），④作業条件（work condition），⑤給与（salary），⑥同僚との関係（relationship with peers），⑦個人生活（personal life），⑧部下との関係（relationship with subordinates），⑨身分（status），⑩保障（security）などが明らかとなった。衛生要因は，真に人間を動機づける要因とはならないが，職場から不快な状況を取り除き，良好な職務環境を維持する可能性をもつものであるとした。同様に，これら衛生要因が満たされたからといって，すぐに職務満足を感じることはなく，このような状態を没職務不満足（undissatisfaction）とよんでいる。動機づけ要因と衛生要因の関係を整理すると，①動機づけ要因が充足されないからといって，直ちに職務不満足にはならない，そして，②衛生要因が充足されたからといって，仕事に対する動機づけが生じることはない，ということになる。具体的な事例で考えると，「不幸を減らそうとして金銭（衛生要因の充足）を欲するのは正常であるが，幸せになろうとして（動機づけ要因の充足）金銭を追求するのは異常である」ということになろう。経営管理者が部下のモチベーションを考える際には，動機づけ要因と衛生要因の最適均衡を考えて，高い職務満足を維持しながらも，職務不満足が発現しないような管理実践が必要である。

3. 認知系モチベーション理論

認知系モチベーション理論とは，モチベーションの方向性を中心的な視座に据えた理論群である。どのような心理的メカニズムを通してモチベーションが人間の行動に影響を及ぼすのか，また人間が動機づけされていく背景や文脈を扱うものである。

図表7-5　職務態度に影響する要因

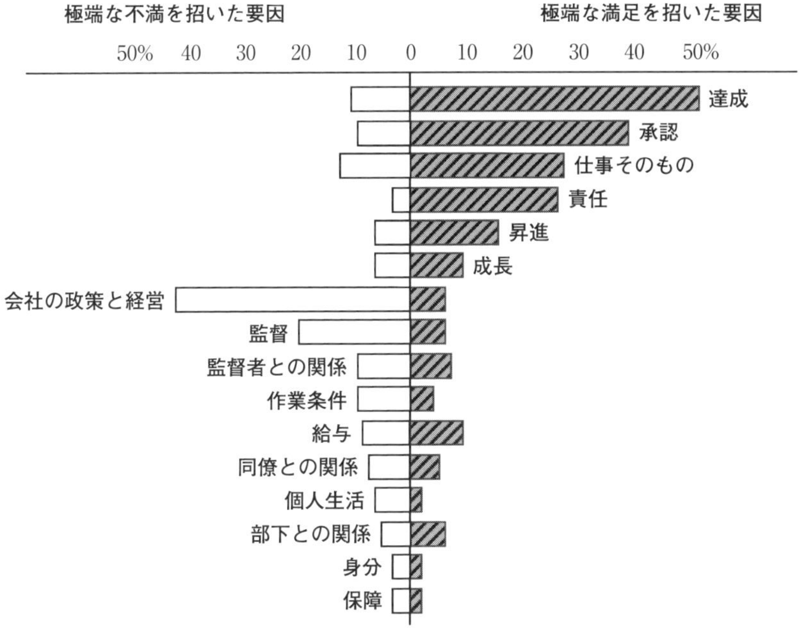

極端な不満を招いた要因　　　　　極端な満足を招いた要因
50%　40　30　20　10　0　10　20　30　40　50%

- 達成
- 承認
- 仕事そのもの
- 責任
- 昇進
- 成長
- 会社の政策と経営
- 監督
- 監督者との関係
- 作業条件
- 給与
- 同僚との関係
- 個人生活
- 部下との関係
- 身分
- 保障

出所）Herzberg, F., On More Time : How Do You Motivate Employees?, *Harvard Business Review*, January-February, 1968, p.57.

　既述のごとく，人間の行動とは，心理学者のワトソン（Watson, J. B.）によって主張された「刺激→反応（S-Rモデル）」によって定式化された動因理論をはじめとする行動主義に基づいているとはいえない。現在では，「刺激→主体（organism）→反応（S-O-R）モデル」という介在する主体の能動性を重視した新行動主義が考え方の主流である[5]。近年では，この新行動主義の範疇である公平理論，期待理論などが認知系モチベーション理論の代表的なものである。

(1) 動因理論

　動因理論（drive theory）とは，学習心理学者のハル（Hull, C. L.）によって提唱された初期の理論であり，認知系モチベーション理論において体系化された枠組みが提示された理論である。欲求の発生プロセスと人間行動との関係を明らかにしている。つまり，動因（行動を方向に向かわしめる心理的エネルギー）の強さDと，習慣（過去の学習と強化経験の結合）sHrとの積の関数であると主張した。すなわち，動機づけられる人間行動を過去の学習経験によって説明しようとした強化理論（reinforcement theory）である。

$sEr = f(sHr \times D)$
　　sEr：行動あるいは反応ポテンシャル
　　sHr：習慣強度，過去の強化経験（刺激と反応の結びつき）の
　　　　関数であり，学習をあらわす
　　D　：動因，生物的必要から起きる欲求

　習慣とは，刺激と反応の結合であり，過去の強化経験を通じて強化される。人間はある刺激に対してとった反応によって満足（正の強化）あるいは不満足（負の強化）を得ると，その結合は強化されてより強い習慣になる。しかしながら，この動因理論は，「刺激→反応」に基づく人間行動を前提としているため，現在の認知系モチベーション理論においては異質な存在である。

(2) 公平理論

　アダムス（Adams, J. S.）によって提唱された公平理論（equity theory）は，公正理論または衡平理論ともよばれる。この理論モデルでは，社会的交換（social exchange）における主観的な不公平感の解消によって個人が動機づけ

されると考える。すなわち，個人が組織に提供するインプット（たとえば，年齢，勤続年数，学歴，知識，経験，職務遂行能力など）を，組織から得られるアウトプット（たとえば，給与，賞与，地位，福利厚生など）と比較した場合に，個人が主観的に認知したインプットとアウトプットの比率が他者のインプットとアウトプットの比率と等しいと感じたときに公平感をもち，現状を維持しようと動機づけられる。また等しくないと感じた場合には不公平感を抱き，その大きさに比例して心理的緊張感が生じて不快になり，その状況を打破しようと動機づけられる。この関係は以下の式で示される。

$Op/Ip < Oa/Ia \qquad Op/Ip > Oa/Ia$

$O = \Sigma ai \qquad I = \Sigma pi$

O：アウトプット　I：インプット　a：他者　p：自分　i：定数

この公平理論と類似する理論としては，フェスティンガー（Festinger, L.）の認知的不協和理論（cognitive dissonance theory）がある。ただし，公平理論との相違は，認知的不協和理論は自分自身（の行動）に対する認知に力点が置かれているという点である。しかしながら，不協和（不均衡ギャップ）の認知が強いほど，それを解消しようとするモチベーションが発生するという考え方では，公平理論と軌を一にするといえよう。

(3) **期待理論**

人間の行動を理解する上で有効なアプローチである期待理論（expectancy theory）は，トールマン（Tolman, E. C.）やレヴィン（Lewin, K.）の認知過程論に理論的なルーツがある。そして，ブルーム（Vroom, V.）とローラー（Lawler, E. E.）によって発展・体系化された。人間は期待価値または効用を最大化する行為を選択するという意味で合理的な人間仮説を説き，モチベー

ション理論の発展に大きく寄与した。

　人間は行動を起こす前に，その行動がもたらす諸結果を予測して，どのような結果がどの程度の確率で生起するかを検討する。そして，いかなる結果が自分にとって最も魅力的かを判断し行動を決定するのである。このような観点から，「期待（expectancy）」「誘意性（valence）」「道具性（instrumentality）」という3つの概念を用いて説明する。期待とは，努力することによって，ある行為水準が到達できるという本人の確信度である。誘意性とは，個人がとった行動によってもたらされる結果に対する魅力の度合いを意味する。そして，道具性とは，第1次レベルの結果を獲得することによって，第2次レベルの諸結果の獲得がどの程度であるかを示す。

　ローラーによれば，さらに期待には2つのプロセスが存在する（図表7-6）。つまり努力が業績に結びつくという期待（Effort→Performance）と，その業績が結果的に望ましい成果に繋がるという期待（Performance→Outcomes）である。前者は目標が達成されるに至る主観的な確率であり，後者は目標達成を前提とした上での望ましいものが得られる主観的な確率である。

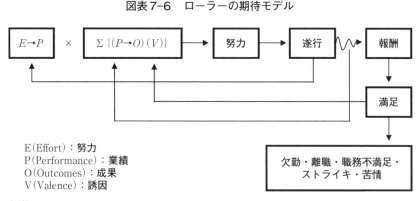

図表7-6　ローラーの期待モデル

E（Effort）：努力
P（Performance）：業績
O（Outcomes）：成果
V（Valence）：誘因

出所）Lawler Ⅲ, E. E., *Pay and Organizational effectiveness: A psychological view*, McGraw-Hill, 1971.
（安藤瑞夫訳『給与と組織効率』ダイヤモンド社，1972年，376ページ）

このモデルは，適切な報酬に対する認知が個人の満足感を高めることを示している。すなわち，E→Pを個人が認知した際に，どの程度のP→Oを確信させるかが鍵を握ることになる。しかしながら，このモデルでは，個人が合理的な行動を選択することが前提となっているため，合理性基準では説明不可能な人間行動が理論の枠外にあるという問題点も指摘されている。なぜなら，人間の情報認知または処理能力には限界があり，いかなる行動からどのような成果や報酬が得られるかを完璧に予測することは難しいからである。人間は状況の認識に基づいて可能な限り合理的な意思決定を行なう存在であり，完全なる合理性を前提とした期待モデルには限界がある。

(4) 目標設定理論

目標設定理論（goal setting theory）とは，ロック（Locke, E. A.）によって提唱された理論であり，人間の合目的的行動という側面から適切な目標の設定が個人を動機づけるという観点に立つ。いわゆる，個人のモチベーションの相違は，設定された目標設定の基準やレベルに拠ると考える。目標設定理論によれば，以下の4つの要素が職務成果に影響を及ぼすとされている。①目標の困難性（困難で挑戦的な目標を追求する個人ほど高い成果を生む），②目標の具体性（曖昧な目標よりも具体的かつ明確な目標のほうが個人の高いモチベーションを引き出す），③目標の受容性（設定する目標に個人が主体的に関わり受容される必要がある），④情報フィードバック（目標達成の過程で適宜情報がフィードバックされるとモチベーションが維持される）。

4. 報酬系モチベーション理論

報酬系モチベーション理論とは，モチベーションの持続性とさまざまな報酬との関連性を検討する理論群である。たとえば，報酬の類型化では，バーナード（Barnard, C. I.）の経済的報酬（economic incentive）と非経済的報酬（non-economic incentive），またはルーサンス（Luthans, F.）の金銭的報酬

(monetary reward) と非金銭的報酬 (non-monetary reward) などがある。労働の対価としての報酬に関する議論は, これまでも数多く行なわれてきた。

期待理論などの認知科学に依拠したパラダイムは, モチベーション研究において広範な影響を及ぼしてはいるが, 個人の内面の状態が努力の程度を決定するという内発的なモチベーション理論である[6]。また, 情動や動機などの認知的要素が直接的に行動の決定要因になると位置づけている点で, 認知科学の方法をそのまま採用しており, 個人の外部に存在する要因が行動を喚起するとする外発的なモチベーション理論を射程に入れていない。しかしながら, デシ (Deci, E. L.) は, 内発的モチベーションのモデルこそが重要と指摘する。個人内部にあるものを行動の源泉として捉えるモデルでは, 仕事そのものに動機づけられ, 自ら献身的に職務に取り組むといった現象が説明可能である。個人は自らの能力が高いと知覚したときに大いに動機づけられるとする自己効力感 (self-efficacy) 概念も内発的モチベーション理論の考え方に依拠したものである。経済的・金銭的報酬が大きく奏功しなくなった現在, さらに個人の心理的側面に焦点を当てた施策が必要となっている。よって, 以下では報酬と内発的動機づけについての代表的な理論を取り上げることにする。

(1) **外発的報酬理論**

個人のモチベーション向上へと連動する職務満足を高めるために重要な役割を果たすのが報酬である。報酬といっても数多くのものがあげられるが, 大別すれば外発的報酬 (extrinsic incentive) と内発的報酬 (intrinsic incentive) の2つに分けられる。外発的報酬とは給料, 昇進, 労働時間, 作業環境などであり, 内発的報酬とは達成感, 責任感, 成長感, 自己実現感などを包含する。

外発的報酬 (とりわけ経済的・金銭的報酬) によって個人を動機づけようとする理論としては, シャピロとスティグリッツ (Shapiro, C. & Stiglitz, J.)

による高賃金が高い勤労意欲に結びつくと想定する「効率性高賃金理論」や，ラジアーとローゼン（Lazear, E. & Rosen, S.）による企業の昇進レースにおける勝者への報酬格差をつけることで努力を引き出そうとする「トーナメント理論」などがある[7]。ただし，外発的報酬には，飽和性や非持続性などの問題も指摘されているので，継続的に報酬への関心を払うことが必要となる。

(2) 内発的モチベーション理論

内発的に動機づけされた状態とは，経済的・金銭的な報酬を得るためではなく，余暇活動や趣味などと同様に，活動それ自体に動機づけの源泉がある場合である。人間は日常的行動の中で克服困難な問題を解決しようとする高次元の欲求を顕在的または潜在的に持ち合わせていると仮定される。したがって，もし仮に挑戦的な課題に直面していなければ，意図的に自らの資質や能力に相応しい状況を創出しようと行動する。そうすることで有能でありたいという欲求を充足し，自己の行動決定に関しては自律的判断であるとの意思表示を行なうのである。デシとライアン（Deci, E. L. & Ryan, R. M.）の自己決定理論によれば，行動に対する自己決定の幅が大きいほど，人間は内発的に動機づけされる。翻って，このような内発的動機づけは，外発的な要因の介入によって効果を失うこともある。また，内発的に動機づけされ，職務に没入した結果としてのエスカレーション現象についても考慮する必要がある。今後は，仕事や職務自体に充実感や達成感を味わえるような仕組みを構築することで，部下の内発的動機づけを高める必要があろう。働き方の多様化が社会現象化する今日，さまざまな価値観を踏まえた目標を効果的に設定することで，内発的モチベーションを向上させる人的資源管理が求められている。

注）
1) 田尾雅夫『モチベーション入門』日本経済新聞出版社，1998年，15ページ
2) 藤芳誠一編著『経営管理学事典』泉文堂，1989年，115ページ
3) 若林満監修『経営組織心理学』ナカニシヤ出版，2008年，42～61ページ
4) Robbins, Stephen P., *Essentials of Organizational Behavior* 8th ed., Prentice Hall, 2005.（髙木晴夫訳『新版 組織行動のマネジメント』ダイヤモンド社，2009年，83～84ページ）
5) 加藤茂夫『ニューリーダーの組織論』泉文堂，2002年，157～158ページ
6) 田尾雅夫『組織の心理学』有斐閣，1991年
7) 若林満監修『経営組織心理学』ナカニシヤ出版，2008年，55ページ

▶ 学習の課題
1 職場で生起する従業員の欲求や行動について，モチベーションの3次元モデルの視点から考えてみよう。
2 内発的モチベーションと外発的モチベーションにおける身近な例をあげ，職務満足の視点から検討してみよう。

◆ 参考文献
Alderfer, C. P., *Existence, relatedness, and growth*, Free Press, 1972.
Berelson, Bernard & Steiner, A. Gary, *Human Behavior*, Harcourt, Brace & World, 1964.（南博訳『行動科学辞典』誠信書房，1966年）
Deci, E.L. & Ryan, R. M. eds., *Handbook of self-determination research*, Rochester, University of Rochester Press, 2002.
Festinger, L., *A theory of cognitive dissonance*, Row Peterson.（末永俊郎監訳『認知的不協和の理論―社会心理学序説』誠信書房，1957年）
Herzberg, Frederick., *Work and The Nature of Man*, 1966.（北野利信訳『仕事と人間性』東洋経済新報社，1968年）
Herzberg, Frederick, How do you Motivate Your Employees?, *Harvard Business Review*, Vol.28, No.4, 2002, pp.45-58.
Hull, C. L., *Principles of behavior*, Appleton-Century-Crofts, 1943.（能見義博・岡本栄一訳『行動の原理（改訂版）』誠信書房，1967年）
Jones, M. R., *Nebraska Symposium on Motivation*, University of Nebraska Press, 1958.
Lawler Ⅲ, E. E., *Pay and Organizational Effectiveness: A Psychological View*, McGraw-Hill, 1971.（安藤瑞夫訳『給与と組織効率』ダイヤモンド社，1972年）

Locke, E. A., Toward a theory of task motivation and incentives, *Organizational Behavior and Human Performance*, 3, 1968, pp. 157-189.

Maslow, A. H., *Motivation and Personality* 2th ed., 1954.（小口忠彦訳『人間性の心理学』産業能率大学出版部，1987年）

McClelland, David C., *Human Motivation*, Cambridge University Press, 1987.（梅津祐良・薗部明史・横山哲夫訳『モチベーション』生産性出版，2005年）

McGregor, Douglas, *The Human Side of Enterprise*, McGraw-Hill, 1960.（高橋達男訳『企業の人間的側面』産業能率大学出版部，1966年）

水野基樹「新しい働き方を探る（20）―エスカレーション現象―」『労働の科学』労働科学研究所，第61巻第6号，2006年，54ページ

Murray, H. A., *Explorations in personality*, Oxford University Press, 1938.

大月博司・中條秀治・犬塚正智・玉井健一『戦略組織論の構想』同文舘，1999年

Vroom, V. H., *Work and Motivation*, John Wiley & Sons, 1964.

● 第8章のポイント
■ リーダーシップ研究にはさまざまなアプローチが存在する。大きく分けるとリーダーシップ研究は，Ⅰ．特性理論，Ⅱ．行動理論，Ⅲ．状況適合（コンティンジェンシー）理論，Ⅳ．変革型リーダーシップ理論から理解することができる。
■ 競争の激化が予想される昨今のビジネス環境においては，企業を変革する変革型リーダーシップが希求されているといえる。また，企業変革は大きく8つの段階から理解できる。

◎ 基本用語

【グループ・ダイナミクス（group dynamics）】　集団内のコミュニケーションや凝集性，集団圧力など集団の中に生起する心理の力学的な関係を主要な研究対象とする研究分野。グループ・ダイナミクスに関する実証的・行動科学的な研究は，1930年代にK.レヴィンによって創始された。なお日本語では「集団力学」と訳される。

【変革型リーダーシップ（transformational leadership）】　集団内での現象や成員との関わりに焦点をあてたリーダーシップ理論とは異なり，組織を取り巻く外の環境に関心を向け，発展のために創造性を指向して行動するところに特徴がある。つまり，変革型リーダーシップは組織成員に外的環境への注意を促し，変化の必要性を実感させ，明確な将来の目標とビジョンを示し，みずから進んでリスク・テイクし，変革行動を実践するリーダーシップ。

第8章 リーダーシップ論の理論的展開

　企業や国家(政府)，さらには病院やスポーツチーム，NPOなど，私たちの生活，仕事，遊びを形成する無数の集団や組織にとって，優れたリーダーの存在，リーダーシップの発揮が必要不可欠であることは誰もが認めていることであろう。リーダーシップが集団や組織にとって重要な要因であるなら，「優れたリーダーの要素(条件)とは何か」という命題は極めて重要となる。

　経営学の研究領域の中でもリーダーシップに関する分野は多くの文献が蓄積され，現在も研究が活発に行なわれている分野の1つである。そのため，リーダーシップの定義や効果的なモデルを1つに収斂することが困難になっている。リーダーシップ研究は1940年代までの特性理論(traits theory)に始まり，行動理論(behavioral theory)を経て，1970年代から状況適合理論(contingency theory)へと進展してきた。そして近年では，昨今の経営環境の変化や企業変革という次元に注目した，変革型リーダーシップ論やフォロワー側の認知によるリーダーシップの帰属理論などが誕生してきている。

　本章では，これまでの数多くのリーダーシップ研究の研究成果を簡潔に紹介し，現在の研究動向と課題を明らかにしていく。具体的には，効果的なリーダーの条件の解明に向けて大きく4つのアプローチから検討する。まず，最初のアプローチは，優れたリーダーがリーダーでない人びとよりも具備している普遍的な特性(資質やパーソナリティ特性)の解明というアプローチ(特性理論)である。2つめは，優れたリーダーはどのような行動をとるかによるリーダーシップの解明というアプローチ(行動理論)である。3つめのアプローチは，多様な研究成果を融合し，有効なリーダーシップ・スタイルを状況との関連で考察しようとするアプローチ(状況適合理論)である。そして，最後は企業変革という次元に注目した，変革型リーダーシップのア

プローチである。なお，本章ではリーダーシップを「目標達成に向けて，個人または集団の活動に影響を与えるプロセス」と定義しておくことにしよう。

1. 特性理論（traits theory）

リーダーシップに関する初期の研究は，どのようなタイプの人間がリーダーとして適しているのかという問題に対する答えを明らかにしようとするものであった。偉大なリーダーたちがもつ特性を発見しようとする研究は，古代ギリシャやローマの歴史的人物にまで遡ることができる。そこでは，人が時代を作る，偉大な成功を収めるのは個人特性に帰することができると信じられていた。つまり，有用なリーダーシップは，個人的資質によるものであり，その共通性を明らかにするべく研究が展開されたのである。

数多くの研究がこの問題意識のもとに展開されたが，今現在も特定の特性に対する意見の一致や支持はほとんど得られていない。1948年のストックディル（Stogdill, R.），1959年のマン（Mann, R. D.）の論文は，このアプローチに対する効果的反論でもあった。一般に，特性アプローチの見解によれば，肉体，知性，個性といったいくつかの変数はリーダーシップの獲得あるいは有効性に関連していることを示している。確かに，有能なリーダーは，無能なリーダーに比べ背が高く，力強く，肉体的に優れている傾向がある。また，彼らはおおむね聡明であるといえる。そして，有能なリーダーあるいは地位を獲得する人は，そうでない人よりも社交的であり，責任感があり，非公式的な人気を有する傾向がある。しかしながら，これらの結果がそれほど確定的なものではなく，多くは研究上の一貫性や因果関係の欠如があることを認識しなくてはならない。特性アプローチでは，リーダーとしてどのような人格を備えた人物が妥当であるかを明らかにするためにパーソナリティ・テストが活発に行なわれていた。そこでの基本的な問題点は，すべての人間の特徴は査定し得るものであり，リーダーシップという観点から良い

点，悪い点を評価できるという前提に立っていた点であった。しかし，パーソナリティの測定技術がより信頼に足るものになるにつれてテストの結果と成功のあいだには明確な相互関係が存在していないという事実が明らかにされてきた。つまり，リーダーシップ特性に起因する業績の変動は，全体の変動のうちの数パーセントしか占めておらず，成員の特性，技術的な設備や施設，さらには組織の外部環境といった他の多くの要因に関連するのであるという見解が見出された。これらの結果は，多くの場合，状況によって決定され，状況が異なれば有効なリーダーの特性も変化することを意味している。そして，このようなリーダーシップ特性アプローチへの批判は，リーダーシップ行動に焦点を当てた研究へと研究の視点がシフトすることにつながっていった。具体的には，リーダーシップの研究が個々人の人間的資質の問題から管理者の管理スタイル，行動に目が向けられるようになっていったのである。

2. 行動理論 (behavioral theory)

　リーダーシップ行動論では，個人の人格や資質，特性よりもむしろ，観察によって得られた信頼できる行動的側面を強調する。そして，従業員の生産性に対して影響を与える管理者のリーダーシップ・スタイルに関する研究は，1950年代以降盛んに行なわれるようになった。この当時の研究の内容は，従業員の生産性を向上させるようなリーダーシップ・スタイルを発見することであった。

(1) リーダーシップ・スタイルの古典的実験（アイオワ実験）

　中でもレヴィン (Lewin, K.) は最も影響を与えた研究者のひとりである。レヴィンは，物理学を心理学に応用して，集団の中に作用する心理の力学的な関係を研究するグループ・ダイナミクス (group dynamics, 集団力学) を確立した。そして，1937年から1939年にかけてレヴィンの指導のもとにリピ

ット（Lippitt, R. O.）やホワイト（White, R. K.）らがアイオワ大学児童福祉研究所で行なった研究（リーダーシップ類型による集団雰囲気の実験的操作に関する研究，通称：「アイオワ実験」）は，集団とリーダーシップ・スタイルの研究を開拓したといわれている。この実験では，10歳と11歳の小学生20名を，5人1組のグループに分け，同様の作業を行なわせた。その際にリーダーシップ・スタイルによって①専制的リーダーの集団，②放任的リーダーの集団，③民主的リーダーの集団，に分けた。そして，リーダーシップ・スタイルの違いによって，それぞれのグループにおけるメンバーの態度，感情，行動，モラール（意欲），作業の生産性などが比較検討された。その結果，実験から以下のことが確認された。

　①専制的リーダーシップの下では，作業の生産性は最も高いが，メンバーがお互いに敵意をもち，攻撃し合う傾向が強まる。そして，グループの中で孤立するものも生まれやすくなる。さらに，リーダーへの依存が高まり，メンバーの中に潜在的不満が生じてくる。②放任的リーダーシップの下では，みんなで1つの作業をするような集団作業では，作業の質も量ともに低下する。③民主的リーダーシップの下では，集団の目標が集団メンバーの討議によって決められ，将来の行動についての展望もメンバーに広範に与えられ，さらにメンバーの作業への割り当ても集団決定によって決められ，作業の評価も客観的な事実に基づき行なわれた。その結果，集団の団結度は強くなり，メンバー間には友好的な雰囲気が作られた。そして，作業への動機づけが高まり，独創性も生じる。

　この実験では，リーダーのもつ人格的要因が影響することを統制するために，「リーダー」と「リーダーシップの類型による集団」とを途中で交代（役割の交換）させた。しかし，実験では，リーダーの個人的な人格的要因は影響しておらず，リーダーシップ・スタイルによる集団の雰囲気のみが，集団のメンバーに影響を与えていることが認められた。これらを踏まえレヴィンらの研究（アイオワ実験）からは，民主的リーダーシップこそが，集団

の生産性，メンバーの満足度，さらには集団の凝集性の点から見ても望ましいという結論が導き出されたのである。

(2) オハイオ州立大学におけるリーダーシップ研究

1945年にオハイオ州立大学においてシャートル（Shartle, C.）によって開始されたリーダーシップ研究では，リーダーの行動におけるさまざまな諸側面を捉えようとする研究（通称「オハイオ研究」）が行なわれた。初期の「オハイオ研究」の中で，リーダーの行動を正確に記述するリーダー行動記述質問表（Leader Behavior Description Questionnaire：LBDQ）のもととなる研究がハルピンとウイナーによって行なわれている。彼らは300人の爆撃機搭載員に対して，それぞれの上司である52名の司令官のリーダー行動を記述させた。そして，それらを因子分析することによって最終的には，リーダーの行動を「構造づくり」（initiating structure）と「配慮」（consideration）という，2つの側面から説明した。「構造づくり」とは，リーダーが目標達成をめざす中で，集団活動を系統立て，構造化し，手続きや関係性を明確化して部下を課題達成に向かわせるという一連の行動のことである。そのため，この側面の強いリーダーは，部下に対して，たとえば「厳密な目標達成」，「厳密な期限設定」を期待するなど，目標の組織的な追求に多くの関心を払うという特徴がみられる。「配慮」とは，リーダーが部下との開かれたコミュニケーションをはかる，部下に対して，友情や相互信頼，尊敬など感情への気配りをする，部下に意思決定への参加を促すといった一連の行動のことである。この側面の強いリーダーは，たとえば部下の個人的な相談に乗ったり，部下を平等に扱うなど，あくまでも部下の居心地の良さや満足などに多くの関心を払うという特徴がみられる。

このようなリーダー行動の「構造づくり」と「配慮」はタテ軸とヨコ軸で示されるリーダーシップの異なる側面である。そして，リーダーシップはそれぞれ別の座標軸の組み合わせによる混合であり，4つに類型化できるとい

図表8-1　オハイオ州立大学のリーダーシップ4象限図

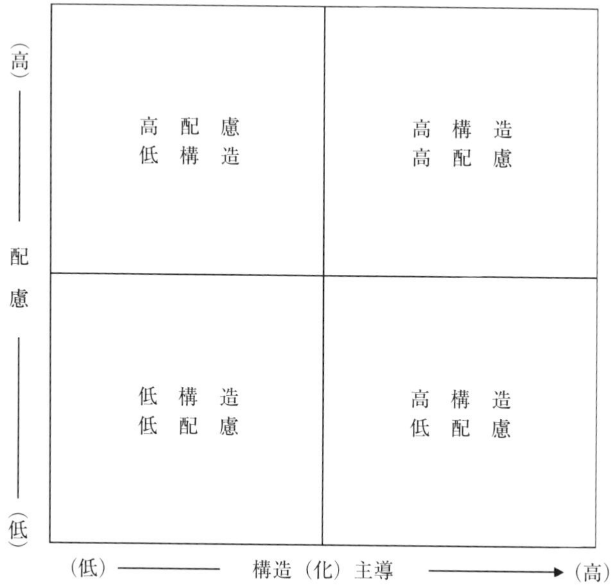

	高配慮 低構造	高構造 高配慮
	低構造 低配慮	高構造 低配慮

縦軸：（低）――配慮――（高）
横軸：（低）――構造（化）主導――（高）

出所）Hersey and Blanchard（1969）邦訳書，134ページ

う（図表8-1）。このように異なる2つの次元からリーダーシップを捉えることが，実際のリーダーシップを理解する上で有効であることが明らかになった。また，「構造づくり」と「配慮」の両方の程度が高いリーダー（高構造・高配慮）は，一般的に部下の業績も満足も高い可能性が示された。しかし，現在では定型的な仕事に従事する労働者には不平・欠勤・離職が見られるなど例外も多く，満足も低いという指摘もある。

(3) ブレーク&ムートンのマネジリアル・グリッド

オハイオ研究を中心にしてリーダーシップ・スタイルに関する多くの研究成果が生まれるようになっていったが，このような成果をさらにさまざまな実際の現場における具体的なリーダーシップ・スタイルに類型化する試みが

ブレークとムートンによって行なわれた。ブレーク（Blake, R. R.）とムートン（Mouton, J. S.）はリーダーシップ・スタイルを「業績に関する関心」(concern of production)と「人間に関する関心」(concern of people)という2つの側面から図式化し，マネジリアル・グリッド（managerial grid）を示した（図表8-2参照）。業績に関する関心とは，組織が人を使って成し遂げようとすることのすべてを意味している。さらに，人間に関する関心とは，部下の

図表8-2 マネジリアル・グリッド

1·9型（カントリークラブ型） 部下たちの人間関係がうまくいくように注意を行きとどかせる 組織のなかは和気あいあいとして仕事の足並みもそろう		**9·9型（チーム型）** 仕事に打ち込んだ部下によって業績が成し遂げられる 組織目標という「一本のスジ」をとおして各人の自主性が守られ信頼と尊敬による人間関係ができあがる
	5·5型（中道型） 仕事をなしとげる必要性と職場士気をともにバランスのとれた状態にしておく 組織がじゅうぶんにその機能を発揮できる	
1·1型（無気力型） 与えられた仕事を成し遂げるために最小の努力を払えばよい 組織の中で居心地よく安泰に過ごすことができる		**9·1型（仕事一辺倒型）** 業績中心に考え人間のことは，ほとんど考えない

縦軸：人間に関する関心　〈低〉1 〜 9〈高〉
横軸：業績に関する関心　〈低〉1 〜 9〈高〉

出所）Blake and Mouton（1964）邦訳書，14ページを修正

仕事へのコミットメントへの関心，職場における社会的関係や友情への関心を意味している。そして，それぞれがタテ軸，ヨコ軸に配置され，それぞれ1から9までのレベルに分けられている。「1」は関心度が最低の状態で，「9」は関心度が最高の状態を示している。このようなグリッド図からはさまざまな型の計81種類のリーダーシップ・スタイルが分類されているが，その位置によりリーダーシップ・スタイルを大きく類型化すると，次のような5つに分類できる。

「1・1型（無気力型）」は，いわば無気力消極型リーダーであり，人間にも生産にも関心を示さず，求められた仕事を最小限の努力で果たし，組織の一員として辛うじてとどまる。

「1・9型（カントリークラブ型）」は，いわば社交的なカントリークラブ型リーダーであり，部下の人間関係上の欲求に十分な注意を払い，快適で友好的な組織の雰囲気と仕事のテンポが生まれる。

「9・1型（仕事一辺倒型）」は，いわば仕事中心型リーダーであり，職務遂行を中心に管理を行ない，人間的な諸要素を極力取り除いた作業条件のもとで能率を追求する。

「5・5型（中道型）」は，いわば中間中道型リーダーであり，組織の業績を適度に上げるように，部下のモラールや満足をバランスよく確保する。

「9・9型（チーム型）」は，いわばスーパーマン的なチーム型リーダーであり，その行動の基礎にある考え方は，仕事は献身的な人びとによってのみ達成され，組織目的への運命共同体的な相互依存の関係のみが信頼と尊敬を生み出すというものである。

ブレークとムートンの調査から，最も優れた機能を果たすのは「9・9型」のリーダーであるという結論が出された。しかし，9・9型のリーダーが，どんな条件下でも最も有効であることを証明するだけの実質的な証拠はほとんどないという指摘もある。

(4) PM型リーダーシップ

　三隅二不二（1984）は企業組織に関するいくつもの調査を踏まえ，集団・組織におけるリーダーシップの役割と機能は「課題達成機能（Performance function）」と「集団維持機能（Maintenance function）」にあることを明らかにした。課題達成機能（いわゆるP機能）とは，集団・組織の目標達成のために，計画を立て，体制づくりをする側面と目標達成のために部下を叱咤激励する側面を含んでいる。一方，集団維持機能（いわゆるM機能）とは，部下の要求や悩みごとなどに耳を傾け，その解決の支援や援助をする，あるいは集団の雰囲気を和らげるなどの行動を通じて，部下が集団に愛着をもち，集団の一員として残りたいと思うようになるリーダーシップ機能を指している。そして，三隅はこれらの2つのリーダーシップ機能（P機能・M機能）を互いに独立した次元としてタテ軸，ヨコ軸の2次元に配してPM理論を展開している。さらに三隅らは，リーダーのリーダーシップ機能を測定するために，リーダーシップ行動測定尺度を開発し，部下に上司のリーダーシップ行動を評価させた。三隅によるとリーダーシップの評定者として部下は最も適切であり，部下の評定は上司のリーダーシップを写す鏡となるという。三隅らは個々のリーダーに対する複数の部下の評定の平均値をとってリーダーシップ得点とし，組織内のリーダー全体の平均値も求めた。そして，リーダー全体の平均値とそれぞれのリーダーシップ得点を比較し，個々のリーダーがどのようなリーダーとして見られているかを分類した。図表8-3に示すように，リーダーはPM型，P型，M型，pm型の4つのタイプに類型化される。PM型は課題達成，集団維持ともに平均より高いタイプ，P型は課題達成は平均より高いが，集団維持は平均より低いタイプ，そしてM型は課題達成が平均より低いが，集団維持は平均より高いタイプ，最後にpm型は課題達成，集団維持とも平均より低いタイプである。

　三隅らはこれらのリーダーのタイプと従業員の満足度，集団の業績，さらには災害事故などとの関係を検討している。多くの企業を対象とした調査の

図表8-3　PM理論によるリーダーシップ類型

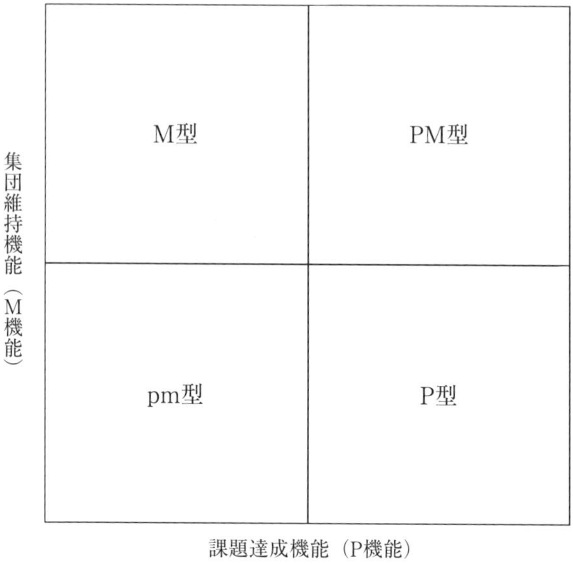

	M型	PM型
集団維持機能（M機能）	pm型	P型

課題達成機能（P機能）

出所）三隅二不二『リーダーシップ行動の科学［改訂版］』有斐閣，2005年，70ページを基に作成

結果，三隅はPM型のリーダーのもとでは集団の業績，従業員の満足度が最も高く，逆に事故は最も少ないということを明らかにした。逆にpm型は最も非効果的なリーダーのタイプである。すなわち，このタイプのリーダーに率いられた集団は，従業員の意欲，業績とも最も低いという結果が報告されている。また，P型は業績がPM型に次いで高く，M型は従業員の満足度がPM型に次いで高いことが予想されるが，三隅によれば，長期的に見た場合，M型は従業員の満足度，集団の業績ともP型を上まわることを報告している。これはP型のリーダーのもとでは，リーダーが従業員との軋轢を起こし，それが従業員の意欲の低下や，業績の低下につながると解釈されているからである。

3. 状況適合理論 (contingency theory)

　リーダーシップのスタイルはいくつかに類型化できる。しかし，どのスタイルが最も効果的であるのかは状況要因によっても異なるので一概には断定できない。つまり，どんな状況においても効果を発揮する特定のスタイル，唯一最善のリーダーシップが存在するわけではない。ここで重要なのは，状況によって有効なリーダーシップ・スタイルは異なるという考え方である。要するに，リーダーシップ・スタイルが部下の自律度や成熟度，仕事の構造化の度合い，部下との信頼関係などの状況要因に適合しているかどうか，ということである。

　このように有効なリーダーシップ・スタイルを状況との関連で考察する議論を一般的に，リーダーシップのコンティンジェンシー理論（状況適合理論）とよんでいる。以下に，その代表的な研究と理論をいくつか概観する。

(1) フィドラーのLPCリーダーシップ

　1960年代に従来のリーダーシップ・スタイルの研究に対するさまざまな不満が現場の管理者から生まれるようになっていた。そのような現状を踏まえ，フィドラー (Fiedler, F. E.) はリーダーシップ研究に初めて状況要因を導入し，リーダーシップの状況適合モデルを提唱した。彼の理論では，効果的な集団の業績をあげられるか否かは，リーダーが部下に接する場合のリーダーシップ・スタイルと，その状況において与えうる支配力・影響力の大きさと適合しているかどうかに依存するという。つまり，リーダーの部下に対する影響力行使を容易にするか，困難なものにするかはその集団を取り巻く課題状況によって規定されると考えたのである。

　フィドラーは仕事志向型リーダーか人間志向型リーダーかを測定するLPC尺度を開発した。LPC (least-preferred coworker) とは「最も好ましくない仕事仲間（同僚）」という意味である。LPC尺度では，自分にとって「一緒

図表 8-4　フィドラーによるリーダーシップ効果の概念モデル

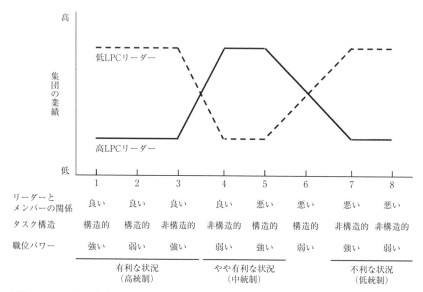

出所) Robbins (1997) 邦訳書, 223ページを基に作成

に仕事をするのが最も嫌な仕事仲間 (LPC)」を思い浮かべさせ, その人のイメージを形容詞対で評定させる。嫌な相手でも好意的に評価するリーダーは「高LPCリーダー」とよばれ, LPCを好意的に受け止める人間的な寛大さを示すので人間志向型の行動をとり, 集団メンバーに対しても寛大で非指示的な傾向がある。一方, 嫌な相手をネガティブに評価する人は「低LPCリーダー」とよばれ, 仕事志向型の行動をとり, 指示的・管理的・統制的な傾向がある。また, フィドラーによるとこれらのリーダーシップ・スタイルは, 状況に合わせて変えることのできない固定的なものと仮定されている。LPC尺度によりリーダーシップ・スタイルを判断したら次に, リーダーを状況に適合させる必要がある。リーダーにとっての集団状況は, ①「リーダーとメンバーの関係」(部下のリーダーに対する需要の度合い, 信用・信頼・尊敬の度合い), ②「タスク構造」(部下の職務範囲や役割分担の明確さの度合

い，つまり仕事の構造化の程度），③「職位（地位）パワー」（ポジションパワーともよばれ，雇用・解雇・昇進などに対してリーダーがもつ公式的権限の度合い）の3つがあげられている。そして，これらの状況要因について，「状況の度合い」を評価する。つまり，「リーダーとメンバーの関係」については「良いか悪いか」，「タスク構造」については「構造的か非構造的か」，さらに「職位（地位）パワー」については「強いか弱いか」で評価する。フィドラーによればこれらの状況要因により，8段階の状況評価が可能であり，大きく3つの状況（有利，やや有利，不利）に区分できる。「有利な状況」は「リーダーとメンバーの関係」が良く「タスク構造」が構造的で「職位パワー」が強い時であり，その時リーダーの部下に対する支配力・影響力が最も大きい。逆に，「不利な状況」つまりリーダーの影響力が最も小さいのは，「リーダーとメンバーの関係」が悪く「タスク構造」が非構造的で「職位パワー」が弱い時である。フィドラーは，個人のLPC尺度得点および3つの条件要素の評価により，最大の効果を発揮する組み合わせを考察し，以下のような結論を導き出した。

1. 最も「有利な状況」と「不利な状況」のもとでは，仕事志向型スタイルの低LPCリーダーが好業績（効果）をあげる。
2. 適度の「やや有利な状況」(中間的条件)のもとでは，人間志向型スタイルの高LPCのリーダーが好業績（効果）をあげる。

このようなフィドラーの状況適合理論に対して，ハーシーとブランチャード（Hersey, P. & Blanchard, K. H.）は，フィドラー・モデルを「リーダー行動を1つの連続線上で仕事志向型と人間志向型の2つしかないという考えに逆戻りしている。リーダー行動は2つの個別の軸によっても把握できる」と批判している。

(2) ハーシー＆ブランチャードのSL理論

オハイオ州立大学リーダーシップ研究センターのハーシーとブランチャー

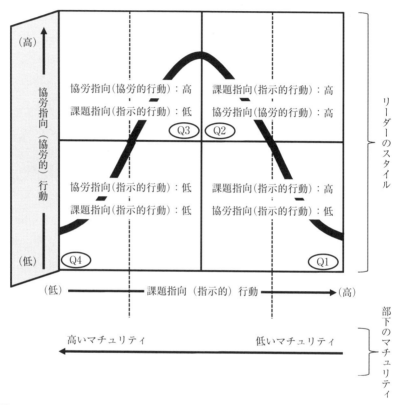

図表8-5 ハーシー&ブランチャードのSL理論

注）QはQuadrantつまり象限を示しており，4つの基本的なリーダーシップ・スタイル象限のそれぞれの範囲の中に収まった太い黒の曲線部分が，部下のマチュリティのそれぞれの程度にあった適切なリーダーシップ・スタイルを示している。
出所）Hersey and Blanchard（1969）邦訳書，225ページ

ドは，リーダーシップとその場の主要な状況要因が何であるかを研究し，部下のマチュリティ（成熟度）との関係で効果的なリーダーシップを捉える，SL理論（situational leadership theory）を提唱した。

SL理論では，まずリーダーシップ行動の次元を「協労指向（協労的）行動」と「課題指向（指示的）行動」の2軸で捉え，基本的なリーダーシッ

プ・スタイルを4つに分類する。「協労指向（協労的）行動」は三隅の「集団維持機能」に，「課題指向（指示的）行動」は三隅の「課題達成機能」に対応していると考えてよかろう。つまり，「協労指向（協労的）行動」は人間関係面での配慮，支援を指す行動であり，「課題指向（指示的）行動」は部下の目標を明確にする，仕事の仕方を教えるなどのリーダー行動を指している。

「高指示・低協労的スタイル（Q1）」は，部下の役割を明確にし，何を，どのように，いつ，どこでなどさまざまな作業の仕方を一方的に教えるという特徴をもつもので，「教示的（telling）リーダーシップ」とよばれる。「高指示・高協労的スタイル（Q2）」は，なおも部下に多くの指示が出されるので「説得的（selling）リーダーシップ」とよばれる。この場合，情報交換および社会連帯的支援を通じて，部下がリーダーの指示を心理的抵抗なしに受け入れるよう努力が払われる。「高協労・低指示的スタイル（Q3）」は，対象となる部下の側に，仕事の遂行に必要な知識と技能が備わっており，相互の情報交換を通じて双方が意思決定への参画がみられるので，「参加的（participating）リーダーシップ」とよばれる。「低協労・低指示的スタイル（Q4）」は，部下のマチュリティが高く，責任や権限の委譲も大きくなり，管理（監督）のあり方も大まかになるのが特徴であり，「委任的（delegation）リーダーシップ」とよばれる。

SL理論ではこのようなリーダーシップも部下のマチュリティとの関連により効果が決まるという。そして，SL理論では部下のマチュリティを①達成可能な，しかしできるだけ高い目標を設定しようとする本人の基本的な姿勢（成就意欲），②責任負担の意思と能力，③対象となる相手または集団がもつ教育・経験の程度と定義されている。また，これらの諸要因は一般論としての個人や集団の全体的な程度（"全体的に成熟・未成熟"）を示すのではなく，当面の課題・任務との関連，つまりそれらに照らして判断すべきものである。たとえば，あなたの部下のひとりが，新規顧客の獲得という仕事で

は本人の意欲も能力も高いが，それに関連した事務処理やその他の業務ではだらしがないという場合，顧客獲得に向けた営業活動は大いに彼に委任し，事務処理に関しては，ちゃんとできるようになるまで細かく指導をするのが適切といえよう。したがって，リーダーは部下の個別のマチュリティの程度を知り，マチュリティに応じた個別の対応が要求されるのである。

　SL理論によると，部下のマチュリティの程度が高まる（中程度になる）につれて，リーダーは指示的行動を減じ，協労的行動を増やす，そして部下のマチュリティがさらに高まる（中程度以上になる）とリーダーは指示的行動のみならず協労行動も控えるのが望ましいという。このように，SL理論では，部下のマチュリティとの関連で，いかなるリーダーシップ・スタイルが有効（効果的）かを考え，状況との適合を主張するのが特徴であり，以下のように整理できる。

1. 特定の仕事に対するマチュリティが低い（低位）部下を指導する時には「高指示・低協労」の教示的リーダーシップが最も有効である。
2. 特定の仕事に対するマチュリティが低位から中位の部下を指導する時には「高指示・高協労」の説得的リーダーシップが最も効果的である。
3. 特定の仕事に対するマチュリティが中位から高位の部下を指導する時には「低指示・高協労」の参加的リーダーシップが最も有効である。
4. 特定の仕事に対するマチュリティが高い（高位）部下を指導する時には「低指示・低協労」の委任的リーダーシップが最も有効である。

(3) ハウスのパス・ゴール理論

　ハウス（House, R. J.）は「パス・ゴール[1]理論」(目標－経路理論)とよばれるリーダーシップ論を展開した。ハウスの提唱した理論は状況適合理論の1つでもあり，先述の「構造づくり」「配慮」に関するオハイオ研究，モチベーションの期待理論などからも主要な要素を継承している。

「パス・ゴール理論」の本質は，部下は各自が達成したいと思う個人的な目標をもっているので，リーダーの職務は個人の目標達成を助け，目標達成に必要な方向性や支援を与えることであり，それが集団や組織の全体的な目標に適うというものである。つまり，部下に対して個々人のゴール（目標）に到達するようにパス（経路）を明確にして支援するのが，リーダーの役目であるという。そのため，部下にとって「パス」と「ゴール」の結び付きが強く，自己の職務遂行が個人的目標達成のパスとして有効であると感じることができるほど，それだけ部下の期待は大きくモラールも向上する。しかし，逆の場合は，期待も小さくモラールは低下する。つまり，ここでは部下は自己が掲げる目標（ゴール）をめざして何らかの結果を得るために行動することが前提となっているのである。「パス・ゴール理論」によると，リーダーの行動が部下に「受容」され「動機づけ」となるのは，それが部下に「満足」をもたらす場合である。つまり，部下に対して効果的な職務遂行によって職務満足を獲得させることができる場合，および効果的な職務遂行に必要なコーチング・指導・支援・報酬を提供する場合である。また，ハウスは「4つのリーダーシップ行動」を規定しており，それらの概要を以下に示す。

「指示的リーダー」は，部下に対して何が期待されているかを教え，仕事の計画を立てて，その達成方法を具体的に指示するリーダーである。このリーダーシップ行動は，タスク構造が高度に明確化された時よりも，曖昧な場合や，集団内に多くのコンフリクトが存在する場合に，部下に多くの満足をもたらすとされ，自分の運命は自分では統制できないと考える（外的統制型）部下に効果的であるとされている。「支援型リーダー」は，部下に対して親しみやすく接し，彼らの欲求に気を配るリーダーである。このリーダーシップ行動は，部下が明確化されたタスクを遂行している時に，高業績と高満足をもたらすとされている。「参加型リーダー」は，意思決定をする際には部下に相談し，彼らの提案を受けて意思決定をするリーダーである。この

リーダーシップ行動は，自分の運命は自分で統制できると信じる（内的統制型）部下に効果的であるとされている。「課題達成型リーダー」は，部下に対して困難な目標達成に全力を尽くすことを求めるリーダーである。このリーダーシップ行動は，タスク構造が曖昧な場合には，部下に努力しだいで好業績をもたらすという期待感を増長させ，モラールが高まるとされている。

ハウスの「パス・ゴール理論」の場合，先述のフィドラーと異なりリーダーシップのスタイルは可変的なものと仮定されているので，タスク構造のあり方や，部下の属性・自立度に応じて上記のいずれかの行動を取りうる可能性があり，またすべてに当てはまる可能性もあることを示している。

4. 変革型リーダーシップ（transformational leadership）

1980年代から90年代にかけて国際的な企業間の競争が激化し，リーダーシップ研究においても企業の変革という次元に着目した研究がおこなわれるようになった。従来のリーダーシップ研究の研究対象は特定の集団であり，集団レベルでいかに優れた成果を残すのかという視点から種々の研究が展開されていた。しかしながら，環境の不確実性が増加する急激な構造変化の時代にあっては，いかに組織を変革し，導いていくかということがリーダー（経営者）に求められる。つまり，組織全体を変革することの必要性が認識されるなかで誕生したのが変革型リーダーシップ[2]という概念である。本節では変革型リーダーシップの代表的研究者の一人であるコッター（Kotter, J. P.）を取り上げて変革型リーダーシップについて解説する。

(1) コッターの変革型リーダーシップ

コッター（Kotter, 1990）は，まずリーダーシップとマネジメントを明確に区分する。そして，この両者は2つの異なった行動システムであり，相互に補完する関係にあるという。コッターによるとリーダーシップは「組織を誕生させるか，激しく変化する環境に企業を適応させるさまざまなプロセスで

あり，具体的には将来はどうあるべきかについて明らかにして，そのビジョンに人を向かわせて，障害をものともせずに変革を実現する方向へ鼓舞するプロセス」[3] であるとしている。つまり，コッターはリーダーシップの特徴を①方向を定めること，②人材を目標に向けて整列させること，③モチベーションと意欲昂揚すること，を可能にすることであると指摘している。そして，変革を推進するためにリーダーシップは不可欠であるとしている。一方，マネジメントは人材と技術を管理する複雑なシステムを一貫性と秩序をもって機能させるためのプロセス（たとえば，プランニング，予算策定，人材配置など）であると捉え，両者を明確に区別しているのである。

(2) 変革へのプロセス

一般的に企業が成長し，大規模化するのに伴って，それをコントロールしていくことが大きな課題になる。ナドラーら（Nadler *et al.*, 1995）は，成功が失敗の舞台づくりをすることを「成功の罠」とよび変革への抵抗となることを指摘している。さらに，人間の持つ損失回避性が変化よりも現状維持を好むようにさせ，変化へ尻込みするようにもなる。コッターも，企業間の競争が激化する中，組織を取り巻く環境の変化に対応するためには変革が求められるが，実際のところ企業変革を見事に成功させた企業がごくわずかしか存在しないことを指摘している。では，組織の変革を実現する効果的な企業変革はどのように展開されるのであろうか。コッターは企業変革を成功裏に実現するために重要な8段階の変革プロセスを示している[4]。

Step 1：「変革は緊急課題である」という認識の徹底
　変革を成功させるためには，まず個人，あるいは社内グループが自社の競合状況，市場シェア，技術トレンド，財務状況などを徹底的に検討し「変革は緊急課題」であることを会社に徹底し，組織メンバーの危機意識を高める。

Step 2：変革プログラムを率いる強力な推進チームの結成
　変革プログラムを率いる力のあるグループ（たとえば，プロジェクトチーム）を結成し，1つのチームとして活動するよう促す。その際，「創造性豊かなアイデアを知識と論理が支え，好感度を伴った行動と尊敬を集める党首が統率する」様なチームを作ることが理想的である。

Step 3：変革プログラムの方向性を示すビジョンや戦略の策定
　ビジョンの提示によって将来の方向を定め，ビジョンを達成するために戦略を作り出す。

Step 4：新しいビジョンや戦略の伝達
　ビジョンを伝達するために，リーダーは単純なイメージやシンボルを活用したり，推進チームが手本となり新しい行動様式を伝授したりするなど，あらゆる手段を利用し，部下（フォロワー）に伝達する。

Step 5：ビジョン実現へのサポート
　リーダーは変革に立ちふさがる障害物を排除し，ビジョンの根本を揺るがすような制度や組織を変更する。そして，リスクを恐れず，伝統にとらわれない考え方や行動を奨励する。

Step 6：短期的成果を上げるための計画策定・実行
　変革が本物になるには時間がかかる。従って，短期的成果を上げるための，目に見える業績改善計画を策定する。そして，改善に貢献した社員を表彰し，報奨を支給するなど，変革の勢いを失速させない。

Step 7：改善成果の定着とさらなる変革の実現
　勝ち得た信頼を利用し，ビジョンに沿わない制度，組織，政策を改める。また，ビジョンを実現できる社員を採用し，昇進させ育成する。新しいプロジェクト，テーマやメンバーにより変革プロセスを再活性化する。

Step 8：新しいアプローチを根付かせる。
　新しい行動様式と企業全体の成功の因果関係を明確する。新しいリーダ

ーシップの育成と引き継ぎの方法を確立する。

　組織はオープン・システムであり，組織が存続していくためには不確実性に対処し，環境に適応していかなければならない。そのためには業績が順調な時から組織の硬直化に陥らないよう，絶えず組織に変化を創りだすといった創造的な変革が必要である。今後は，創造的な変革を目指しリスクを恐れず実践する変革型リーダーシップの発揮やチェンジ・リーダーの登場が激動の現代を生き抜くためにもより一層重要になってくる。そして，組織の変革を実現するためには上述の8段階が有益なメルクマールになるであろう。

5. まとめ

　経営学におけるリーダーシップ研究は大きく，特性理論（traits theory），行動理論（behavioral theory），状況適合理論（contingency theory）に整理することができる。そして近年では，昨今の経営環境の変化や企業変革という次元に注目した，変革型リーダーシップ論も誕生してきている。このようにリーダーシップ研究の発展と研究の変遷は唯一最善のリーダーシップが存在しないことを反映しているのかもしれない。昨今の激変する経営環境を鑑みると，企業経営上の大きな課題は，社会の大きな変化に適応（対応）していくだけではなく，自らが主体的に変革を遂行していくことが求められるといえる。さらに，多くの企業は，優れたリーダーの選抜と育成に関する多くの課題を抱えているであろう。このような企業が直面するさまざまな課題の解決に向けても，経営学やリーダーシップ研究のさらなる発展，貢献が期待される。

　注)
1)　パス・ゴールという用語は，有能なリーダーは道筋（パス）を明確に示して部下（従業員）の業務目標（ゴール）の達成を助け，障害物や落とし穴を少な

くすることによりその道筋を歩きやすくする，という確信に由来している。
2) たとえば，Burns（1978），Bass（1985），Kotter（1990）などがあげられる。
3) Kotter, J. P., *A Force for Change*, Free Press, 1990.（梅津祐良訳『変革するリーダーシップ』ダイヤモンド社，1991年）
4) Kotter, J. P., *John P. Kotter on Leadership*, Harvard Business School Press, 2010.（黒田由貴子・有賀裕子訳『リーダーシップ論―人と組織を動かす能力 第2版』ダイヤモンド社，2012年，75～102ページ）

▶ 学習の課題

1 リーダーの資質としてはどのようなものがあるかを挙げ，特性論がうまくいかなかった原因を考えてみよう。

2 身近な経営者や企業変革を実現した具体的な企業事例を調べ，リーダーシップ・スタイルやその変革プロセスについて，さまざまな視点から考察してみよう。

◆ 参考文献

Bass, B. M., *Leadership and performance beyond expectation*, Free Press, 1985.
Blake, R. R. and Mouton, J. S., *The Managerial Grid*, Gulf Publishing, 1964.（上野一郎監訳『期待される管理者像』産業能率短期大学，1965年）
Burns, James MacGregor, *Leadership*, Harper & Row, 1978.
Chemers, M. M., *An Integrative Theory of Leadership*, Lawrence Erlbaum Associates, Inc. 1997.（白樫三四郎訳編『リーダーシップの統合理論』北大路書房，1999年）
Fiedler, F. E., *A Theory of Leadership Effectiveness*, McGraw-Hill, 1967.（山田雄一訳『新しい管理者像の探求』産業能率短期大学，1970年）
Hersey, P. and K. H. Blanchard, *Management of Organizational Behavior*, Prentice-Hall, 1969.（山本成二・水野基・成田攻『行動科学の展開』生産性出版，1978年）
House, R. J., A Path-Goal Theory of Leader Effectiveness, *Administrative Science Quarterly*, 1971, pp. 321-338.
加藤茂夫編著『ニューリーダーの組織論』泉文堂，2002年
Kotter, J. P., *John P. Kotter on What Leaders Really Do*, Harvard Business School Press, 1999.（黒田由貴子監訳『リーダーシップ論』ダイヤモンド社，1999年）
Kotter, J. P., *A Force for Change*, Free Press, 1990.（梅津祐良訳『変革するリー

ダーシップ』ダイヤモンド社,1991年
Mann, R. D., A Review of the Relationship between Personality and Performance in Small Groups, *Psychological Bulletin*, 56, 1959, pp. 241-270.
三隅二不二『リーダーシップ行動の科学 改訂版』有斐閣,2005年
Nadler, D. A., Shaw, R. B. & Walton, A. E., *Discontinuous change: Leading organizational transformation*, Jossey-Bass, 1995.
Robbins, S. P., *Essentials of Organizational Behavior*, 5th ed., Prentice-Hall, 1997.（高木晴夫監訳『組織行動のマネジメント』ダイヤモンド社,1997年）
Stogdill, R., Personal Factors Associated with Leadership: A Survey of the Literature, *Journal of Psychology*, 25, 1948, pp. 35-71.

● 第9章のポイント

■時代の変化とともに，資源としての人に求めるものが変化していることを理解する。

■現代の企業は，1つの組織に混在する多様な雇用形態や就業形態に対応した人的資源管理を行なっていかなければいけないことを理解する。

【人的資源】　企業経営を行なっていく上で必要不可欠な資源の1つとして人的資源がある。
　経営資源における人的資源とは，労働力を示す肉体的資源から，技術的ノウハウや知識などの知的資源までをも含む。人的資源も他の経営資源と同様に有限であり，質の高い人的資源を活用することで，企業の生産性を高めることができるのである。

【人間モデル】　人間がどういう欲求をもち，組織の中でどのような意思決定を行なっていくのかといった人間の本質をモデル化したものである。本章では，具体的なモデルとして，経済人モデル，社会人モデル，自己実現人モデル，経営人モデル，複雑人モデルを取り上げる。

第9章　人的資源管理

1. 資源の概念

(1) 資源とは

　資源（Resource）という言葉は，人間生活や企業活動のために利用可能な水や森林，水産物，鉱物などといった天然資源を指すことが一般的である。私たちは，これらの天然資源を利用，加工しながら生活を営んでいるのである。また人間生活に必要な資源は，時代の変化や技術革新によって変化してきている。たとえば化石燃料ひとつをとっても石炭から石油，天然ガスへと求められる資源が時代とともに変化している。さまざまな工業製品に使用されているレアメタルとよばれる希少金属などは，技術革新によってにわかに脚光を浴びた資源といえる。また，天然資源だけでなく人間の活動に利用可能であり，量的に限界があるものすべてを資源とよぶことも多い。具体的には，現金や株式など財務的資源があげられる。現代の企業では，資金の調達と運用が経営を行なっていく上で重要な競争力の要因となっている。その他，経営環境の変化が激しい現代では時間も重要な経営資源である。企業活動を行なっていく上でいかに有用な情報を収集していくことができるかといった面からは，情報も重要な競争力要因となることが理解できる。

(2) 経営資源とは

　一般的に企業組織は，人的，物的，資本という3つの経営資源で構成されている。また近年では，ここに情報という資源が加えられて4つの資源として説明される場合も多い。企業活動はこの4つの資源を管理し，いかに効率よく組み合わせ，競争力のある成果物をタイミングよく生み出していけるかにかかっているのである。

企業経営を行なっていく上で必要な資源の管理として、人の管理が挙げられる。人の管理とは、企業の目的を達成するために必要な人を採用し、職務を割り当て、成果を評価していく一連の管理活動をいう。これらの管理活動を専門のスタッフが総合的に行なうようになったのは、1920年代のアメリカからである。人の管理は、労務管理の源流ともいえるテイラー（Taylor, F. W., 1856-1915）の科学的管理法にはじまり、人事管理から人的資源管理へと、時代とともに変化してきている。

2. 人の管理の変遷

人の管理の分野は、図表9-1のように、これまでの歴史の中で労務管理から人事管理へ、そして人的資源管理から戦略的人事管理へと移り変わってきている。ここではこれらの概念の違いについて考察する。

前述のとおり、人の管理が企業活動の中の一連の管理活動の1つとして確立されたのは1920年以降といわれている。それ以前は、組織そのものが人を管理することはほとんどなく、内部請負制とよばれる制度によって親方である職長が工具をコントロールしていたのである。

1920年代になると組織が次第に拡大し、組織として人を管理するようになった。これが労務管理の始まりといわれている。しかし当時の労務管理は、工場労働者にみられるような機械を動かすための肉体労働力を対象としている。この時代の労働者は機械や原材料と同じ生産要素としてみなされ、同じ

図表9-1　組織におけるヒトの管理の変遷

19世紀まで	内部請負制、工具をコントロールするのは職長
1920年代	組織の大規模化、テイラーの科学的管理法の普及
1930年代	労働組合の台頭、労使関係や**労務管理**を重視
1940年代	技能者、監督者教育など人事関連業務の拡大、**人事管理**重視
1960年代	行動科学の発達、従業員の動機づけを重視、**人的資源管理**へ移行
1980年代	優秀な人材の確保、人的資源を戦略的な位置づけ、**戦略的人的資源管理**へ

扱いがなされたのである。労働者は代替可能な労働力という商品とみなされ，必要な労働力は労働市場から容易に調達が可能で，企業として労働者の能力育成を図るといった発想はなかったといえる。

　1930年代に入り労働組合の台頭によって，労使関係の管理が重要な課題となり，いわゆる労務管理の機能が重要視されるようになった。このような中で，企業側も労働者の採用や基礎的教育・訓練など，組織内の人に関するさまざまな管理を行なっていくようになっていった。

　1940年代に入り，労働者の補充・採用に加えて，技能者および監督者教育などが加わり，人事関連業務全体が広がっていった。また職員であるホワイトカラーと工員であるブルーカラーとの身分格差が次第に取り払われ，同一の人事制度で扱うことが多くなっていった。その結果，ホワイトカラーとブルーカラーの管理が一体化した人事管理の時代に移行していくのである。それまでの人事管理はホワイトカラーの管理を指していたため，ホワイトカラーとブルーカラーの管理を一体化したものを労務・人事管理とよぶ場合もある[1]。ここでは，この労務・人事管理を広義の人事管理として捉えることとする。この人事管理は，同じ1つの組織でありながら，労働態様が集団的なものから，個別的なものにシフトしてきているといえる。現代の企業でも，1つの組織でありながら，さまざまな雇用形態や就業形態の構成員が混在する形で職場を形成していることからも理解することができるであろう。

　1960年代以降は，従業員の動機づけを意識した経営を行ない，人の管理は今までの人事管理（Personnel Management）から人的資源管理（Human Resource Management）に移行していくことになる。人事の仕事の範囲には，教育・訓練の体系化や目標による管理（Management by objectives：MBO），さらには行動科学の発展を受けて組織開発プログラム（Organization Development：OD）や職務充実の手法も登場するようになった。そして，雇用に関する法律などが増えるにつれて，人事担当は雇用関係法の専門知識が要求されるようになる。つまり人事管理者は，より専門的な役割を担うことにな

るのである。

1980年代以降は，情報やグローバル化の波を受けて，優秀な人材の採用や定着，そしてグローバル化した従業員の教育方法や効果測定など，人的資源管理の重要性がますます強くなっていった。特に学習する組織の中にみられるようなチームワークやエンパワーメントに注目が集まってくるようになる。

エンパワーメントとは，事業をとりまく環境の変化に迅速かつ柔軟に対応させるため，現場での自主的な意思決定を大幅に認め，現場従業員の裁量を拡大するものである。これにより，現場での責任感とモチベーションが高まることが期待された。従来の人の管理が，個人の能力やニーズに偏っていたため，組織全体としての効率性や柔軟性の欠如を反省するものであった。

企業活動を行なっていく上で必要な資源である人の管理は，できるだけコストを下げるべき要素として捉えられていた労務管理の時代に始まり，人事管理，人的資源管理と時代とともに変化していったことがわかった。現代では，人的資源こそが企業の競争優位を維持する資源の源泉であるという位置づけから戦略的人的資源管理（Strategic Human Resource Management）ともよばれるようになっている。

3. 人間モデルの変遷

時代とともに人の管理に変化があったように，経営者がどのような価値観をもっているのかが企業経営に大きな影響を与えると考える。つまり経営者のもつ人間（労働）観に人的資源管理のあり方が大きく左右されるのである。人間観には，経済人モデル，社会人モデル，自己実現人モデル，経営人モデル，複雑人モデルなどがある。

ここでは，それぞれの人間モデルについて考察する。

(1) 経済人モデル

経済人モデルは経済人仮説ともいわれ，経済的合理性に基づく人間モデルであり，経済人は経済的インセンティブによって動機づけられるというものである。つまり労働者は高い賃金を得ることで労働が動機づけられ，また経営者は高い利潤を得ることで企業活動が動機づけられるということである。シャイン（Schein, E. H.）は経済人モデルについて，従業員は経済的刺激によって動機づけられ，経済的収穫を最大化しようとするが，その刺激は組織によってコントロールさせるため，従業員は受け身の存在でしかないことを指摘している[2]。

19世紀後半のアメリカ企業の賃金制度の1つとして単純出来高給制度がある。出来高に応じて労働者の賃金が増減させるものであり，労働者の経済的動機を刺激するものである。しかし1日の作業量や賃率は科学的な根拠によって設定されたものでなく，経営者の勘によって決められたものであった。そのため労働者が出来高を増やしてもそれ相応の賃金を得ることができないことが起こっていた。その結果労働者は反発して，意図的に生産量を制限する組織的怠業を引き起こすようになっていた。そしてこの問題を解決するために，テイラーが科学的管理法を生み出すことになるのである。

(2) テイラーの科学的管理法

テイラー（Taylor, F. W.）は企業組織が未成熟な時代に，生産現場における無駄の排除や生産方法の改善を行なうことによって高い生産性を確保しようとした。また労働者には公正な賃率に基づいた賃金を支払うことによって労使の相互信頼関係を確立することをめざした。

テイラーの科学的管理法は5つの要素から構成されている。

① 課業管理：一日の公正な仕事量を設定
② 作業研究：作業の標準的な時間を決定するための時間研究と動作研究
③ 指図票制度：効率的な作業方法をマニュアル化

④　変動する賃金：ノルマの達成に対する達成報酬とノルマ未達成に対する未達成報酬

⑤　計画機能と執行機能の分化：効率的な作業を執行するために綿密な諸準備を行なう計画機能を分化

　テイラーは，組織的怠業が蔓延する職場において，動作研究や時間研究によって示された科学的な基準によって仕事を行なっていくことで高い生産性を可能とすることを示した。また従業員にはノルマ達成者に対する高い達成報酬という差別的出来高給制を提唱することで，経済的動機を刺激する仕組みを構築したのである。しかし，テイラーの最大の功績としては管理概念の確立があげられる。それまでのような仕事ありきで作業を行なっていくのではなく，効率的な作業を行なっていくためには，まずどのような管理を行なっていくことが必要なのかということを示したのである。このことがその後の大量生産を実現していく大規模な企業の発展に大きく貢献していったといえる。

(3)　社会人モデル

　経済人モデルでは科学的管理という科学的な根拠に基づく標準を設定し，その標準に基づく効率的な経営を追求していった。一方，メイヨー（Mayo, E.）やレスリスバーガー（Roethlisberger, F. J.）らの初期人間関係論が仮定した社会人モデルでは，人間は集団への帰属意識や良好な人間関係によって動機づけられると仮定するものであった。メイヨーは，人間は，本来労働過程において，仲間との結合を保ちたいという欲望をもっている。そしてこのような強い欲望の存在こそが，実は人間の特徴であると述べている。

　メイヨーらが見出した社会人モデルとしての人間観は，科学的管理法の前提条件となった経済人モデルとは対照的なため，それまでの人間観を一変させるものであった。社会人モデルの人間観とは1人ひとりの作業員を組織の中の歯車として見るのではなく，人と人とのつながりが組織に大きな影響を

与えることを主張しているのである。その後に展開される行動科学やリーダーシップ研究などの原点は人間関係論に求めることができるのである。

(4) **自己実現人モデル**

自己実現人モデルとは，人間は自己の価値観の実現である自己実現欲求によって動機づけられ意思決定し，行動する存在であるとする人間観である。この自己実現欲求とは，マズロー（Maslow, A. H.）の欲求段階説の中の最も高次の欲求を指す。マズローの論じた自己実現欲求は，有能さの追求と達成意欲の追求の2つに強く動機づけられるものと理解されている。ここでの有能さとは進んで物事を自分の意思通りに動かそうとするものである。有能さを求める動機は，たとえば専門的成長や職務の習得を求める気持ちである。また，達成意欲とは，成功に対する高い報酬よりも，それ自体を成し遂げることに高い価値観をもち，努力していくというものである。

〔マズローの欲求段階説〕　マズローは，人間の基本的欲求を5つに分類し，特定の時点の行動はその時点に抱く最も強い欲求によって決定されるとしている。これらの動機づけの原因となる欲求を，図表9-2のように低次の欲求から段階的に捉え，それを欲求段階説といった。

図表9-2　マズローの欲求段階説

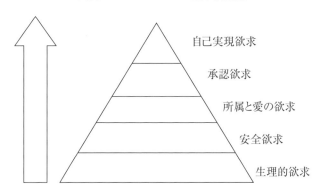

それぞれの内容は以下の通りである。
① 生理的欲求：人間生活そのものを営むための基本的な欲求で食欲などを指す。
② 安全欲求：安全や保護，恐怖や不安からの自由を求める欲求である。
③ 所属と愛の欲求（社会的欲求）：仲間から受け入れられたいという欲求や帰属意識などを指す。
④ 承認欲求（自我・自尊欲求）：自己に対する他者からの高い評価や自尊心を指す。
⑤ 自己実現欲求：人は自分がなりうるものにならなければならない。またそのような自律した人間になりたいという欲求を指す。

マズローは，低次の欲求が満たされて初めて，より高次の欲求を求め，また高次の欲求が満たされなかったとしても，低次の欲求に戻ることはないとする欲求の不可逆性を示した[3]。そして最高次元の欲求である自己実現欲求は，完全に充足することがなく，より追求していくものであるとしている。

マズローの自己実現人モデルは，後期人間関係論であるマグレガー（McGregor, D.）のX理論・Y理論における「Y理論的人間像の確立」，アージリス（Argyris, C.）の未成熟―成熟人モデルにおける「成熟的存在への変化」，ハーズバーグ（Herzberg, F.）の動機づけ―衛生要因における「動機づけ要因の追求」，リッカート（Likert, R.）のシステム4理論などに引き継がれていくことになる。

(5) 経営人モデル

経営人モデルとは，現代組織論を展開したサイモン（Simon, H. A.），あるいはマーチとサイモン（March, J. G. & Simon, H. A.）によって提唱された人間モデルである。サイモンは合理性に対する認知的限界という概念に基づき，より現実的な人間モデルとして，合理的であろうと意図するが能力上の制約のために，限られた範囲でのみ合理的であろうとする経営人モデルを提

唱した。

これらのことから，認知的限界をもつ経営人は，以下の方法で意思決定の合理性を高めるとしている。

① 意思決定は，現実の状況についての限定された近似的なモデルに照らして行なわれる。
② 反復して起こる問題に対しては，その反復する行動を前もってプログラム化しておく。
③ 経済人のように最適化原理ではなく，満足化原理によって意思決定を行なう。

またサイモンは，経済人との比較から経営人がもつ2つの性質について以下のように述べている。

① 経済人は利用できるすべての選択肢の中から，最善の選択肢を選ぶことができるが，経営人は満足できる代替的選択肢を発見しそれを選択する。
② 経済人は完全な合理性をもちすべての事象に対応しているが，経営人は現実社会の大半の事実は単一の状況に強い関連性がなく，考慮の対象から外すことができる。経営人はごく少数の要因だけを最も関連性があり重要なものと捉えて考慮していく。

としている。

(6) 複雑人モデル

複雑人モデルは，シャイン（Schein, E. H.）が今までの人間モデルが単純化され一般化されすぎているという批判から提唱したものである[4]。

シャインは，人間のコンティンジェンシー理論ともいうべき複雑人モデルを展開した。つまり複雑人モデルにおける人間は，複雑かつ多様な欲求をもつ存在であり，人間の発達段階やその時の状況によっても欲求が変化すると捉えたのである。たとえば同じ職場にあっても，ある人は経済的インセンテ

ィブで動機づけられ，またある人は自己実現欲求の充足をめざす。また通常は自己実現欲求をめざして業務を行なっているのだが，大きな金銭的な支出をともなう事象が発生したために経済的インセンティブを求めるなど，さまざまな欲求をもった人が混在しているということである。このような状況における管理者は経済人的，社会人的，経営人的あるいは自己実現人的なモデルのいずれにも対応する必要があるのである。

4. 戦略的人的資源管理

人に関する管理は，1920年以降，労務管理に始まり人事管理，人的資源管理と変化を遂げたことは前述のとおりである。そして1980年代以降は，人的資源に対する戦略的視点が強調されるようになり，戦略的人的資源管理（Strategic Human Resource Management：SHRM）という形で展開されていった。ここではアメリカの代表的な戦略的人事管理のモデルを2つ取り上げ，その枠組みを検討する。

(1) ミシガン・グループのモデル

人的資源管理の研究の出発点として位置づけられるものとしてミシガン・グループの研究がある[5]。ミシガン・グループでは人的資源管理の基軸となったヒューマン・リソース戦略と事業戦略の統合，すなわちヒューマン・リソース戦略における外的整合性（external fit）の重要性を説いた。また外的整合性を高めると同時に，個々の人事施策間の内的整合性（internal fit）を高める必要性を示している。ミシガン・モデルでは，図表9-3のように主要な人事施策として選考，評価，報酬，開発の4つをとり上げ，4つの人事施策がそれぞれ相互にフィットしたときに組織の有効性が増すと指摘したのである。つまり規定された職務を遂行できる最適な人材を選び，報酬を公正で最適に配分するために従業員の業績を適切に評価する。そして報酬を好業績と連動させることで従業員を動機づけ，現時点での従業員の業績を向上さ

図表9-3 ミシガン・モデル「人的資源サイクル」

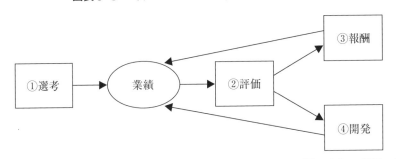

出所) Fombrum, C. J. et al., *Strategic Human Resource Management*, John Wiley & Sons, 1984, p.41.

せるだけでなく，将来のための能力開発も行なっていくというものである。

(2) ハーバード・モデル

ビアー（Beer, M.）らは，ハーバード・ビジネススクールにおいて社会における変化や競争的環境に対応するために，今まで個別に進展してきた組織行動，組織開発，人事管理，労務管理をヒューマン・リソース戦略という一本にまとめていく必要があると述べた[6]。また社会における変化や競争環境とは，外部からの圧力と説明し，社会における変化や競争的環境に対応し外部からの圧力に対抗していくためには，ヒューマン・リソース戦略という一本化された統合的なアプローチが必要であると述べている。具体的には，人的資源管理政策の4つの主要領域として，① 従業員のもたらす影響，② ヒューマン・リソース・フロー，③ 報償（リワード）システム，④ 職務システムをあげている。特にビアーは，組織にとって長期的に見れば従業員のもたらす影響力を認めていくことが必然の方向であるとし，図表9-4のように「従業員のもたらす影響」を概略図の中心に据えている。これは，今までのアメリカ企業が，職務中心の管理であり，人を軽視していた状況を考えると重要な転換点と位置づけられる。

4つの領域をまとめると以下のようになる。

図表9-4　ヒューマン・リソース・システムの概略図

職務システム
従業員から
の影響
ヒューマン・リソース・
フロー
報償
システム

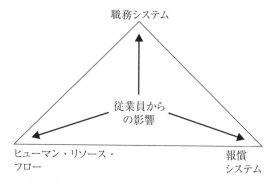

出所）ビアー, M. 著，梅津祐良他訳『ハーバードで教える人事戦略』日本生産性本部，1990年，21ページ

図表9-5　HRM領域の概念マップ

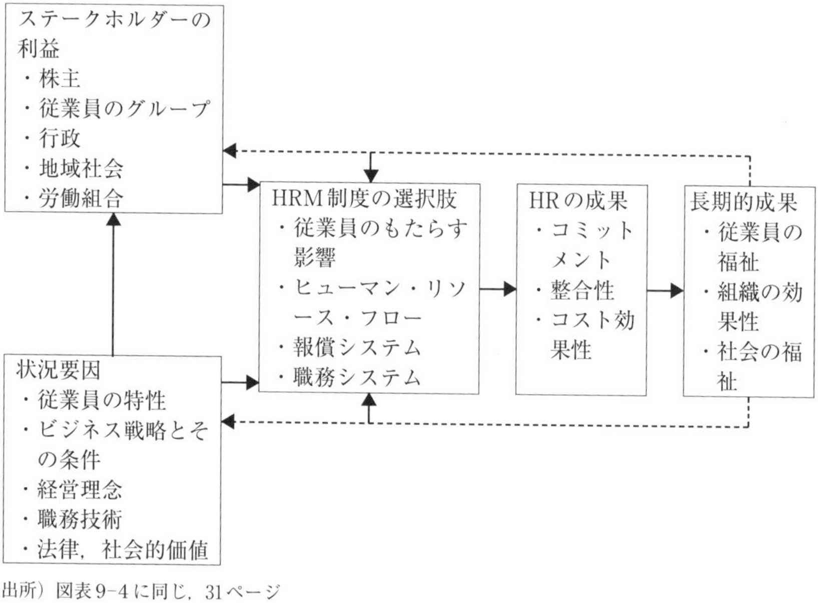

ステークホルダーの
利益
・株主
・従業員のグループ
・行政
・地域社会
・労働組合
状況要因
・従業員の特性
・ビジネス戦略とその条件
・経営理念
・職務技術
・法律，社会的価値
HRM制度の選択肢
・従業員のもたらす影響
・ヒューマン・リソース・フロー
・報償システム
・職務システム
HRの成果
・コミットメント
・整合性
・コスト効果性
長期的成果
・従業員の福祉
・組織の効果性
・社会の福祉

出所）図表9-4に同じ，31ページ

① 従業員からの影響：企業組織として，責任，権限，パワーを誰に対して，どのくらいの委譲するのか。
② ヒューマン・リソース・フロー：採用から退職までの流れをマネジメントしていく上で，管理者がもつ責任の程度はどのくらいか。
③ 報償システム：従業員の動機づけと満足を与えることができる公平な金銭的・非金銭的な報償システムの設計と監理を行なう。
④ 職務システム：マネージャーが職務の定義と設計を行なう。

また人的管理の諸制度が状況要因とステークホルダーによって影響を受けることを示したものが図表9-5である。

またビアーらは，人的資源管理政策を実施した結果として測定されるべき人的資源の成果として4つの指標をあげ，これを「4つのC」とよんだ。

① 従業員の組織コミットメント（commitment）
② 従業員の総合的能力（competence）
③ 従業員目標と組織目標の整合性（congruence）
④ コスト効果性（cost effectiveness）

ビアーらは，長期的にみると4つの指標をすぐれたものにしていく努力を続けていくことで，状況的要因とステークホルダーの利益につながるとしている。

5. 現代の人的資源管理の考え方

前述のとおり1920年以降，企業を取り巻く環境の変化にともなって労務管理から人事管理，人的資源管理，そして戦略的人的資源管理と変化していった。当然ではあるが，これらの管理は人を対象としている。ここでいう人は，雇用契約に基づいた労働力を意味している。しかし企業は労働者の労働力の部分だけを分離して管理することはできない。つまり労働力は，全人格

図表9-6　人の管理の二重性

的な人の一部分として存在するのである。そういう意味では、企業が人的資源管理の対象とする人とは全人格的な人ということになる。図表9-6のように、企業は労働力としての人と労働者としての人という2つを管理しなければならないのである。

　しかし企業側からすると、労働力と労働者の人格は、管理の性格を異にするものと思われる。つまり労働力は経営資源の1つとして効率性の原理に基づき、それぞれ個々の力として利用される。しかし労働者の人格は他者とのかかわりという集団の中で、秩序の原理に基づき、かたち作られているものである。企業は個々の労働力を最大限に発揮させる効率性の原理と労働力を束ね結合していく秩序の原理という2つの原理を意識して組織づくりを行なっていかなければならない。企業は効率性の原理を最大限に発揮させつつ、職場の秩序維持にも努めていかなければならないのである。

　次に雇用形態を見てみよう。雇用形態は多様化し、期間の定めのない正規従業員の数は抑えられ、それを補完するために契約社員やパートタイム労働者などの非正規従業員または派遣労働者などさまざまな労働者が混在して職場を形成している。下記の図表9-7は雇用形態別にみた雇用者数とその割合を示したものである。

　この表からもバブル崩壊の兆候が現れる平成2年以降、正規従業員の割合は80％を割り込み平成15年以降に70％を割り込んでいることがわかる。現在では従業員の3人に1人以上は非正規従業員になっている。また女性労働者は2人に1人以上が非正規労働者といわれ、その大半はパートタイム労働

者となっている。

図表9-7 雇用形態別雇用者の推移

(単位:万人, %)

年	役員を除く雇用者	正規の職員・従業員	パート・派遣・契約社員等	パート・アルバイト	労働者派遣事業所の派遣社員, 契約社員・嘱託, その他	うち派遣社員
平成元年	4,269	3,452 (80.9)	817 (19.1)	656	161	—
2年	4,369	3,488 (79.8)	881 (20.2)	710	171	—
3年	4,536	3,639 (80.2)	897 (19.8)	734	163	—
4年	4,664	3,705 (79.4)	958 (20.5)	782	176	—
5年	4,743	3,756 (79.2)	986 (20.8)	801	185	—
6年	4,776	3,805 (79.7)	971 (20.3)	800	171	—
7年	4,780	3,779 (79.1)	1,001 (20.9)	825	176	—
8年	4,843	3,800 (78.5)	1,043 (21.5)	870	173	—
9年	4,963	3,812 (76.8)	1,152 (23.2)	945	207	—
10年	4,967	3,794 (76.4)	1,173 (23.6)	986	187	—
11年	4,913	3,688 (75.1)	1,225 (24.9)	1,024	201	—
12年	4,903	3,630 (74.0)	1,273 (26.0)	1,078	194	33
13年	4,999	3,640 (72.8)	1,360 (27.2)	1,152	208	45
14年	4,940	3,489 (70.6)	1,451 (29.4)	1,053	398	43
15年	4,948	3,444 (69.6)	1,504 (30.4)	1,089	415	50
16年	4,975	3,410 (68.5)	1,564 (31.4)	1,096	468	85
17年	5,008	3,375 (67.4)	1,634 (32.6)	1,120	514	106
18年	5,092	3,415 (67.1)	1,678 (33.0)	1,126	553	128
19年	5,185	3,449 (66.5)	1,735 (33.5)	1,166	569	133
20年	5,175	3,410 (65.9)	1,765 (34.1)	1,155	610	140
21年	5,124	3,395 (66.3)	1,727 (33.7)	1,156	571	108
22年	5,138	3,374 (65.7)	1,763 (34.3)	1,196	567	96
23年	5,163	3,352 (64.9)	1,811 (35.1)	1,229	583	96
24年	5,154	3,340 (64.8)	1,813 (35.2)	1,241	572	90
25年	5,201	3,294 (63.3)	1,906 (36.6)	1,320	586	116

出所) 総務庁統計局「労働力特別調査」, 総務省統計局「労働力調査(詳細集計)」

今後，企業は正規従業員と非正規従業員が混在する職場において，個々の労働力の効率性の発揮と職場全体の秩序維持を追求していくことが求められている。

(1) 雇用形態別労働者の種類

ここではそれぞれの雇用形態別労働者について解説する[7]。

① 正規従業員：雇用している労働者のうち雇用期間を定めていないもの。
② パートタイム労働者：フルタイム労働者に対する言葉であり，正規の所定労働時間よりも少ない時間数で働く労働者をいう。一般的にはパートタイム労働者の中に，アルバイトや準社員，嘱託などの名称で勤務している労働者が含まれる。しかしパートタイム労働者とはあくまで就業形態を意味しており，フルタイムで働くかパートタイムで働くかという意味である。また正規従業員とアルバイトの違いは，雇用形態の違いを意味するため，雇用契約はアルバイトでも就業形態はフルタイマーという，いわゆるフリーターとよばれる労働者も存在している。
③ 契約社員：期間に定めがない正規労働者に対する言葉で，専門的な職種に従事することを目的に，期間の定めがある契約に基づき雇用している労働者をいう。
④ 派遣労働者：派遣事業主の雇用する労働者を派遣先企業の指揮命令を受けて，その企業のために労働する労働者をいう。なお労働者の派遣は労働者派遣法で派遣できる業務が定められているが，2003年の改正で幅広い業務に従事できるようになっている。
⑤ 請負労働者：請負人がある仕事を完成させ，注文主がその仕事に対して報酬を支払う契約によって働く労働者をいう。

近年，なぜこのように非正規従業員が活用されるようになったのであろうか。

1つは企業側にとって，景気変動に対して雇用の柔軟性を維持できるということである。日本では正規従業員に対する整理解雇の条件が非常に厳し

く，容易に解雇することができないため，正規従業員の雇用には慎重になっている。つまり雇用の調整弁として非正規従業員を利用しているのである。次に産業の高度化があげられる。サービス経済化にともない，飲食店をはじめ長時間営業の店舗が増大した。また製造業と違い，一日の中でも仕事量の繁閑の差が激しい場合も多い。これらの状況から，店舗を維持運営していくために，パートタイム労働者が必要不可欠であることがわかる。また女性の社会進出もあげられるであろう。結婚や出産を機に家庭に入り専業主婦として過ごすのではなく，出産の数年後に再び職場に復帰する女性も多くなってきている。しかし，彼女らはフルタイムでの雇用を望んでいない場合があり，自分のライフワーク・バランスを考えた働き方を求めるようになってきている。上述のように，現代社会では，正規従業員だけでは経営が成り立たない業種も数多く存在することがわかる。非正規従業員も重要な戦力として位置づけていくことが求められるのである。

　つまりこれからの企業は，これまで続いていた正規従業員だけを管理する人的資源管理から，多様化した雇用形態や就業形態が混在化した戦略的人的資源管理を行なっていかなければならないのである。

注）
1) 森五郎編著『現代日本の人事労務管理』有斐閣，1989年，6ページ
2) シャイン，E. H. 著，松井賚夫訳『組織心理学』岩波書店，1982年，58ページ
3) マズロー，A. H. 著，小口忠彦訳『人間性の心理学』産業能率大学出版部，60ページ
4) シャイン，前掲邦訳，53ページ
5) Fombrum, C. J. et al., *Strategic Human Resource Management*, John Wiley & Sons, 1984, p. 41.
6) ビアー，M. 著，梅津祐良他訳『ハーバードで教える人事戦略』日本生産性本部，1990年，21ページ
7) 西川清之『人的資源管理論の基礎』学文社，2010年，74ページ

▶ 学習の課題
1 本章であげている5つの人間モデルについて，それぞれの相違について比較してみよう。
2 現代の人的資源管理に求められる効率性の原理と秩序の原理という2つの原理について理解しよう。
3 近年，企業の中でさまざまな雇用形態の非正規従業員が活用されている理由について検討してみよう。

◆参考文献
スピンクス，W. A.『マネジメント・セオリー＝経営学説と最新の話題』培風館，2009年
石塚浩『経営組織論―理論と実際』創成社，2009年
伊丹敬之・加護野忠男『ゼミナール経営学入門』日本経済新聞出版社，2003年
佐久間信夫・坪井順一『現代経営組織論の基礎』学文社，2011年
総務省統計局「労働力調査特別調査」，2012年
高橋俊介『ヒューマン・リソース・マネジメント』ダイヤモンド社，2004年
西川清之『人的資源管理論の基礎』学文社，2010年
平野文彦・幸田浩文編『新版　人的資源管理』学文社，2010年
細川進『組織の機能と戦略―現代のマネジメント』学文社，2010年

第4部

経営管理論の今日的展開

● 第10章のポイント
■ 組織の基本を人間関係と考えた場合，その人間関係を支えるのは対人的コミュニケーションである。その機能や役割は，①統制（コントロール），②動機づけ（モチベーション），③感情表現，④情報の4つである。
■ 職場で効果的なコミュニケーションを実践するためには，交流分析の理論を用いて管理者と部下とのコミュニケーションのパターンを理解することが重要である。その鍵概念となるのは，「ストローク」や「自我状態」などである。

◯ 基本用語
【エゴグラム（egogram）】　E. バーンの交流分析における人間の自我状態をもとに考案された性格診断法である。人間の心を5つに分類し，その5つの自我状態が放出する心的エネルギーの高さやバランスを理解することで，自己理解を深めるものである。
【文化的コンテクスト概念】　組織のコミュニケーション環境を説明する概念として，アメリカの文化人類学者であるE. T. ホールが提唱した。「高コンテクスト文化」と「低コンテクスト文化」に識別し，国や地域のコミュニケーションのスタイルの特長を表す。
【ダイバーシティ・マネジメント】　従来の企業内や社会におけるスタンダードにとらわれずに，多様な属性（性別，年齢，国籍など）や価値・発想を取り入れることで，ビジネス環境の変化に迅速かつ柔軟に対応し，企業の成長と個人の幸せにつなげようとする人材戦略である。

第10章　職場のコミュニケーション

1. コミュニケーションの重要性

　バーナード（Barnard, C. I.）は，組織とは「2人以上の人びとによって意識的に調整された活動および諸力の体系」であり，組織が成立するための要件として，①共通の目的（common purpose），②貢献意欲（willingness to contribute），③コミュニケーション（communication）の3つが必要であると述べている。共通の目的をメンバー間で共有し，各個人の貢献意欲を高めるためには，コミュニケーションという他者への働き掛けは不可欠である。バーナードは，「これらの潜在的なものを動的ならしめる過程がコミュニケーション活動であり，組織の理論を突き詰めていけばコミュニケーションが中心的地位を占めることになる」と述べて，組織におけるコミュニケーションの果たす役割を強調している。このように，組織はコミュニケーションが欠如すると存在しえないのである。

　また，組織において良好な人間関係を築く上で重要な視点ともなるのがコミュニケーション活動である。実際に，職場における人間関係上のコンフリクト（対立や葛藤）の原因の多くは，コミュニケーションの問題であるといわれている。職場で費やす労働時間の約70％は，コミュニケーション活動（読む，書く，話す，聞く）に当てられているという研究成果もあり，組織や集団が適切に機能するのを妨げる最大の原因がコミュニケーションの欠如であるという昨今の議論は妥当であると考えられる[1]。組織のメンバー間での意思のやりとりによって，情報やアイデアの伝達は可能となるのであり，意思の伝達をはじめとするコミュニケーション活動なしには組織は成り立たないのである。

　しかしながら，そもそもコミュニケーションとは，単なる意思の伝達手段

として認識してはならない。「意思の伝達と理解の両方を含むもの」という基本的な理解が重要である。歴史を紐解くと，コミュニケーションのミスや欠如が原因で多くの不幸な産業事故が起きてきた。たとえば，過去に起きた最悪の航空機事故の多くは，航空管制官とパイロットとの会話における誤解が原因であることが確認されている[2]。また，看護師の点滴取り違え等に代表される医療ミスは，そのほとんどが対人的なコミュニケーションの拙さが原因の人為的ミスであることも明らかになってきている[3]。

現代の厳しい経営環境下にあっては，企業には達成すべき戦略上の目標が明確に存在し，しかもメンバー全員がその目標を共有している必要がある。その上で，相互に役割を分担（分業）しなければならない。一般的な分業の考え方には，営業，製造，研究開発などに分類して行なう水平的分業と，取締役，部長，課長などの指揮・命令系統を通じて行なわれる垂直的分業の2種類がある。水平方向と垂直的方向のいずれにしても，円滑なコミュニケーションが必要である。職場における世代間のコミュニケーションギャップや若年層のコミュニケーション能力の低下が叫ばれる中，組織全体であらためてコミュニケーションの重要性について考える必要がある。

これはスポーツチームの活動に当てはめてみるとわかりやすい。どのようなスポーツ競技であれ（とりわけ団体種目），スポーツ選手は選手同士の水平的な意思疎通に加えて，監督やコーチとの目標や目的の共有に向けた垂直的なコミュニケーションが不可欠である。重要な場面になるほど，試合運びの戦略や戦術を選択・実行の際には，選手同士の一体感や絆に加えて，選手と監督との相互信頼の関係を基盤としたコミュニケーション活動が勝敗のカギを握るといっても良い。

しかしながら，組織の目標達成のための効率性を高める上で不可欠であるはずの分業は，場合によって情報が特定の部署に偏在することがある。重要で希少な情報は有力なパワーの源泉となりうるためである。また，コミュニケーションの逆機能とよばれ，コミュニケーション活動の稚拙さが影響し

て，組織全体を維持する上で障害が生じる場合さえある。いずれにしても，コミュニケーションを円滑化して，重要な情報を共有しようとする組織文化や仕組みを作り上げる必要がある。

2. コミュニケーションのプロセス

コミュニケーションが成立するためには，送信者と受信者が必要である。そして，通常のコミュニケーションのプロセスは，①送信者，②メッセージ，③記号化，④チャネル（伝達経路），⑤解読，⑥受信者，⑦ノイズ，⑧フィードバック，の6つの部分から成り立っている（図表10-1）。

送り手はアイデア（考え）を記号化してメッセージを発信する。対面で話をする場合は，会話の内容がメッセージとなり，文書の場合は書かれたものがメッセージとなる。身振り手振りによって相手に何かを伝えたいときには，腕の動きや顔の表情などがメッセージとなる。チャネルとはメッセージを伝える媒体（電話やEメールなど）であり，通常は送り手によって選択されることが多い。また，送り手側には，記号化そして受け手側には解読のプロセスが介在する。これらのプロセスにはノイズが発生する場合があり，正確なコミュニケーションを阻害する。このノイズは単なる物理的なものだけではなく，意味的・文化的な要因が考えられる。

図表10-1　コミュニケーション・プロセスのモデル

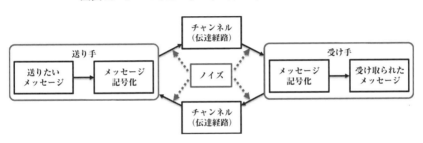

3. コミュニケーションのネットワーク

　社会心理学者のリーヴィット（Leavitt, H. J.）は，集団におけるコミュニケーション・ネットワークに関するさまざまな実験を行なった。そして，5人の集団から形成される①サークル型，②チェイン（鎖）型，③Y型，④ウィール（車輪）型の4つのネットワークのタイプを提示し，それぞれのコミュニケーション・ネットワークの効果について研究した（図表10-2）。結果として，①サークル型から④ウィール型へ（すなわち左から右へ）移るほどネットワークの中心となる人物が決まる傾向とそれにともなう組織の階層化の原則を発見している。

　①サークル型は全員が平等のポジションを占めるネットワークであり，④ウィール型は1人の管理者が中心となる階層的なネットワークである。実験の結果，単純な仕事ではウィール型は迅速に仕事を達成できたが，メンバーの中には不満を感じるものが多かった。一方，複雑な仕事では，サークル型が仕事の生産性とメンバーの満足感も高かった。階層的な関係は，単純な仕事を遂行するには適しているが，複雑あるいは創造的な仕事の遂行には必ずしも適していないといえる。

　現在では，経営環境の変化が激しく，ますます仕事が複雑化している。よって，①サークル型よりもさらに進化した前後左右に縦横無尽にコミュニケーションを図ることが可能な「全方位（オールチャネル）型」が理想的なコ

図表10-2　コミュニケーション・ネットワークの種類

①サークル型

②チェイン（鎖）型

③Y型

④ウィール（車輪）型

ミュニケーション・ネットワークであると思われる。ただし，組織の規模が大きくなるにつれて，やがては新たな組織単位が形成されて階層化されていくことになることを考慮しなければならない。

4. 対人的コミュニケーション

組織の基本を人間関係と考えた場合，その人間関係を支えるのは対人的コミュニケーションである。では，対人的コミュニケーションとは，どのような機能や役割を果たしているのであろうか。ロビンス（Robbins, S.）によると，コミュニケーションが組織の中で果たす主な機能は，①統制（コントロール），②動機づけ（モチベーション），③感情表現，④情報の４つである。統制とは，管理者が部下の仕事の質量を指示する際には，コミュニケーションが統制機能を果たしているという。動機づけとは，目標管理制度などを運用しながら，管理者と部下が相互にコミュニケーションを図りつつ職務への動機づけを高めることなどが該当する。感情表現とは，メンバーが職務に対する満足や不満を示すための基本的なメカニズムである。すなわち，コミュニケーションはメンバーが感情を周囲に表現することによって社会的欲求を充足する手段を提供するのである。

5. 個人の対人的コミュニケーション・スタイル

対人的コミュニケーションを理解する場合には，そのスタイルの個人差に注目する必要がある。そのひとつであるジョハリの「心の４つの窓」という概念を紹介する。これはジョセフ（Joseph, Luft）とハリー（Harry, Ingham）が1955年に考案した概念で，２人の名前を合成してジョハリ（Johari）という名称でよばれている。

個人が他者と接するときに，「自己を開放（オープン）」している程度を図示化したものである（図表10-4を参照）。Aの窓は「開かれた窓」で自分自身が気づいており，他者も知っている自己の部分である。Bの窓は「気づい

図表10-3 「心の4つの窓」の考え方

A 開かれた窓：自他共に認める自由にオープンに行動できる領域
B 気づいていない窓：他人は知っているが，自分だけは知らない，気づいていない領域
C 隠した窓：自分ではよく知っているが，意識的に他人に隠している領域
D 未知の窓：自他共に知らない領域

図表10-4 ジョハリの「4つの心の窓」

自分自身について		自分で	
		知っている	知っていない
他人に	知られている	A 開かれた窓	B 気づいていない窓
	知られていない	C 隠した窓	D 未知の窓

図表10-5 「開かれた窓」を拡げる2つの方法

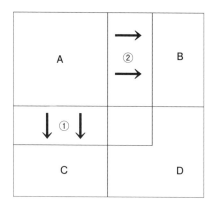

ていない窓」で他者は知っているが，自分自身は知らない自己の部分で，いわゆる裸の王様の状態である。Cの窓は「隠した窓」で自分自身は知っているが，他者は知らない「秘密の窓」である。そしてDの窓は「未知の窓」で自分も他者も知らない「知られざる自分」の部分といえる。

　自己を理解し，対人関係を発展させるためには，「Aの窓（開かれた窓）」を拡大させる必要がある。そのためには，縦方向に自分の「自己開示」を拡げる（①の矢印）と同時に，他者からの「フィードバック」を受け（②の矢印），「知らない（未知の）自分」への気づき（情報）を得るという両面からの取り組みが必要となる（図表10-5）。他者から自分の行動がどのように映っているかを指摘（フィードバック）してもらい受容することで，対人関係を豊かにしていこうとする考え方である。「開かれた窓」が広いほど，組織において自分の持ち味を生かせるといわれ，この窓の広さが個人と組織全体の成長に密接に関連するのである。

6.　効果的なコミュニケーションの実践

(1)　交流分析におけるストローク

　対人的コミュニケーションをより豊かにするためには，精神医学を基盤にした交流分析理論（transactional analysis theory）におけるストローク（stroke）という概念が有益であり，現在では企業現場やスポーツの指導場面でもチームワークの向上を目的として取り入れられている。ストロークとは，主に「ある人に働きかける」という意味で用いられている。同僚に話しかけたり，挨拶したりすることはすべてストロークといえる。換言すると，その人の存在を認めることを交流分析ではストロークとよぶのである。人間は誰でも無視されたくない，自分の存在を認めてほしいという基本的欲求を有しているというのが交流分析の大前提であり，この欲求が満たされない状態はストローク飢餓とよばれている。また，交流分析ではストロークはすべての人間関係の基本だと位置づけられている。とりわけ，職場において世代

間や職種間に隔たりが感じられる場合，また若年社員のコミュニケーション能力の向上への取り組みに対しては，ストロークの送り方と受け方を考慮する（訓練する）ことが望まれる。

ストロークの種類については，以下の3つの観点から区別することが可能である。①「身体的ストローク」と「精神的ストローク」，②「肯定的ストローク」と「否定的ストローク」，③「条件付きストローク」と「無条件のストローク」の3つである（図表10-6）。

もちろん，効果的な対人的コミュニケーションにおいては，無条件の肯定的ストロークの交換が理想的である。ただし，厳しい仕事場面では，どうしても管理者は否定的なストロークを部下に送らなければならないこともある。そのときは条件付きで送ることが重要となる。たとえば，「書類の提出期限を守らないとダメじゃないか！」というように，その人の存在に対してではなく，「行動」に対して指摘するという視点が必要である。また，「今日のプレゼンはどうでしたか？」というように時点を区切るなどの条件を付与することによって，その人の軌道修正の援助をすることも可能となる。いず

図表10-6　交流分析のストロークの種類

ストローク	＜身体的＞タッチするなど直接的	＜精神的＞言葉掛け，表情に出すなど間接的	＜条件付き＞行為や態度に対して	＜無条件＞存在や人格に対して
＜肯定的＞(Positive) ・相手が快い感覚 ・OKであるという感情が高まってくる	軽く背中を叩く 肩を抱く 頭をなでる 抱擁する	ほめる 感謝する 奨励する 喜びの表情 話を聞く 感謝状	「仕事のサポートをありがとう」 「愚痴をこぼさないのであれば指導をしてあげる」 「職務に励む君には感心するよ」	「あなたと一緒にいるだけで幸せ」 「あなたの人格に敬服しています」 「顔を見るだけでホッとします」
＜否定的＞(Negative) ・相手が不快な感覚 ・NOT OKの感情が溜まる	ぶつ ける 押す つねる 平手打ちする 突き飛ばす	批判する 冷笑する 侮辱する 背を向ける 肩をすぼめる あごで使う	「勉強しなければ，昇進は難しいよ」 「その発言や態度はいかがなものか」	「君に用はない」 「会社を辞めろ」 「ダメなやつだ」

れにしても，適切なストロークの交換が対人的コミュニケーションを豊かにするためには重要である。

(2) エゴグラムにおける相互交流分析（5つの自我状態）

精神医学における交流分析（transactional analysis）という手法を用いて，管理者と部下とのコミュニケーションのパターンを理解するのが相互交流分析（図表10-7）である。この手法は対話者それぞれの行動が，ペアレント（P），アダルト（A），チャイルド（C）の3タイプのどの自我から発現しているのかを見出し，対話者の交流パターンを判定しようとするものである。比較的初期の交流分析では，バーン（Berne, E.）の上記3要素が用いられたが，デュセイ（Dusay, J.）はさらにPを批判的なペアレント（CP）と養育的なペアレント（NP），Cは自由なチャイルド（FC）と順応したチャイルド（AC）に精緻に自我状態を細分化し5つの要素で分析した。この5つの自我

図表10-7　相互交流分析のモデル

エゴグラムにおける5つの自我状態

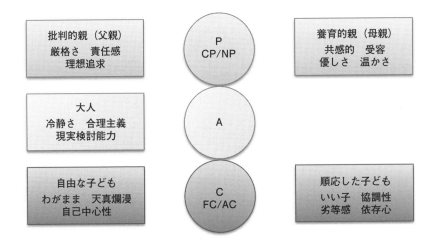

図表10-8　交流パターン（相補交流）

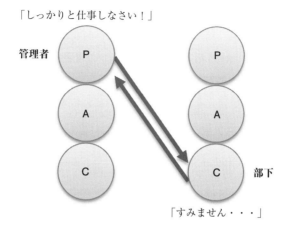

図表10-9　交流パターン（交差交流）

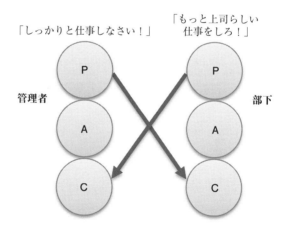

の割合の高低とバランスをもって個人の特徴や傾向を把握することができると考えた。企業や教育の現場では，リーダーシップ能力の開発をはじめとして，管理者や部下の健康維持やメンタルヘルスの改善などにも役立てている。

　ハーシーとブランチャード（Hersey, P. & Blanchard, K. H.）によれば，管

第10章 職場のコミュニケーション 213

図表10-10 交流パターン（裏面交流）

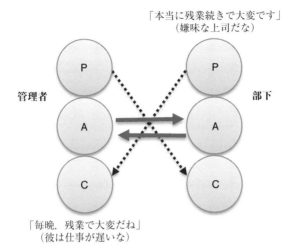

理者は部下との相互交流の中でも，相補交流（平行交流）型と交差交流型が重要であるという（図表10-8および図表10-9を参照）。相補型交流とは，たとえば先生と生徒の間の関係のような交流パターンであり，自分の発信に対する相手の反応が予知しやすい。また，対話者間のコミュニケーションが開かれているのも特徴である。一方，交差交流型は，対話を通して相手の反応が自分の期待と違い，コミュニケーションの障害が発生しやすい。さらに，裏面交流とは，発信する言葉と本心（本音）が相互に異なり，希薄な関係性しか築けない場合が多い。

7. 情報フィードバックとしてのコミュニケーション

部下のモチベーションを高めるためのコミュニケーションという観点から考えると，ストロークの送り方と同時に仕事の成果に対する情報フィードバックの方法にも配慮する必要がある。組織行動学を専門とするルーサンス（Luthans, F.）は，部下への情報フィードバックを非金銭的報酬として位置

図表10-11　PIGSフィードバック

Positive (肯定的に)	フィードバックは肯定的であるべきだ。人びとは否定的なフィードバックには，なかなか耳を貸そうとしない。あらゆる物事には肯定的そして否定的な側面があるが，悪い時よりも良い時のことを議論すべきである。
Immediate (すぐに)	リアルタイムなフィードバックは素晴らしい。とにかく早いほど良い。四半期報告や年度別業績評価では不十分である。業績行動が取られたと同時であるのが理想的である。もし，リアルタイムが難しいのであれば，各案件および週や日単位でフィードバックを与えると良い。
Graphic (図示して)	フィードバックは視覚的であるべきだ。結果をプリントアウトするだけではなく，可能な限り図表に変換すべきである。これによって，メンバーが過去・現在・未来の傾向を容易に把握できるようになる。
Specific (具体的に)	フィードバックは出来る限り具体的であるべきだ。そして個人の達成目標と業績は関連付けて伝えるべきである。

出所）Luthans, F., Hodgetts, R. M. and S. A. Rosenkranz, *Real Manager*, Ballinger, 1988, p.142.

付けて，その重要性について論じている。客観的かつ支援的なフィードバック情報は，従業員のモチベーションに対してプラスの影響を与えるという意味から報酬として捉えており，フィードバックの在り方について「PIGSフィードバック」という基本原則を提示している。PIGSフィードバックは，部下から上司に対しても有効であるとして，上方向へ影響力を与えるコミュニケーション（upward influence）や働きかけの重要性も示唆している。部下からの積極的な働き掛けは，管理者のモチベーションにも正の影響を与えるものである。

8. 文化的コンテクストの概念

職場の人間関係上の環境が整備されていたとしても，効果的なコミュニケーションを図ることが困難な場合がある。とりわけ，グローバル企業における異文化的な要因は，明らかにコミュニケーションの問題を増大させる可能性を含んでいる。会話のメッセージ内容の誤解の発生プロセスは，個人の文

化的な背景に依拠していることが多いからである。また，外国人社員の新卒採用や社内公用語を英語とする企業の増加傾向は，今後ますます続くであろう。したがって，ストローク（メッセージ）の送り手と受け手の背景が大きく異なるほど，特定の言語や行動に対する意味づけに対する相違も大きい。

　異文化間コミュニケーションに与える影響を理解するためには，文化的コンテクスト（cultural context）の概念（高コンテクスト文化と低コンテクスト文化）が有益である。「コンテクスト」とは，コミュニケーションの基盤である「言語・知識体系・価値観」などのことである。高コンテクスト文化の国は，日本，韓国，中国，フランス，ロシア，イタリアなどで，低コンテクスト文化の国はドイツ，アメリカ，オーストラリアなどである。先行研究によると，中国，ベトナム，サウジアラビアといったアジア諸国は，高コンテクスト文化であることが明らかになっている[4]。よって，コミュニケーションにおいては，非言語シグナルや少ない状況的手掛かりに頼るところが大きい。また，社会的立場や公式的地位などが非常に重要となる。一方，ヨーロッパや北アメリカの人びとは，低コンテクスト文化を背景とし，意思を伝達するためには基本的には言語に依存する。そして，公式的な肩書などは，会話を補完する要素に過ぎない。

　現在では，職場のダイバーシティ・マネジメント（多様性の管理）が求められている。外国人労働者に限らず，日本人であっても世代（年齢）や性差などによりコンテクスト（文脈関係を暗黙裡に理解できる）の程度が異なる。よって，ますますコンテクスト文化の概念を考慮したコミュニケーション戦略が重要となってくる。特に，ICT（information and communication technology）ツールをコミュニケーションの手段として駆使する（対面でのコミュニケーションは苦手な）若年層の世代が組織に多く混在する現在では，以前にも増してダイバーシティ・マネジメントを管理者層は意識しなければならない。

9. 今後のコミュニケーションの媒体を考える

(1) メディア媒体について

　コミュニケーションの方法が劇的に変化した現在，注目されているのがメディア選択理論（media selection theory, media richness theory）である。どのようなコミュニケーション媒体（手段）を用いて他者に情報を伝達するのかに関する社会心理学と経営学を基盤とした理論である。この理論によれば，「①対面→②電話→③手紙→④電子メール」という順番で複雑な状況にあっても豊か（rich）に内容を他者に伝えることができるという。コンセンサス（全員の合意）を必要とする議論や審議のような複雑な案件に対しては，対面でのコミュニケーション（会議）が必要である。一方，社内での簡単な連絡事項であれば電子メールでも構わないというものである。

　組織における効果的なコミュニケーションについて考える場合には，場面や状況に応じた具体的なストロークの送り方から，用いるコミュニケーションの媒体に及ぶまで，世代を超えた横断的な訓練（ファミリー訓練）の場を企業側は導入する必要があろう。相互にコミュニケーションを円滑に図るための組織的な取り組み（研修）が重要である。

(2) コミュニケーション教育の技法（組織開発トレーニング）

　職場のコミュニケーションを円滑にすることを目的として，職場単位を対象とした組織診断や問題点の発見と分析・目標設定・役割決定を明確化する研修は有効である。そして，職場組織全体の体質改善を行なうとともに，価値ある組織風土の形成をめざすのである。具体的手法としては，感受性訓練，職場ぐるみ訓練，チームビルディング訓練等がある。

　具体的な上記3点の違いは，以下の通りである。①感受性訓練：メンバーの職務態度の変容を目的とした体験学習技法のひとつである。職場の人間関係における固定観念を排除して，自己理解，他者理解，職場理解などが深め

られる。②職場ぐるみ訓練（ファミリー・トレーニング）：職場ぐるみ訓練の技法は，職場単位による全員での参加・討議を行ない，世代を超えた取り組みをしているところに特徴がある。職位や年齢に関係なく，職場全体でのコミュニケーションを活発化させるためには有効である。③チームビルディング訓練：訓練参加者の職場における役割を明確化して，職場を1つの強固なチームに作り上げていく研修である。コミュニケーションの活性化に加えて，職場組織の一体感や連帯感も醸成される。

以下では，近年，組織開発の手法として注目を集めている「チームビルディング（team building）」について述べたい。企業の集合研修の手法は数多く存在するが，研修効果や研修参加者の満足度の観点から，参加型手法を採用するチームビルディング研修を実施する組織が増加している。その際には，プロのファシリテーター（変革推進者）が空間を効果的にマネジメントする役割を演じながら研修が展開されることが多い。企業組織においてチームビルディングを実施する場合は，新入社員・ミドル社員・幹部社員などの対象を限定した階層別研修や，上司と部下が混在した状況下で職場（部署）を研修単位として実施する部署別研修など，その実施の形態もバリエーションに富んでいる。いわゆる，メンバーのスキル教育ではなく，社会人としての生き方・働き方をコミュニケーションの観点から学ぶ機会を提供し，職場がひとつのチームとして強固になることをめざす研修のスタイルである。

注）
1) Thomas, K. W. and Schmidt, W. H., A Survey of Managerial Interests with Respect to Conflict, *Academy of Management Journal*, 1976, p.317.
2) Cushing, S., *Fatal Words: Communication Clashes and Aircraft Crashes*, University of Chicago Press, 1997. および芳賀繁『失敗のメカニズム』日本出版サービス，2003年を参照した。
3) 中田亨『ヒューマンエラーを防ぐ知恵』化学同人，2007年
4) Dulck, R. E., Fielden, J. S. and Hill, J. S., International Communication: An Executive Primer, *Business Horizon*, January-February, 1991, p.21.

▶ 学習の課題
1 職場におけるコミュニケーションの機能と重要性について考えてみよう。
2 交流分析理論について理解し,効果的なコミュニケーションのあり方や,他者への働きかけについて考えてみよう。

◆ 参考文献
Barnard, C. I., *The Functions of the Executive*, Harvard University Press, 1938.(山本安次郎・田杉競・飯野春樹訳『新訳　経営者の役割』ダイヤモンド社, 1968年)
Daft, R. L. and Lengel, R. H., Organizational Information Requirements, Media Richness and Structual Design, *Management Science*, Vol.32, No.5, 1986, pp. 554-571.
Leavitt, H. J., Some Effects of Certain Communication Patterns of Group Performance, *Journal of Abnormal and Social Psychology*, 46, 1951, pp. 38-50.
Luthans, Fred, Hodgetts, R. M. and Rosenkranz, S. A., *Real Manager*, Ballinger, 1988.
Luthans, F., *Organizational Behavior*, 7th ed., McGraw-Hill, 1995.
水野基樹「企業に生かすスポーツ心理学 (21)　―対人間コミュニケーションにおけるストローク―」『労働の科学』労働科学研究所, 第64巻12号, 2009年, 47ページ
水野基樹「職場のコミュニケーションを考える―組織論の視点から―」『労働の科学』第67巻第2号, 2012年, 4～9ページ
Robbins, S. P., *Essentials of Organizational Behavior*, 8th ed., Prentice Hall, 2005.(髙木晴夫訳『新版 組織行動のマネジメント』ダイヤモンド社, 2009年)

● 第11章のポイント

■企業を取り巻く環境が急速に変化する中で，組織を活性化していくことがより一層求められていることを理解する。

■付加価値の高い成果物を生み出すために，どのような組織能力を身に付けるべきかを理解する。

【経営組織】　C. I. バーナードは，組織を「意識的に調整された，2人またはそれ以上の人びとの活動や諸力のシステム」と定義づけ，組織を協働の体系として捉えている。また組織が成立するために必要な3つの条件として ① 共通目的（組織目的），② 協働意思（貢献意欲），③ コミュニケーションをあげている。

【経営資源に基づく企業観　Resource-Based View：RBV】　企業の内部の資源に競争優位性を見出し，持続的な競争優位を維持していく企業観である。J. B. バーニーは競争優位性を見出す要素として，「VRIO」つまり経済価値（value），希少性（rarity），模倣困難性（imitability），組織（organization）をあげている。

第11章　組織の活性化

1.　日本企業の現状

　世界をリードする日本企業が多数出現し「ジャパン・アズ・ナンバーワン」といわれた時代から長い年月を経た現在，日本企業はバブルの崩壊や長期不況などの試練に立たされながらも，それを乗り越えてきた。日本企業は，戦争や災害，他国の追い上げなど幾多の危機に直面しながらも，その危機を乗り越えて生き永らえてきたのである。帝国データバンクの調査によると企業概要データベース「COSMOS2」収録の非営利法人を除いた143万社の中で1912（明治45）年以前に創業している企業は2万4,792社存在していることがわかる。つまり企業全体の約1.7％が100年以上の歴史をもつ。いわゆる長寿企業が多数存在していることがわかる[1]。

　本章では，現代のようにダイナミックに変化する環境のもとで，組織が活性化し持続的な競争優位を維持していくために必要な組織能力とはどのようなものなのかを，経営資源に基づく企業観（Resource-Based View：RBV）から考察していく。

2.　企業活動

　企業活動とは人的，物的，資金的，情報といった経営資源をINPUTし，それらの資源を組織の中で組み合わせて，製品やサービスという形でOUTPUTしていく一連の活動といえる。この活動を通して，いかに高付加価値の成果物を持続的に生み出していくことができるのか。経営資源に基づく企業観（RBV）とは，企業がもつ経営資源とそれらを統合する能力に基づいて戦略を構築するということであり，企業を経営資源と能力の合成体としてみることである。ここでは，投入する経営資源，その資源の組み合わせを行な

う組織，そこから生み出される成果物（製品・サービス）という3つの視点から，組織が活性化し競争優位の源泉となりうるものは何かを考察する。

(1) 経営資源

　グラント（Grant, R. M.）は，企業が他社より競争の優位性を獲得するために必要な資源として有価値性と希少性の2つをあげている。有価値性とは市場において企業のもつ経営資源が十分に経済的な価値を有することであり，希少性とは他社がその経営資源を簡単には入手できないことを意味する。また獲得した競争優位を持続していくために必要な資源としては，耐久性，模倣困難性，占有可能性，代替困難性の4つをあげている。またグラントは，企業が生産活動に利用する資源を有形資源と無形資源，人的資源の3つに分類している。有形資源は財務的資源（資金力など）と物的資源（土地，建物，機械など）に分けて捉えることができる。無形資源としては，技術的資源（知的所有権など），また人的資源とは個々の従業員の技能や専門知識，変化への適応力，企業に対する忠誠心などを指している。重視すべき経営資源の種類は，企業規模，業種，企業を取り巻く環境によって異なる。したがってこれを活用すれば必ず企業に収益をもたらすというような絶対的な経営資源は現実的には存在しない。

　伊丹敬之・加護野忠男は，経営資源と経営能力は利用されるものであり，かつ蓄積されるものでなければならないと述べ[2]，資源の汎用性と企業特異性という観点から，経営資源を分類している。現金・預金などの財務的資源は汎用性が最も高い。土地や設備なども汎用性が高いが，企業の中で内製されたものは汎用性が低く，ある企業にとってのみ意味をもつという企業特異性が高い。また人的資源も汎用性と企業特異性の両側面をもっている。未熟練の労働力は汎用性が高くなり，熟練した労働力は企業特異性を有するといえる。人的資源や物的資源よりも企業特異性が高いのは，企業の内外に蓄積された知識としての無形資源である。さらに加護野は，無形資源の1つであ

る情報的資源には人的資源や物的資源にはない性質があるために競争優位の源泉になるといっている[3]。その第1の性質は自然蓄積性である。情報的資源は，組織メンバーがさまざまな経験をして学習していくことによって蓄積されていく。第2の性質は多重利用可能性である。情報的資源には，何回使っても使い減りしないという性質がある。さらにある分野で蓄積された技術的知識や顧客情報は，別の分野で活用することも可能である。第3の性質は消去困難性である。蓄積された情報的資源は完全に消去してしまうのが困難である。

野中郁次郎・嶋口充輝は無形資源の1つである知識について，知識は物質的な資源と違い流動的であり一元的に把握することができないと述べている[4]。また知識は常に変化し，特定の時間・物理的空間・人間の3要素の有機的な関係の中で常に新しい知が生み出されていく。その新しい知を生み出していくために場があり，人間はさまざまな場に身をおきながら相互に交流・伝達しあうことによって自らの知を磨いていくと指摘している[5]。しかし人間が相互に交流・伝達していく中では，さまざまな対立する考え方が発生してくると考えられる。その時に対立する考えのどちらかを選択することや妥協案を選択するのではなく，それらの意見を踏まえたより高い概念を導き出していくことが必要である。野中郁次郎・嶋口充輝は，これからの時代に求められてくるのは意見の対立が発生しているときに，どこかに基準をおいて比較判断する相対価値を優先するのではなく，自らの存在意義を主張する絶対価値の追求が必要であると指摘している[6]。そのためには組織メンバーが，組織の中での価値観を共有し，自社にとっての絶対価値とは何なのかを追究していくことが必要である。

組織が活性化し持続的な競争優位を維持していくためには，グラントのいう6つの資源を有することが有利となる。しかしすべての企業がこのような資源を有することは困難である。また有形資源はたとえ一時的に競争優位性をもったとしても，その優位性を長期的に維持していくことも困難となる。

しかし伊丹・加護野がいう企業活動の中で蓄積されてきた知識などの無形資源，また野中・嶋口のいう絶対価値の追求は企業特異性が高いため，競争優位の源泉になりやすいと考える。このような組織文化や従業員のモラールなど企業特異性の高い経営資源を確実に蓄積していくことは持続的な成長の維持につながると考える。

(2) 経営組織

次に経営組織について考察する。バーナード（Barnard, C. I. ）によれば，組織とは意識的に調整された２人またはそれ以上の人びとの活動や諸力のシステムといい，これを協働システムとよんだ[7]。資源は組織というプロセスを通じて，組み合わされ，活用されている種々の資源がそれぞれの力を十分に発揮することによって，能力になり価値が創出されている。企業の存在意義は，資源を適切に組み合わせて一体化し，資源が協働して価値を創出できるようにするところにある。一体化して協働する資源の組み合わせが価値創出力をもつとき，それを資源と区別するために能力とよぶ。いうまでもなく資源を組み合わせて能力に転化している主体は組織メンバーであり，組織メンバーの行動が適切に調整されるとき資源は能力に転化する。

組織能力についての代表的な先行研究について考察する。はじめにバーニー（Barney, J. B.）は，組織能力とは，企業が固有にもつ有形または無形の資源と，それを活用する能力やプロセスであると定義づけている[8]。バーニーは希少かつ模倣にコストのかかるケイパビリティ（能力）が，持続的競争優位をもたらす要因であり，特に魅力に乏しい業界で競争している企業には重要な競争優位の源泉となると述べている[9]。そして企業が自らの力でコントロールできる競争優位について，次の３点をあげている。

① 持続的競争優位を左右する要因は，所属する業界の特質ではなく，その企業が持つケイパビリティである。
② 希少かつ模倣にコストのかかるケイパビリティは，その他の資源より

も，持続的競争優位をもたらす要因となる可能性が高い。
③　企業戦略の一環としてのこの種のケイパビリティの開発をめざして，そのための組織が適切に編成されている企業は，持続的競争優位を達成できる。

またバーニーは，いったん経済的価値を生み出し，希少性があると確認された資源は少なくとも一時的な競争優位の源泉にはなり得るが，さらにそれを維持させるためには模倣困難性がなければならないとして，あくまでも個々の企業が保有するユニークで模倣困難なリソースが持続可能な競争優位をもたらすと主張している。

これらの先行研究から組織能力は，組織目標達成のために経営資源を組み合わせながら，それを活用していく力であり，企業によって異なる個々の企業の特異な能力という。

ティースら（Teece, D. J. & Pisano, G.）は，環境適応力，イノベーション力，経営能力こそが競争優位の源泉であるとし，それをダイナミック能力（Dynamic Capability：DC）と名づけた[10]。つまり，ダイナミックに変化する環境のもとで有効に組織能力を発揮できる能力ということである。またティースらは，企業のダイナミック能力を決めるものは3つのP，すなわちプロセス，ポジション，パスであると述べている。プロセスは管理プロセスや組織プロセスを指す。ポジションとは企業が保有している有形，無形の資産に人的資源を加えたものである。パスとは企業が利用できる戦略代替案のことであるが，それには経路依存性があるとしている。経路依存性とはある時期に生じた事象がそれ以後の時期の事象に大きな影響を及ぼすことを意味する。つまり企業が利用できる将来の戦略代替案は，企業の現在のプロセスやポジションによって制約され，方向づけられることを明示している。

アイゼンハートとマーチン（Eisenhardt, K. M. & Martin, J. A.）は，ダイナミック能力を組織プロセスであると捉えて研究を行なっている[11]。彼らはダイナミック能力そのものは企業の持続的競争優位（Sustainable Competitive

Advantage：SCA）の源泉にはならないが，それを競合他社よりも速くより機敏に利用することによって，競争優位をもたらす資源配列を創り出せば，ダイナミック能力はSCAの源泉になりうると述べている。つまり先行優位を利用して他社が簡単には模倣できないような資源を獲得し，それを基礎に戦略を展開すれば，競争優位を持続できると指摘している。彼らはSCAの源泉はダイナミック能力そのものではなく，ダイナミック能力を用いてマネージャーが構築した資源配列にあるのだと述べている。またアイゼンハート&マーチンは，経営資源に基づく企業観（RBV）が，競争変化が安定的な環境を前提としているため，急速な変化のときに環境の変化を予測することは難しく，このような状況で一時的な競争優位はともかく，持続的な競争優位を持続していくことは基本的に不可能であると述べている。ボウマンら（Bowman & Ambrosini）も，ダイナミック能力の論議は，資源の創造や再配置に関するものが多いが，環境の変動をはじめに把握できないと有効な資源配列を行なうことができないと述べている。そこでアイゼンハート&マーチンは，環境変動が穏やかな市場と急激に変化する市場に分け，その環境変動の状況によってダイナミック能力発揮のプロセスが違うことを説明している。穏やかな市場は，既存の蓄積された知識と経験によって予測や対応が可能な状況である。これらの場合のダイナミック能力は実行前の学習によって形成できる。つまり予測可能な環境変化に対しては，事前の準備をしっかりと行なうことで，有効な資源配列を行なっていくことができるのである。ウインター（Winter）は，このような特定の環境を前提にして特定の活動目的のもとに効率的視点から資源の調整およびコントロールする能力をオペレーショナルな能力（Operational Capability：OC）とよんでいる。しかし急激に変化する市場では，業界構造，利害関係者も曖昧で，市場変化の因果関係も曖昧である。このような市場では，既存知識や経験への依存度は低くなり，むしろ新しい知識を素早く取り入れていくことが必要となる。そこでは実行による学習，つまり資源配列をしながら次の資源配列について準備していく

ことが必要になってくる。実行による学習は動的環境において必然的であると同時に環境の変化に応じて頻繁にルーティンの修正や創出が繰り返されることから，学習結果の効力の持続性がないと述べている。つまり環境変動が激しい中で競争優位の持続性を実現するためには，一連の一時的な競争優位の積み上げこそがダイナミック能力にとって有効なのである。アイゼンハート＆マーチンは，これらの環境変動を考慮に入れて，一層すばやく，巧みに，幸運を活かしてダイナミック能力を活用する能力こそが持続的競争優位の潜在的能力になるとしている。このような能力の源泉はプロトタイピング的発想によって迅速な試行と迅速なフィードバックによって迅速な新知識の獲得を可能にする。すなわち実行による学習によって醸成されるのである。

(3) 成果物を生み出すためのイノベーション

組織が活性化し持続的な成長を維持していくためには，持続的なイノベーションを行ないながら付加価値の高い成果物を生み出していくことが必要となる。しかしそう簡単にイノベーションを生み出していくことはできない。いかに持続的なイノベーションを行なっていくのか。ここではイノベーションについての代表的な先行研究について考察する。

クリステンセン（Christensen, C. M.）は，イノベーションを漸進的と急進的とに分けることによって説明している。新しい技術が生まれるとしばらくの間はその技術の改良に開発努力が注入されて，その性能は徐々に向上していく。これが漸進的イノベーションである。しかしその技術進歩の軌跡は一般にS字型の曲線を描き，やがて開発努力を注入してもその進歩がほとんど望めなくなる。そのようなときに代替的な新しい技術が生まれてくる。旧技術から新技術への移行を急進的イノベーションという。急進的イノベーションを実現するには，過去に蓄積してきた知識や能力とはまったく異なるものが必要になるために，旧来の技術で成功してきた既存のリーダー企業は一般にそれに対応できない。

またクリステンセンは持続的イノベーションと破壊的イノベーションという概念も述べている。持続的イノベーションとは，市場の主要顧客が今まで評価してきた性能指標からみて，既存製品の性能を向上させる性質のものである。漸進的なイノベーションだけでなく急進的なイノベーションも含まれる。これに対して破壊的イノベーションとは，市場の主要顧客が求める指標では低い性能しか発揮できないが，それとは異なる指標では他の顧客層から高く評価される性能をもつ新製品を生み出すものである。

短期的にはリーダー企業は持続的イノベーションを追求して市場の主要顧客を相手に事業を発展させ，他方破壊的イノベーションに成功して新製品を提供する新規参入企業は新しい市場ないし顧客層を開拓することによって成長するというすみわけ図式が成立する。

リーダー企業の持続的イノベーションが成功するのは，競争優位を獲得するために，毎月，毎年，改良した新製品を発売するたびに技術の可能性を評価し，新しい持続的技術に対する顧客の需要を予測するプロセスを開発してきたからである。要するに学習を通じて持続的イノベーションを実現するのに必要なプロセスを精緻化し，組織に組み込んでいるのである。しかし破壊的イノベーションは極めて間欠的にしか生じないので，それに対処するルーティン化したプロセスをもっている企業はない。さらに破壊的製品は1個あたりの利益率が低く，リーダー企業の価値基準には合わない。かくしてプロセスと価値基準からみて，リーダー企業が破壊的技術に取り組むことはまれで，したがって破壊的イノベーションに成功することはほとんどない。

これに対して新興ベンチャー企業では，市場規模が小さくて利益率が低い技術や事業案でもその価値基準に矛盾しない。またベンチャー企業は確固とした組織プロセスはないので，直感によって事業を進めていく。したがって業界のリーダー企業よりもベンチャー企業のほうが破壊的イノベーションに成功する確率は高いのである[12]。

リーダー企業で成功しているところは，以下のような方法でそれを実現し

ていることを明らかにしている[13]。
① 破壊的イノベーションの開発と商品化は，既存組織から隔離された別の組織に任せる。
② 破壊的イノベーションの開発は，小さな機会や小さい利益でも熱心に取り組む小さな組織単位に任せる。
③ 破壊的イノベーションに取り組むにあたっては，もとの組織の資源の一部は利用するが，そのプロセスや価値基準は適用しないように注意する。
④ 破壊的イノベーションの商品化にあたっては，その破壊的製品の属性を高く評価する新しい市場を開発または発見することによって行なう。

つまり破壊的イノベーションの開発と商品化には，既存組織からのさまざまな制約を受けずに，しかし既存組織の資源の一部を利用しながら破壊的イノベーションの開発と商品化に向けて行動できるような組織を作っていくことが必要である。

以上のような方法をとれば，リーダー企業でも破壊的イノベーションに成功することができる。またこれらの方法を実行する能力を組織能力として構築することは可能である。したがって変化が非常に速い環境や破壊的イノベーションが生起する環境に，効果的に対処できる組織能力あるいはダイナミック能力を構築することは，決して不可能なことではない。

名和高司はイノベーションを進化という言葉に置き換え，その進化には深化，新化，伸化という3つの段階があることを説明している[14]。その中で「深化」とはクリステンセンの持続的イノベーションと，また「新化」とは破壊的イノベーションと同意であるが，企業が競争優位性を持続していくためには，「伸化」にも注力していくことが必要であることを指摘している。伸化とはすべての企業は本業をもっているが，その本業の周りには必ず拡業の可能性が潜んでいる。自社の本質的な強み（DNA）を見据え，外部資源を最大限に生かしながら，拡業による成長を加速させることが伸化だと説明し

ている。

3. 組織能力

　フランスの文化人類学者であるクロード・レヴィ＝ストロース（Lévi-Strauss, Claude）は，自身の著書である『野生の思考』の中で，ブリコラージュ（Bricolage）という概念を述べている。ブリコラージュとは寄せ集めて自分で作る，ものを自分で修繕することで器用仕事とも訳されている。またブリコラージュする職人をブリコルール（Bricoluer）といい，すでにあるものを寄せ集めて物を作る職人でより創造性が必要とされるといっている[15]。つまり周りにあるさまざまな物を集めて，組み合わせ，その本来の用途とは違う用途のために使うものを生み出すのである。

　クーニャ（Cunha, M. P.）は，アイゼンハートとマーチンの実行による学習を実行と考案の同時性といい，それを組織的即興という言葉で説明している。即興とは行為をしながら計画が練り上げられ，それが次の行為に頻繁に反映されるという活動をいう。組織的即興とは，物的，認知的，感情的そして社会的資源を利用して，組織およびメンバーによる行為を展開しながらの行為の考案と述べている。このような組織がもつ能力，つまり即興的能力（Improvisation Capability：IC）こそが環境変動が激しい中で持続的競争優位を維持できる能力であるといえる。即興的能力とはもちうる小規模な資源から，これまで以上に幅広い有用性を見出し，それをもとに資源配列を行ない，新たなるものやサービスを実現化しようとする能力である。

　嶋口充輝は，世界的な抽象画の大家であるシケロイスが絵画制作の極意とした「誘導される偶発」という言葉を用いて説明している。誘導される偶発とは偶発を大切にし，自らの意図と調整しながらそれを積極的に受け入れていく方が絵画の完成度が高くなるというものである[16]。

　沼上幹は，経営戦略における間接性や意図せざる結果を指摘し，環境を構成する行為主体者たちが彼らの目的を追求する過程で意図せざる結果を生み

出し，それが企業の直面する不確実性になったり，企業が活用するべき経営資源の一部になったりすることを述べている。環境の予測が困難で変動が速い環境の中で，組織が活性化し持続的な競争優位を維持していくためには，即興的能力やブリコラージュする能力を使いながら，まず実践してみることが組織に求められる。またそこから得られた意図する結果をだけでなく，意図せざる結果についてもしっかりと認識し，その結果を踏まえてまた次の手を打つ。そのサイクルを繰り返すことによって，新しい知恵が生まれてくると考える。

　ペンローズ（Penrose, E. T.）は，テイスト，精神を共有することが企業が成長していくための源泉であるし，組織メンバーが仕事をともにすることの大切さを説いている。ペンローズは成長する企業はいったいどんなプロセスで成長していくかを考察した。その結果成長率には限界があるが，成長には限界がないといっている。1人の人間によって統率可能な規模には限界がある。しかし実際に成長して大きくなった企業では，1人の個人ではなくマネジメントチーム（management team）とよばれる一団によって組織がコントロールされている。マネジメントチームとは，ペンローズによれば創業者と苦楽をともにし一緒に働いた経験をもった集団である。つまり創業者のテイストを引き継いだ真の後継者たちの集団ということになる。創業者の精神は創業者の死後も彼らの中に宿り，創業者とは一面識もない若手社員にも引き継がれて，世代を超えた不変の精神として受け継がれていく。そして会社の将来，命運を決めるような重大な決断を迫られたときに，このテイストが決定的に重要な役割を果たすことになるのである。それは，野中・嶋口のいう場の共有と自社にとっての絶対的価値の追求と同じことになる。そしてペンローズはマネジメントチームのメンバー候補者は，時間がかかっても，ともになすべき仕事をもたなければならない。だから新しい企業は小さな組織規模からスタートせざるをえないし，一緒に働いた経験を積んだマネジメントチームは徐々にしか大きくすることができない。そのため企業の成長率には

経営的限界があるが，しかし成長（規模）には経営的な限界がないといっている。場をともにし仕事をともにしていくことで，そのテイストすなわち組織の合理性を身につけていくことができると考えたのである。新人は組織に入りたてのときは何もわからない状態である。しかし徐々に組織に参加していくことにより，組織のテイストを感じとり，より一層深くものごとにコミットするようになっていく。これを正統的周辺参加とよんでいる。つまり組織にとって，時間と世代を超えた不変の精神を正統的周辺参加によって徐々に身につけていくことになる。ペンローズがいう一緒に働いた経験をもつためには時間を費やさなければならないし，この時間をかけることによってその組織独自のテイストを作り，そのテイストが無形資源としての競争優位の源泉になっていくと考える。

　バーナードは組織の成立条件として，① コミュニケーション，② 貢献意欲，③ 共通目的をあげているが，正統的周辺参加によって習得した組織のテイストが，コミュニケーションの質にも影響を与えると考えた。それを，ホール（Edward, T. H.）は，高コンテクスト・コミュニケーション（High context Communication：HC）とよんでいる。一般的なコミュニケーションは低コンテクスト・コミュニケーション（Low context Communication：LC）といわれ，情報の大半は言葉の形にコード化されてメッセージとして伝達される。それに対して高コンテクスト・コミュニケーションは，情報のほとんどがコンテクストの中に内在化されメッセージ自体の情報が非常に少ない状態をいう。つまり言葉少ないコミュニケーションが行なわれるということである。一般的にアメリカの文化は低コンテクストであり，日本はその場の状況を察するという高コンテクストな文化であるといわれている。正統的周辺参加によって低コンテクストを前提としているコミュニケーションから，高コンテクストを前提としたコミュニケーションに移行していくのである。つまり組織メンバーは言葉でコミュニケーションをとりながら組織の中で行動していくのではなく，テイストを感じとりながら組織の中で行動していくとい

うことになる。これは人的資源が作り上げた，競争優位性のある無形の資源の1つといえる。

ここまで組織が活性化し持続的な競争優位を維持していくための組織能力について考察してきたが，経営資源，組織，成果物の点からまとめていきたい。

まず，持続的な競争優位を維持していくための経営資源であるが，企業特異性のある無形資源をあげることができる。具体的には組織メンバーが企業活動の中で蓄積してきた知識がそれに当たる。蓄積という言葉からも，時間をかけて作り上げられる資源であるが，組織メンバーが仕事をともにし，その組織らしいテイストである組織の合理性によって，その知識が作り上げられていく。組織に投入する有形資源での競争優位性はなくても，資源配列を行なう組織がもつハイコンテクトな組織の中で培われた企業特異性の高い無形資源によって，その組織らしい成果物を生み出すことにつながる。

次に組織について考察する。企業を取り巻く環境の変化が激しい中では臨機応変に対応していく即興的能力が求められ，また持続的な競争優位の源泉になりうる有形資源の獲得が難しい中では，身の回りにある資源を組み合わせるブリコラージュする能力が求められる。これらの能力は仕事をともにすることで得られるテイスト，つまり組織の合理性とそこから生まれる高コンテクストなコミュニケーションによって，その組織らしい行動が生まれ，より即興的能力やブリコラージュする能力を高めていくことができる。それが組織を活性化し，持続的な競争優位を維持していくための源泉となりうるのである。

4. 組織がもつべき要件

上記の組織能力やイノベーションに関する先行研究を踏まえ，組織が能力を発揮するためにもつべき要件として以下の4つをあげたい。

① 価値観の共有：従業員の能力を同じ方向に束ねていくためには，短期

的な目標だけでなく，長期的な視点に立った企業のミッションやビジョンを従業員が共有し，その事業の社会貢献性などを従業員が実感できるようにしていくことで従業員の能力を同じ方向に束ねていくことが必要である。また野中・嶋口が述べている自社にとっての絶対価値の追求はその組織文化の独自性を高め，それによって組織への帰属感を高めていくことができる。

② イノベーション力：クリステンセンの先行研究からも企業が持続的に発展していくためには，イノベーションが必要であることがわかった。また名和の述べている3つの進化から，自社の強みをより掘り下げていく深化や，破壊的イノベーションである新化を求めるだけでなく，外部資源も最大限に活用し拡業していく伸化の必要性も指摘した。変化の激しい経営環境の中では，他社と資産を共有し，その資産を組み合わせながら新しい価値を生み出していくことも求められている。

③ コミュニケーション力：バーナードは組織成立の3要素の1つとしてコミュニケーションをあげている。その中で組織の目的を達成するための諸活動を調整するためにもコミュニケーションが不可欠であるとし，コミュニケーションは組織の構造や範囲を基本的に決定するものとして3要素の中でも特に重視されている。

④ エンパワーメント力：エンパワーメントとは従業員個々人がフラストレーションなく存分に実力を発揮できるような権限と職場環境を整備することである。個々人の能力を発揮できる職場環境とは，職場の物理的環境のほかに，就業スタイル，福利厚生などさまざまな要素が関係してくる。こうした環境は，働く意欲の向上にとって十分条件とはいえないものの必要条件として重要な意味をもっている。

5. 持続的な組織活性化とは

　ダイナミックに変化する環境のもとで持続的に組織を活性化していくために必要な組織能力とはどのようなものなのか。海外の研究では，トム・ピーターズ，ロバート・ウォーターマン（Peters, T. J. & Waterman, R. H. Jr.）の『エクセレントカンパニー』やジェームス・C. コリンズ，ジェリー・I. ポラス（Collins, J. C. & Porras, J. I.）の『ビジョナリーカンパニー』などが有名であるが，日本企業を対象に長期的な時間軸で研究を行なっている例はあまり見ることができない。現代は，企業を取り巻く環境変化のスピードが増し，業界によっては事業の寿命が20年や10年といわれるまでになってきている。さまざまなレベルでの多様化・複雑化が進行する今日，持続的成長企業がいかに変化に対応してきたかを研究することは，まだ会社の設立から年数が浅い企業が長寿企業となるべく持続的発展を行なっていくための示唆を得ることができる。

　企業の長い歴史においては，どんな企業も大小の差はあれ危機や環境の変化に直面している。このような危機や変化などの転換点において，企業はどのように成長や自己変革を行なっていったのかが，その存続の成否を大きく左右するのである。

　これらのことから，組織が活性化し持続的な競争優位を維持していくためには，組織メンバーが価値観を共有し，イノベーション力とコミュニケーション力，そしてエンパワーメント力を発揮しながら資源配列を行なっていくことが必要である。また環境の変動が激しい中では，即興的な能力やブリコラージュする能力を発揮し，他社と資源を共有しつつ資源配列を繰り返し行なっていくことで，組織が活性化し，持続的な競争優位を維持していくことに繋がっていくのである。

6. これからの組織に求められる要件

　本章では，まず組織が活性化し持続的な競争優位を維持していくために必要な資源を列挙した。この中には組織が競争優位性を発揮するために獲得すべき資源と，それを維持するための資源があり，また個々の資源が組織というプロセスを通じて組み合わされ，競争優位性の高い成果物を生み出していくためには組織能力が重要であることがわかった。

　しかしこの組織能力は，持続的イノベーションの場合は競争優位を獲得し維持していくことができても，破壊的イノベーションの場合は障害にさえなりかねない。持続的に競争優位性を維持していくためには，持続的イノベーションまたは深化や伸化を行ないながら，破壊的イノベーションつまり新化も創造できる組織体制を作り上げていくことが必要となる。また組織能力を発揮している企業を検証する中で，日本企業でも高い組織能力を発揮している企業が多々あることがわかった[17]。これらの企業を検証してみると持続的な競争優位を維持している企業は，投入する資源そのものよりも，その資源の組み合わせを行なう組織能力によって生み出される成果物に影響を与えている。資源の組み合わせ，つまり資源配列を行なっていくのは組織メンバーである。組織が活性化し，持続的な競争優位を維持していくためには，個々の組織メンバーの能力を組み合わせて統合した上で，有形，無形の資源の力を最大限に発揮できるような資源配列を創り出していくことが必要なのである。

注)
1) 創業100年以上の企業（個人経営，各種法人含む）を集計し，創業時期別，都道府県別，業種別に分析を行なっている。
2) 伊丹敬之・加護野忠男『ゼミナール経営学入門』日本経済新聞社，2003年，152～153ページ
3) 加護野忠男『企業の戦略』八千代出版，2003年，35～40ページ

4) 野中郁次郎・嶋口充輝『経営の美学』日本経済新聞出版社，2007年，iv〜vページ
5) 知の創出に方向性を与えていくことを経営における知の綜合化といっている。
6) 野中郁次郎・嶋口充輝『経営の美学』日本経済新聞出版社，2007年，vページ
7) Barnard, C. I., *The Functions of the Executive*, Harvard University Press, 1938.
8) バーニー, J. B. 著，岡田正大監訳，久保恵美子訳『リソース・ベースト・ビュー』ハーバード・ビジネス・レビュー，2001年，80〜81ページ
9) 同上
10) Teece, D. J. & Pisano, G., "The Dynamic Capabilities of Firms : an Introduction", *Industrial and Corporate Change*, Vol.3, No.3, 1994, p.158.
11) Eisenhardt, K. M. & Martin, J. A., "Dynamic Capabilities", *Strategic Management Journal*, Vol.21, 2000, p. 1117.
12) Christensen, C. M. は *The Innnovator's Dilemma* の中でリーダー企業が持続的イノベーションには成功するが，なぜ破壊的イノベーションには失敗するのかを説明している。
13) Christensen, C. M., *The Innnovator's Dilemma*, Harvard Business School Press, 2000, pp. 113-114.
14) 名和高司『学習優位の経営』ダイヤモンド社，2010年，27ページ
15) Lévi-Strauss, Claude, "La Pensée sauvage", Librairie Plon, 1962.（大橋保夫訳『野生の思考』みすず書房，1976年）
16) 偶発を大切にした方が，絵の完成度が高くなるというものである。
17) リクルートマネジメントソリューションズ『日本の持続的成長企業』東洋経済新報社，2010年

▶ 学習の課題

1 競争優位性のある経営資源とはどのようなものなのかを先行研究に沿って整理してみよう。

2 組織が持続的な成長を維持していくために必要なイノベーションについて，具体的な企業のケースに当てはめながら考察しよう。

3 持続的な競争優位を維持していくために必要な組織能力についてまとめてみよう。

◆ 参考文献

Barnard, C. I., *The Functions of the Executive*, Harvard University Press, 1938.

バーニー,J.B.著,岡田正大監訳,久保恵美子訳『リソース・ベースト・ビュー』ハーバード・ビジネス・レビュー,2001年
Christensen, C. M., *The Innovator's Dilemma*, Harvard Business School Press, 2000.
Eisenhardt, K. M. & Martin, J. A., "Dynamic Capabilities", *Strategic Management Journal*, Vol.21, 2000.
Grant, R. M., *Contemporary Strategy Analysis*, 4 th ed., Blackwell, 2000.
Teece, D. J. & Pisano, G., "The Dynamic Capabilities of Firms : an Introduction", *Industrial and Corporate Change*, Vol.3, No.3, 1994.
ピーターズ,T. J. & ウォーターマン,R. H. Jr.著,大前研一訳『エクセレントカンパニー』講談社,1983年
伊丹敬之・加護野忠男『ゼミナール経営学入門』日本経済新聞社,2003年
加護野忠男『企業の戦略』八千代出版,2003年
中橋国蔵『競争優位の持続可能性』東京経済情報出版,1997年
遠山暁『組織能力形成のダイナミックス』中央経済社,2007年
名和高司『学習優位の経営』ダイヤモンド社,2010年
野中郁次郎・嶋口充輝『経営の美学』日本経済新聞出版社,2007年

● 第12章のポイント
■ さまざまな事象，場面においてパワーの行使が確認される。それらを大きく分類すると，個人間におけるパワー，組織内外のサブユニット間におけるパワー，さらには組織間におけるパワーという3つに区分できる。
■ パワーを獲得し，それを行使するためには，両者間に相互依存性が存在すること。そして，当該他者にとって重要かつ希少な資源を自身が有していることがポイントになる。

🔘 基本用語
【相互依存性（interdependencies）】　ある行為主体がある行為を実現するために，つまりその行為で求める結果を得るために不可欠の諸条件をすべて完全にコントロールすることができない場合に存在する行為主体間の関係。
【コンフィギュレーション（configuration）】　組織が成長発展していく過程のある一定期間に，組織構成や構造の特徴として表れる諸連合体。

第12章　パワーの枠組みと諸理論

　組織（企業，病院，NPO，スポーツチームなど）は，人間の生活にとって不可欠である重要な要素を有している。複数の人間によって形成される組織は，一人ではなしえない多くの活動や事業を可能にする。そのため，組織は生活基盤の確立や，経済生活の向上，さらには「豊かさ」や「満足感」の向上による文化的な生活の実現といった多くのメリットをもたらす。

　組織における多くの活動は相互依存性に満ち溢れており，物事を成し遂げる，決定を実行するといった際には組織内外における協力者の存在や協働が必要不可欠である。しかし，組織には多様な個性や価値観をもった人びとが働いており，組織はさまざまな目標や利益を追求する個人やグループの複雑な集合体でもある。そのため，組織の内外で協力者やコンセンサスを得ることは容易ではなく，コンフリクトに対処し，交渉し，時には政治を行ないながら物事を前進させるスキルと能力が求められる。

　私たちは，組織における活動において個人が自己の意図に反して行為を強制される，または強制力を働かせる場面を多く目にするはずである。たとえば，上司の命令に従順な部下や，上司を説得し自分に有利な状況を創りだす部下といった場面がそれにあたる。前者は職位に基づく権限から生じる状況であり，後者は部下の専門性によって上司が従わなければならないという状況かもしれない。近年，このような相互依存関係における強制力の行使を説明する概念として，組織における「パワー（Power）[1]」が捉えられている。また，このようなパワーの行使は，集団や組織間においても見受けられる。本章では，パワー理論とそれにまつわる諸理論を整理することで，パワー・メカニズムを理解し，効果的にパワーを用いるための基本的な知識を概観する。

　なお，本章ではパワーを「ある行為主体（A）が他の行為主体（B）の行

動に影響を与え，AがそうさせなければしなかったことをBにさせる潜在的能力」と定義する。このパワーの定義には，①潜在能力でよいこと，つまり，パワーは存在しても行使されない場合もあること，②相互依存関係において生起する概念であること，③B自身が自分の行動にある程度の裁量をもっていることが包含されている。また，パワーは公式的な権限や権力，権威と比較されることがよくあるが，その両義性を含んだ概念と位置づけておこう。

1. パワー研究の史的展開

　パワー研究は，経営学の隣接諸科学，たとえば社会学や政治学，あるいは心理学等の多彩な学問領域でも関心がもたれてきたテーマである。またパワーにまつわる研究はコンフリクトや政治，組織間の関係，社会的問題に関するものから意思決定や戦略形成プロセス，さらには組織行動に頂点を当てたものなど比較的多岐にわたる。そのため，その研究成果について全体像が見えにくいという指摘もある（山岡，2004a；2004b）。

　そこで，本章では，経営管理論・組織論の周辺領域に焦点をあて，パワーに関する研究動向を整理することとする。さまざまな定義が存在し，共通したパワーの定義が存在するわけではないが，現在パワー研究の主流となっているアプローチは，組織の意思決定等におけるパワー関係に対してアプローチするものである (Dahl, 1957; French & Raven, 1959; Pfeffer, 1981; Mintzberg, 1983)。ここでは，パワーを影響力の基盤と定義して，コントロールのメカニズムを明らかにすることを主たる目的にしている。また，パワー研究における対象は，組織内における個人間パワーと組織内外のサブユニット間におけるパワー，さらには組織間パワーの3つに大きく大別できる。個人間パワーとは，組織内部の特に対個人間における影響力過程としてのパワーである。組織内外のサブユニット間におけるパワーとは，それらのサブユニット間に生起するパワーである。そして，組織間パワーとは，ある組織と他組織

間において生起するパワーをさすものである。

2. 組織内における個人間パワー

　経営学におけるパワーの研究の源流としては，一般的にダール（Dahl, 1957）の研究があげられる。ダールはパワーを「Bがさもなければ行なわなかったであろうことを，AがBにさせる程度に応じてAはBへのパワーを有する」と定義している。このようにダールは特定の成果を保証できる能力としてパワー概念を捉えた。つまり，パワーを個人的属性として捉えていたのである。そして，パワーの大きさは個々人に個別に備わる絶対的な量として想定され，多様な他者との相互作用においても，常に一定の効果を保証できる個人属性として考えられる。

　エマーソン（Emerson, R. M., 1962）は依存の概念を明確に提示することで，パワー関係を成立させる基盤について言及した。エマーソンはパワーを「AがBに対してもつパワーとは，Aによって潜在的に克服されうるBの側の抵抗量」であると定義し，パワーが成立するにあたって，依存と，その形態によってパワーの強さが変わってくることを主張した。また，依存の形態において，一方的依存と相互依存の違いを説明している。つまり，一方的依存の論理に従うと，パワーは「言うことを聞かせる人間と言うことを聞く人間」という単純な図式に帰着してしまう。しかし，相互依存の論理では，どちらかが一方的にパワーがあるというわけではなく，「ここまでは要求できるが，これ以上はできない」，「今回は要求が通ったが，次は相手の要求を呑まなくてはならない」というような，より複雑な状況が生じることになる。このようにエマーソンはパワーを「強い相手が一方的に相手に言うことを聞かせる」というだけの単純な現象から，「社会科学として研究に耐えうる複雑な現象」であることを理論面から補強したのである。このエマーソンによるパワー概念の特徴は，①パワーは個人がもつ属性ではなく，個人間の依存関係として捉えた点，②依存関係の規定要因を，パワーの行使主体がもつ特定の

能力ではなく，影響の受け手が持つ依存動機，依存対象の代替性に求めた点にある。

さらに，フェファー（Pfeffer, J., 1992）は個人間におけるパワーを「行動に影響し，出来事の流れを変え，抵抗を乗り越え，これがなければ動かない人びとに物事を実行させる潜在的能力」と定義している。そして，フェファーらは影響力を「この潜在的なパワーを活用し実現することからなるプロセス」と捉え，パワーと影響力とを明確に区別している。

エマーソンやフェファーらの定義に依拠すると，おそらくパワーの最も重要な側面は，パワーを行使する主体とその客体の両者が相互依存関係かつ相関関係にあるということであろう。つまりBのAに対する依存度が高いほど，2人の関係におけるAのパワーは大きくなる。そして依存は，Bが認知する選択肢と，Aが支配する選択肢にBが付与する重要性に基づいているといえる。

3. 個人間パワーの源泉

パワー関係が影響の受け手のもつ依存性によって規定されるとするならば，影響の受け手は相手が保有する特定の資源を認め，その資源に関係上で依存するがゆえに，本来ならば拒否するような相手からの要求にも応じざるをえない立場にあるといえる。このような相互依存関係におけるパワーの源泉を分類した研究としては，フレンチとレイブン（French, J. & B. H. Raven）の研究があげられる[2]。フレンチとレイブンはある行為者（O）が他の行為者（P）にパワーを行使する際には，次の6つがパワーの源泉もしくは供給源になることを示している。

1. 報酬に基づくパワー（reward power）：「Pに対して報酬をもたらす能力を，Oが有するというPの認知に基づくパワー」

影響の与え手からの依頼や指示，命令などの働きかけに従うことによっ

て，受け手に特定の報酬が与えられると受け手が認知する場合，受け手はその働きかけに従う可能性が高くなる。具体的には，OがPに対して給与や昇給，さらには好意的な業績評価や昇進をもたらす場合や，優遇された勤務時間や勤務場所をもたらす場合においてOはPに対して報酬パワーを有する。

2．強制パワー（coercive power）：「Pに対して制裁を加える能力を，Oが有するというPの認知に基づくパワー」

フレンチとレイブンによると，強制パワーは恐怖心に依存するものと定義されている。つまり，ある人物が指示や命令に従うのは，そうしなければ良くない結果が起こるという恐怖心からである。このように，強制パワーは，苦痛や制裁を与えること，あるいはそうすると脅かすことによって成り立っているといえる。具体的にはOがPを解雇・停職・降格に処することができる場合や，Pの嫌がるような業務を命じることができる場合に，OはPに対して強制パワーを有する。また，報酬パワーと強制パワーは対を成すものと考えられている。もし，他者から価値のあるものを奪うか，好ましくないものを与えることができれば，その人物に対して強制パワーをもつことができる。また，価値のあるものを与えたり，好ましくないものを排除することができれば，報酬パワーをもつことができるであろう。

3．正当性パワー（legitimate power）：「Pの行動を規制する正当な権利を，Oが有するというPの認知に基づくパワー」

公式の集団および組織においてパワーを手に入れる最も一般的な方法は，おそらく構造上の地位を通じてであろう。つまり，正当性パワーとは，組織の公式的地位の結果として得られる権限によるパワーである。確かに，権威ある地位には強制パワーや報酬パワーも備わっている。しかし，正当性パワーは強制パワーや報酬パワーよりも範囲が広い。具体的にいえば，正当性パワーには組織メンバーによる職位権限の容認が含まれる。たとえば企業のCEOや学校の校長，銀行の頭取がなにか言えば，社員や教員，窓口の従業員は傾聴し，たいてい従うのである。

4．専門性パワー（expert power）：「Ｏの専門性をＰが認知することに基づくパワー」

Ｏが特定の領域に関する専門的な知識や技能を身につけているとＰが認知する場合，受け手は高い専門性を有する相手からの働きかけに従う可能性が高くなる。この時ＯはＰに対して専門性に基づくパワーをもつといえる。たとえば弁護士－依頼人や，医師－患者の関係がそれにあたる。私たちの多くは主治医や弁護士のアドバイスに多くの場合従うだろう。なぜならＰは，ある状況で行なうべきことをＯが最もよく知っていると信じているからである。つまり，専門性に基づくパワーは，影響の受け手が相手の専門性を高く評価することによって，初めて効力をもつのである。

5．準拠パワー（referent power）：「Ｏに対してＰが同一視することに基づくパワー」

Ｏがもつ態度や価値観などを理想として認知し，その人物の態度や価値観をＰが取り込もうと同一視する場合，Ｐは理想像としての対象人物の態度や価値観を模倣したり，Ｏからの働きかけに従う可能性が高くなる。この時，ＯはＰに対して準拠パワーを有する。

6．情報パワー（informational power）：「ＯとＰとの間に情報の非対称性があることを，Ｐが認知することに基づくパワー」

情報は，しばしば組織内の個人によってコントロールされる。つまり，Ｐが望む（必要である）情報をＯが有している（コントロールしている）と考える場合，ＰはＯからの働きかけに従う可能性が高くなる。この時ＯはＰに対して情報パワーを有する。

これらの諸資源に基づいて醸成されるパワーに関する共通の特徴は，影響の受け手側が諸資源の重要性をいかに認知するかによって，パワーの効力が左右される点にある。また，これらの諸資源はそれぞれが完全に独立したかたちで影響の受け手から認知されるのではない。

4. 組織内外のサブユニット間におけるパワー

　個人間にとどまることなく組織内におけるその部門や課など、サブユニット間においてもパワーの行使が見受けられる。これは、組織内の各部門や課といったサブユニットが相互に予算や人的資源の獲得をめぐってパワーを行使し合う様子を思い浮かべると、容易に想像がつくであろう。11の企業における33の購買意思決定を分析した調査によると[3]、33の決定事項のうち27で、その意思決定プロセスにおいてかなりの意見対立があり、その解決が必要だったことを明らかにしている。そして、決定が重要になるほど、より多くの人が決定に関与しており、20人以上の人間が関与する決定では、政治的な縄張りを慎重に見取り、それぞれの視点を理解し、決定のプロセスにエネルギーと時間を費やすようになることが示された。また、30の組織のCEO、人事ないし人的資源担当の最高責任者、および下位管理職の3人を対象とした調査[4]では、職能と状況における組織政治・パワーの行使の量を相対的に明らかにしている。この調査結果によると最もパワーが行使されるのはマーケティング、取締役会（役員会）、販売の3領域であり、会計と財務、生産などの職能はパワーがさほど重要ではないことが示された。そして、状況別のパワーの重要度では、組織再編、人事改革、予算配分にはパワーが絡むことが多く、個別の業績標準設定と規則や手続きの変更にはパワーが関わる頻度が少ないことが示されたのである。このように組織内における部門や課といったサブユニット間においてもパワーの行使が確認されるのである。

　経営学の領域では、1970年代から80年代にかけてシステムとしての組織における対立の構造や、その背景となるサブシステムとしての部門間の関係性を分析しようとする研究が展開されるようになった。ヒクソン（Hickson, D. J.）やヒニング（Hinings, C. R.）らによって提唱された戦略的コンティンジェンシー理論（strategic contingencies theory）はこうしたサブユニット間におけるパワーを究明した代表的研究である。ヒクソンら[5]によれば、パワ

ーの行使は，組織が高く評価し，ある特定の行為者によってしか獲得されないもの，たとえば代替不可能なスキルや稀少かつ重要な経営資源を提供する能力に基づくとされている。そして，戦略的コンティンジェンシー理論では，組織の内的な要因による環境適応のメカニズムの解明に向け，組織の環境適応の説明論理としてパワーという概念を用いた。そして，組織内の部門にパワーを生起させる要因について，①不確実性への対処能力，②業務の代替可能性，③業務の流れにおける中心性，という3つの要因から説明することを試みている。

　不確実性への対処能力とは，顧客からのクレームや工場での偶発的な事故など，組織が直面する非定型的業務に対応するスキルのことである。業務の代替性は，ある組織内のサブユニットの業務を他のサブユニットがどの程度代わりに行なうことが可能か否かに依存する。具体的には最も重要視されている製品の技術が，他の事業部の研究開発者に代替されない場合，そのサブユニットは他のサブユニットに対してパワーをもつことになる。最後に業務の流れにおける中心性とは，広汎性（pervasiveness）と即時性（immediacy）という2つの次元から測定される。広汎性とは，あるサブユニットの活動が他のサブユニットの活動とどの程度連動しているか，つまり組織内での業務の浸透度のことを指す。たとえば，各事業部の製品に関するマーケティング活動を本社スタッフが一元的に担っている場合には，そのスタッフ部門の広汎性は高いことになる。一方，即時性とは，あるサブユニットの活動が組織全体のパフォーマンスにどれだけ迅速にフィードバックされているかということである。製品開発や製造，営業などのライン部門と人事や経理などのスタッフ部門，また同じ部門内，たとえば製品開発部門でも，製品開発に直接携わる研究グループと，長期的な基礎研究を行なっている研究グループとでは，前者の方がより即時性が高いことになる。このように，組織内でのサブユニットが，他のサブユニットに対してパワーをもつのは，自己の職務内容において，不確実性への対処能力が高く，代替可能性が低く，そして業務の

中心性が高い場合である。

　ミンツバーグ（Mintzberg, H.）[6]は，組織内におけるパワーを組織社会における社会的な問題として位置づけ，組織に関わるパワー形成の過程の解明を試みた。ミンツバーグは組織現象をよりダイナミックに捉えるために，パワーそのものを分析するのではなく，パワーのプロセスに焦点を当て，パワーが組織の内外のどのような集団から行使され，相互に影響を受けているか，そして組織そのものがどのように変遷し，どのような形態に収束するのかを解明することに研究の視点を置いている。ミンツバーグは組織現象におけるダイナミズムを説明する上での重要な鍵概念にコンフィギュレーションを提唱している。コンフィギュレーションとは，組織図のような表面的で静的な組織の構造ではなく，従業員や集団とそれらを調整するメカニズム，歴史や技術システムなどの環境，あるいは政治的権力といったさまざまな変数が相互に影響した結果，組織が有する状態ないし属性のことである。

　また，ミンツバーグは，組織のダイナミズムに影響を与える集団を，外部連合体（external coalition）と内部連合体（internal coalition）とに大別し，こうした連合体がそれぞれの目的を追求すべく，パワーを行使し合い，それが全体を通しての組織行動に至ると考える。つまり，ミンツバーグは連合体間でパワーが交錯する政治的な場としての組織を想定するのである。また外部連合体とは，株主，供給業者，顧客，同業他社などであり，内部連合体とは，CEO，ライン・マネジャー，スタッフなどから構成されている（図表12-1）。

　このような組織内外における集団がパワーを行使し合い，それが全体として組織行動になるというのである。この時，外部連合体と内部連合体とは単に一定の関係を維持し続けることはありえず，ライフサイクルにおける組織のコンフィギュレーションと連合体間とパワーに関する動態的把握を試みているのである。コンフィギュレーションは，企業が成長発展していく過程において，調整や統制のメカニズム，影響力を強く発揮する集団，パワー関係

図表12-1　組織内外の影響力と連合体

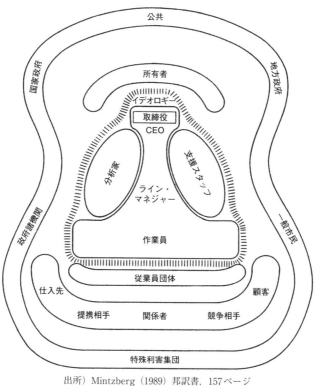

出所）Mintzberg（1989）邦訳書，157ページ

などの変数が変転し，ある一定期間組織に変数の一貫性が保持される安定した状態を指す。たとえば，組織が創業して間もない組織の生成段階では，組織の規模は小さく創業者の直接的な支配が強いため，徹底した集権化によって組織が運営される特徴をもつ起業家的組織というコンフィギュレーションに落ち着く。そのため連合体間のパワーは顕在化しない。次に，成長段階になると，創業者のビジョンが独り歩きし，創業者のイデオロギーによって支配される伝道的組織，規則や制度に支配される機械的組織，さらに支援スタッフ主導による革新的組織という3つのコンフィギュレーションに分化す

る。この3つのコンフィギュレーションはそれぞれ，ビジョンの扇動家，ライン・マネジャー，そして支援スタッフの連合体がパワーを発揮する。

なお，この段階では，金融機関や取引先企業などによる経営権の掌握が起こりやすく，外部連合体のパワーを多分に受ける時期であるともいえる。そして，成熟期に移行すると，官僚制によって外部連合体を排除する傾向にある多角的組織と，高度な専門的知識をもつテクノクラートがさまざまな方向に向かってパワーを行使し合う専門職業的というコンフィギュレーションに分かれる。最終的な衰退段階では，上記の2つの形態が過度に収束，発散し，無秩序なパワーの錯綜に支配される政治的組織なるコンフィギュレーションに移行し，組織として消滅するのである。

このようにコンフィギュレーションとは，組織が成長発展していく過程のある一定期間，組織を構成する諸要素が一時的に均衡した状態になることを意味しており，ミンツバーグはそのプロセスにおいて生起するパワーを動態的に分析したのである。

5. 組織間におけるパワー：資源依存パースペクティブ

これまで，組織内部の特に対個人間におけるパワーやその資源に対するアプローチ，さらには組織内外におけるサブユニット間に生起するパワーやその変動プロセスに関する経時的なアプローチを解説してきた。ここでは組織間の関係性など，ある組織と他組織間において生起するパワーについて解説する。

本章の冒頭でも述べたように，組織における活動の多くは不確実性と相互依存性に満ち溢れている。つまり，組織は決して自己充足的な存在ではなく，環境に対して開かれたシステムであり，環境との関わりなしには存続できない。そのため，組織は，諸資源を所有し，コントロールしている他の組織に依存していると考えられる。たとえば，大企業と下請け企業の取引関係を想定すると，下請け企業は大企業との長期的かつ安定した取引関係を結ぶ

ことで，金融機関やその他の取引先からの信頼や経済的安定が獲得される場合が多い。この場合，下請け企業の存続と成長は大企業との取引関係を維持することに強く依存している。仮に，この下請け企業にとって，他に取引関係を結べそうな大企業が存在せず，一方で大企業には同様の取引関係が結べる中小企業が多数存在するなら，この下請け企業は大企業からの無理難題や過酷な取引条件にも応じなければならない。しかし，逆に下請け企業が模倣困難な高度な独自技術を有している場合や，他の大企業と取引関係を結ぶことができる場合には，大企業に対して有利な条件を提示できる。また，多くの組織が1社ではなく多数の供給業者と取引をする理由も，この原理によって説明できる。このような組織間の依存とパワーの関係を説明する際の有効なフレームワークにフェファーら（Pfeffer & G. R. Salancik, 1978）によって提唱された資源依存パースペクティブ（resource dependence perspective）があげられる。資源依存パースペクティブは，組織を基本的分析単位とし，組織の視点から，組織間関係を取り扱っている。

　組織間のパワー，つまり依存関係は，組織にとって組織の資源が重要であればあるほど，組織がそれ以外の源泉から，必要とする資源を獲得できなければできないほど高まる。そのため，組織間のパワーは，①他組織が保有しコントロールしている資源の重要性と，②他組織以外からの資源の利用可能性（資源の集中度）の関数であると考えられる。つまり，他組織が，当該組織の必要性を満足する資源をもつ程度に応じて，組織がその資源を独占する程度に応じて，当該組織に対するパワーをもつことになる。例をあげると，たとえば部品供給メーカーが購入メーカーに対してパワーをもつのは，部品メーカーの供給する特定の部品が購入メーカーにとって極めて重要かつ稀少で，なおかつ当該部品メーカー以外から購入することが難しい時である。一方，購入メーカーが部品供給メーカーに対してパワーをもつのは，購入メーカーとの取引が部品供給メーカーの全取引に占める比率が極めて高く，しかも購入メーカー以外との取引が困難である場合といえる。

上述の資源の依存とパワーの関係の裏をかえせば依存関係を回避し，減少させることで，パワー関係を変貌させる戦略的な含意があるといえる。フェファーらは，組織の依存関係を操作する戦略として，自律戦略，協調戦略，および政治戦略の3つを提示している。

　自律戦略とは，依存関係を回避したり依存そのものを吸収したりすることである。具体的には，M&Aや事業の多角化などにより資源の内製化などの施策を行なうことである。次に協調戦略とは，相互に依存関係を形成する互恵的な戦略のことである。たとえば，技術協定や価格協定，ジョイント・ベンチャーなどのアライアンスがこれに該当する。この協調戦略は，単一組織としてのパワー行使よりも，複数組織で構成されるネットワーク組織としてのパワーを行使するインセンティブを相手に認知させることが重要になる。最後に政治戦略とは，当該組織の直接的な努力ではなく，第三者的な立場にある政府や業界団体への働きかけや介入によって，間接的に依存関係を調整することである。具体的には，政府や業界に対して交渉し，規制を設けるよう仕向けることによって，依存度を弱めることなどがこれに該当する。

6. まとめ

　本章では個人レベルから組織間レベルに至るまでのパワー関係とその変動について概観した。パワーはさまざまな対象間において生起する潜在的な概念である。そのためそれらを適切に測定する実証研究を展開することは困難であるが，経営学におけるパワー研究は，今後さらなる研究の発展が期待される分野である。そのためにも経営学や研究者間における統一的な定義や研究パースペクティブの構築が望まれるであろう。

　　注）
1)　Powerが政治学や社会学では「権力」や「勢力」と訳される一方で，経営学においてはあえてパワーと訳される。これは用語のネガティブかつポジティ

ブなニュアンスを保持し，相互作用する行為主体を個人に限定することなく，集団や組織さらには社会などのマクロな現象にも適応可能な語彙を持たせる意図があると考えられる。

2) French, J. and Raven, B. H., The Base of Social Power, Cartwright, D. ed., *Studies in Social Power*, University of Michigan, 1959, pp. 150-167, Raven, B. H., A Power, Interaction Model of Interpersonal Influence: French and Raven Thirty Years Later, *Journal of Science Behavior and Personality*, Vol. 7, No. 2, 1992, pp. 217-244.
3) Martin Patchen, The Locus and Basis of Influence in Organizational Decisions, *Organizational Behavior and Human Performance*, 11, 1974, pp. 195-221.
4) Dan L. Madison et al., Organizational Politics: An Exploration of Managers' Perceptions, *Human Relations*, 33, 1987, pp. 79-100.
5) Hickson, D. J., Hining, C. R. and Lee, C. A., A Strategic Contingencies Theory of Intraorganization Power, *Administrative Science Quarterly*, 16, 1971, pp.216-229.
6) Mintzberg, H., *Mintzberg, On Management*, The Free Press, 1989.（北野利信訳『人間感覚のマネジメント』ダイヤモンド社，1991年）

▶ 学習の課題

■1 個人間においてパワーが行使された身近な事例をあげ，依存関係とそのパワーの源泉について考えてみよう。

■2 企業の組織内外で生起するパワーについて具体例をあげ，その要因を考えてみよう。

◆ 参考文献

Dahl, R. A., *The Concept of Power, Behavioral Science*, Vol.2, 1957, pp. 201-215.

Emerson, R. M., Power- Dependence Relations, *American Sociological Review*, 27, 1962, pp.31-41.

French, J. and Raven, B. H., The Base of Social Power, Cartwright, D. ed., *Studies in Social Power*, University of Michigan, 1959, pp. 150-167.

Hickson, D. J., Hining, C. R. and Lee, C. A., A Strategic Contingencies Theory of Intraorganization Power, *Administrative Science Quarterly*, 16, 1971, pp. 216-229.

加藤茂夫編著『ニューリーダーの組織論』泉文堂，2002年

Kotter, J. P., *Power and Influence*, Free Press, 1985.（加護野忠男・谷光太郎訳

『パワーと影響力』ダイヤモンド社,1990年)
Mintzberg, H., *Power in and around organizations*, Prentice-Hall, 1983.
Mintzberg, H., *Mintzberg On Management*, The Free Press, 1989.(北野利信訳『人間感覚のマネジメント』ダイヤモンド社,1991年)
森雄繁『権力と組織』白桃書房,1998年
Pfeffer, J., *Power in organizations*, Pitman Publishing, 1981.
Pfeffer, J. & Salancik, G. R., *The External Control of Organizations: A Resource Dependence Perspective*, Harper & Row, 1978.
Pfeffer, J., *Managing with Power*, Harvard Business School Press, 1992.(奥村哲史訳『影響力のマネジメント』東洋経済新報社,2008年)
Raven, B. H., A Power/Interaction Model of Interpersonal Influence: French and Raven Thirty Years Later, *Journal of Social Behavior and Personality*, Vol. 7, No. 2, 1992, pp. 217-244.
Stephen, P. R., *Essentials of Organizational Behavior*, 5th ed., Prentice-Hall, 1997.(高木晴夫監訳『組織行動のマネジメント』ダイヤモンド社,1997年)
山岡徹「組織におけるパワーのダイナミズム(上)」『横浜経営研究』第24巻,第4号,2004a年,119〜130ページ
山岡徹「組織におけるパワーのダイナミズム(下)」『横浜経営研究』第25巻,第1号,2004b年,119〜130ページ
山倉健嗣『組織間関係論』有斐閣,1993年

● 第13章のポイント

■非営利組織は，企業組織と異なり利益を追求しない反面，法律との関連が強く，独自の目的を追求していることを理解する。

■非営利組織は，企業組織とは異なり合議制に基づいて管理されていることを理解する。

■私たちの身近な非営利組織である医療組織と大学組織における管理の特徴を理解する。

◎ 基本用語

【非営利組織】　非営利組織とは利益を追求しない組織のことを指す。ただし，利益を得てはならないのではなく，得た利益を組織の所有者に分配せず，組織目的のために再投資する必要がある。

【合議制】　非営利組織は，メンバーの合意を基本とする合議制で管理する方が望ましい。合議制では全員一致や多数決などで意思決定される。そのため，意思決定に時間がかかる上，無責任な事態に陥ることがある。

第13章　非営利組織の管理

1. 非営利組織の特徴

(1) 非営利組織とは

　これまで経営学が研究対象としてきたのは，主に利潤追求を目的とした企業であった。しかし，企業以外の非営利組織[1])のもつ社会的重要性は非常に増大している。たとえば，総務省・経済産業省の「平成24年経済センサス」によると[2])，非営利組織の代表的な例である医療組織や大学組織は，従業者数で病院は175万9,677人で第2位，一般診療所は91万5,145人で第8位，高等教育機関は52万9,319人で第20位となっており，非常に多くの人間が従事している。また，付加価値額において，病院は8兆1,699億8,800万円で第1位，一般診療所は4兆2,433億7,400万円で第6位，高等教育機関は4兆587億3,400万円で第8位となっており，病院は第2位の銀行業（7兆2,304億9,100万円）を上回っている。

　このような非営利組織の発展の背景には，社会の目的の多様化とともに，法制度の整備があげられる。日本においても1998年12月に「特定非営利活動促進法」が施行され，それまであまり関心を払われてこなかったボランティア活動などを行なう団体にも法人格が認められるようになり，非営利組織に対する社会の関心が高まった。

　非営利組織は，企業とは異なる特徴をいくつかもっている。第1に，非営利組織は利益の追求を目的せず，得られた利益を分配しないという点である。すなわち，非営利組織は組織の所有者に利益を生み出さず，利益は所有者に帰属しない。そのため，非営利組織が活動によって得た利益は，組織の目的のために再投資される必要があるという特徴がある。

　第2に，非営利組織は法制度との関連が強いという点である。企業は商法

や会社法に基づいて活動することが求められるのに対し，非営利組織は，目的などによりそれぞれの組織ごとに根拠法が存在している。そして企業と異なり，その根拠法によって人員のあり方や施設・設備のあり方まで細目にわたって規定されていることが多く，設置する際にも監督官庁の認可を必要とする場合がある。

(2) **非営利組織の分類**

(1)で見たような特徴をもつ非営利組織は，さまざまな種類が存在する。そのため，非営利組織として一括して取り扱うのではなく，何らかの基準を設けて分類すると理解しやすくなる。

サラモン (Salamon, L. M.) によると，非営利組織は誰に対して貢献するかで，会員奉仕組織と公共奉仕組織の2種類に分類される[3]。このうち会員奉仕組織は，非営利であるが社会全般に貢献するのではなく，その組織に所属している人びとに貢献することを目的としている。これに対して公共奉仕組織は，その組織に所属している人びとに貢献するだけでなく，社会全般に貢献することを目的としている組織である。この分類は厳密なものではないが，アメリカにおいては，税額を算定する時に所得から寄付分を控除できるという税法上の特典が受けられるのが公共奉仕組織だけであることから，重要な意味をもってくる。そのため，一般的に非営利組織として考えられているのは，公共奉仕組織である。

また，公共奉仕組織は行なう事業の内容や，設置や運営の根拠となる根拠法の規定により，①保険医療分野（病院，診療所，老人ホームなど），②教育分野（初等・中等教育，高等教育，図書館，職業学校，各種研究機関など），③ソーシャル・サービス・法律相談分野（個人や家庭福祉，職業訓練，各種宿泊施設，デイケアなど），④市民・社会分野（アドボカシー，地域運動など），⑤芸術・文化分野（楽団，博物館，美術館，植物園，動物園など）へとさらに細分化されている。

2. 非営利組織の管理の特徴

(1) サービスと非営利組織の特徴

第1節で見たように，さまざまな分野で活動している非営利組織では，多くの場合サービス技術が用いられている。このサービスがもつ特徴を踏まえて，非営利組織の管理について明らかにしていく。

① サービスの特徴

サービスは大きく分けて2つの特徴をもっている[4]。

● 提供されるサービスは形をもたない

製造業で提供される製品は，物理的に何らかの形をもっている。これに対して技術を用いて提供されるサービスは，無形でアウトプットされる。そして，サービスは提供と消費が同時に行なわれ，提供と消費にタイムラグ（時間差）を設けることができない。そのため，消費されなくても不良在庫となることがない反面，どこかに貯蔵しておくこともできない。このことから，サービスを受けたい人がいる場所でサービスを提供しなければならず，場所の選定が極めて重要になる。

● サービスは人的要素が大きく関わる

サービスは提供する側も消費する側も大抵は人間であるため，人的要素が大きく関わっている。まず，製品の製造と異なり自動化が困難であるため，労働集約的であり，多くの場合は知識集約的である。また，サービスに関しては提供者と消費者が直接対面して相互作用する機会が格段に多いため，迅速な対応が求められる上，提供者の個人的特性—たとえば話し方，外見，接する時の態度など—がサービスの質に大きく影響を与える。そして，サービスの質の評価は提供者の個人的特性や消費者の感性によって大きく左右されるため，客観的な測定が困難である。

② サービスを用いる組織の特徴

①で見たようなサービスの特徴を踏まえると，非営利組織のようにサービ

スを行なう組織は，次のような特徴をもっている。第1に，サービスを受けたい人がいる場所でサービスを提供する必要があるため，小規模であっても良いから地理的に分散した組織にする必要がある。そうすることにより，サービスを提供する機会を増やせるからである。第2に，サービスを消費する利用者と相互作用する機会が多く，迅速な対応が求められる上に知識集約的であることから，分権化して担当者がその場で意思決定できるようにし，サービスの提供者同士も直接対話して素早くコミュニケーションすることが重要になってくる[5]。

(2) 官僚制と合議制による管理

　組織を編成する基本的な考え方には，組織を支配のシステムとしてとらえる支配原理と組織を協働のシステムととらえる協働原理がある。支配原理によって編成された組織は官僚制で，協働原理で編成された組織は合議制で管理される。企業では，もっぱら官僚制によって管理されるが，非営利組織では合議制で管理されることが多い。

　① 官僚制による管理

　支配原理によって編成された組織では，組織内で必ずしも目的が共有されるとは限らず，組織への加入・離脱が個人の意思に基づくとは限らない。そのため，自分の意思とは無関係に組織から排除されたり，逆に離脱したくても離脱できない場合がある。また，組織内の権力が指導者・管理者に集中し，メンバーの活動は権力を保持する人たちの支配を通じて統制される。このため，支配原理による組織の編成は強制を伴う[6]。

　このような支配原理によって編成された組織は，一般的に官僚制によって管理される。官僚制では，メンバーは職務や規則を忠実に守ることが要請され，手段や地位を私物化することの排除，任用資格の明確化，文書主義といったことが求められる。また，責任が明確に規定され，最終的にはその組織の最高責任者に委ねられる。このため，企業や軍隊のように目的が明確であ

り命令に厳格に従うことが求められる組織では，官僚制によって管理されることが多い。

② 合議制による管理

支配原理に対して協働原理では，メンバー間で共有された組織目的が存在し，加入・離脱は個人の自由意思に基づいている。また，組織は自由な個人による連合体で権力は分散し，メンバーの活動を調整するのは強制力を伴わないリーダーシップである[7]。協働原理による組織の編成は任意に基づくものであり，支配原理による組織の編成とは異なり，各人の意思が尊重される傾向がある。

このような協働原理によって編成された組織は，合議制によって管理される。合議制では，複数のメンバーの全員一致もしくは多数決によって，従ってメンバーの協働による合意に基づいて管理され，命令の正当性はその合意に求められる。そのため，合議制はメンバー間の合意形成を徹底して行なうことを重視し，精確性や迅速性よりも合意形成の徹底性を重視している。しかし，協働による合意に命令の正当性を求めることが原因となって，合議制は責任を分散させ，会議が大きくなると責任が完全に消滅する恐れがある[8]。そのため，合議制による管理は決断の迅速性，指導の統一性，個々人の責任の明確化，規律の維持といった点では官僚制よりも効果が限定的である[9]。

3. 医療組織の管理

(1) 医療機関と諸制度

一般に医療サービス全般を受ける場所が病院と呼ばれ，病院であることの法的根拠は医師法と医療法にある。医師法第1条において，「医師は，医療及び保健指導を掌ることによって公衆衛生の向上及び増進に寄与し，もって国民の健康な生活を確保するものとする」と医業の定義がなされ，医療法第1条の五で「…（病院）とは医師又は歯科医師が，公衆又は特定多数人のため医業又は歯科医業を行う場所であって，20人以上の患者を入院させるため

の施設を有するものをいう。病院は，…診療を受けることができる便宜を与えることを主たる目的として組織され，かつ，運営されるものでなければならない」と定義されている。また，医療法第7条で医療機関は医業を営利目的で行なうことを禁止されている。そのため，株式会社等が医療サービス分野に参入することは規制されており，個人経営を除けば医療法人が医療機関を経営している。

これに対して訪問看護ステーションは，健康保険法第88条第1項に定められた訪問看護を行う事業所のうち，病院又は診療所以外の事業所を指す。そして，同法第89条第1項により，厚生労働省令に基づき訪問看護事業を行なう者の申請により事業所ごとに厚生労働省の指定を受けることが定められている。また，同保険法第92条で「指定訪問看護事業者は当該指定に係る訪問看護事業者ごとに，厚生労働省令で定める基準に従い厚生労働省令で定める員数の看護師その他の従業者を有しなければならない」と定められており，介護保険法第74条第1項でも「指定居宅サービス事業者は，当該指定に係る事業所ごとに，厚生労働省令で定める基準に従い厚生労働省令で定める員数の当該指定居宅サービスに従事する従業者を有しなければならない」と定められている。そして，その具体的な内容については「指定居宅サービス等の事業の人員，設備及び運営に関する基準」として，人員だけでなく訪問看護ステーションの設置・運営についても厚生労働省の省令で定められている。

また，訪問看護ステーションは，他の医療機関と異なり，医療法人や地方公共団体だけでなく，NPO法人や社会福祉法人，そして営利法人（会社）も設置が認められているというのが大きな特徴である。なお，訪問看護ステーションでは職員に医師が必要であることは明記されていないものの[10]，訪問看護を行なう際に主治医に訪問看護計画書を提出し，密接な連携をとることが求められており，ここでも医師が非常に重視されている。

このように，医療機関と制度の関連を見てみると，医師が病院をはじめと

する医療機関において中心的な役割を果たしていることがわかる。医療法人を設立してその理事長になれるのは医師だけであり，病院の院長になれるのも医師だけである。そして医療の現場においても，当然のことながら，医師は極めて大きな権限をもって医療行為を行なっている。

(2) 病院組織の特徴と管理

医療の現場において用いられる技術は非常に高度であり，かつ専門的である。このことは医師を筆頭に，医療にかかわる多くの職種に該当する。同時に，医療で用いられる技術はサービスとしての側面をもち，対象となる患者の個別性が極めて高い上，サービス提供者の個人的特性がサービスの質に影響する。同時に，医療機関の組織は先に見たように制度的な制約が非常に多い上，医師に対してきわめて大きな権限をもたせている。すなわち，医師を頂点にした強固な階層組織を構築することが求められている。同時に，病院組織は専門職として各担当者や部門の自律性が高く日常的にチーム活動が行なわれている。このうち自律性の高さは，強固な分業関係を構築すると同時に，セクショナリズムと組織の硬直性を生み出す原因となっている。また日常的なチーム活動は，専門家集団である医師や看護師，検査技師などの各部局が，患者についての情報を共有しながら協調して治療に当たるための工夫の1つであると言える。

しかし，このような工夫を施しても，さまざまな制度によって求められている医師への権限の集中と，現場で求められている高度化した技術への対応とそれに伴う分権化の要請を両立することは容易なことではない。さらに，ひとりの患者に対して複数の部門が関わってサービスを提供する上，そのサービスが複雑な依存関係を生み出し各部門間の緊密な連携を要求するということが，病院組織の管理の困難さを浮き彫りにしている。

このような病院組織を管理するためには，制度上の制約が存在する以上，医師に権力を集中し，官僚制に基づく管理を行なう必要がある。しかし，同

時に現実の問題に対処することを考慮すると，合議制による管理を部分的にでも取り入れざるを得ない。すなわち，複数部門間での情報共有や患者の様態急変などに対応すべく迅速な意思決定を行なう必要があることなどから，日々のミーティングを徹底し，さまざまな情報機器や情報ネットワークを駆使することが必要になる。

また，医師や看護師は強いストレスに日常的にさらされることから，「燃え尽き症候群」など，メンタルヘルスに関する管理も重要であり，最新の技術や知識を得るための機会を十分に用意するといったことも，病院組織の管理では重要である。

(3) 訪問看護ステーションの特徴と管理

訪問看護ステーションは設置基準に定められた常勤換算で2.5人以上の看護職員が必要ではあるものの，病院や診療所等と比較すると少人数で設置できる。そのため，組織としての特徴をあまり強く意識せずとも管理できる。しかし，訪問看護ステーションには，他の医療機関と比較して際立った特徴がある。それは患者にサービスを提供する場で，病院や診察所は，患者が来るのを待ち受けているのに対して，訪問看護ステーションは，担当者がサービスを必要とする人の居宅に出向いてサービスを提供する，という点である。

そのため，訪問看護ステーションの管理は，以下の点を留意する必要がある。第1に，病棟看護師は一定の条件が整えられた病棟内で患者を看護できるのに対し，訪問看護師は利用者の居宅で看護しなければならないため，看護サービスを提供する場所ごとにそれぞれ異なる条件の下で看護する必要がある。第2に，病棟看護師の場合，何か不測の事態が発生した際に，即座に他の看護師の支援などを求めることが可能であると同時に，他の看護師や職種との連携を求められる場合がある。これに対して訪問看護師の場合，多くは単独行動であるため，他の職種などとの連携はあまり必要がない半面，不

測の事態が発生した際に即座に他の看護師の支援を受けるのは困難であることから，訪問看護師には素早い判断力や柔軟な意思決定能力が求められる。

このような特徴をもつ訪問看護師を的確に管理するためには，病院組織とは異なり合議制を導入することが必要である。訪問看護ステーションは病院と比較すると規模が小さいことから官僚制はなじまない上，一元的な命令による管理を行なうと，訪問看護師などの反発を買い，職員の離脱を招きかねないからである。そのため，多少時間や手間はかかっても，管理する者とされる者の間での合意形成を重視する必要がある。

また，ステーション所長などの管理者が訪問看護先まで同行するのは困難であるため，訪問看護師自身による自己管理も必要になってくる。そして，訪問看護師の自己管理において重要になるのは，訪問看護ステーションの組織文化の形成に関与する所長の役割である。ステーション所長は，訪問看護ステーションのリーダーとして組織文化の基盤となる訪問看護ステーションの理念を提示し，訪問看護師の自己管理の基盤となる規範や価値観を他の職員に浸透させる上で重要な役割を果たす。そして，ステーション所長は外に出ることが多い訪問看護師と時間や空間を共有することが困難であるため，さまざまな行事や講習会などを通じて理念や規範，価値観などを共有することや，訪問看護ステーションのシンボリックな組織文化の発信者として，病棟の看護師長などよりもリーダーシップを発揮することが強く必要とされる。

4. 大学組織の管理

(1) 大学に関連する制度

大学は，教育基本法などの法令で教育と研究を目的とすると定められており，小学校・中学校・高等学校など他の教育機関が教育を目的としているのと大きく異なっている[11]。

また，日本の大学の約80％を占める私立大学の場合は，私立学校法によっ

てその組織の大枠が規定されている。私立学校法は，大学など学校について と学校を設置する主体としての学校法人について規定している。大学は，法律上人格をもたない存在であるから，その私立大学を設置した学校法人，特にその中でも通常は理事会が経営する。

　理事会において理事長は，理事の1人として他の理事と同様に学校法人の執行機関として職務を行なう上に，学校法人の代表者としての権限や，評議員会の招集・評議員会からの意見聴取・評議員会への決算報告の3つをもって内部の事務を総括する権限を持っている[12]。また，学校法人には理事と監事に加えて評議員会の設置が定められている。

　大学の経営を考える際には，理事会，監事，評議員会に加えて，教授会を視野に入れる必要がある。教授会は法律上理事会に対する諮問機関もしくは審議機関と位置づけられている[13]。しかし，歴史的な経緯や，大学の目的との関連から見ると，理事会は教授会の意思を無視して良いということにはならず，大学を民主的に運営していく上でも理事会が教授会の意思を尊重していくことは必要であろう。

　また，大学は各種法令に加えて大学設置基準によっても人員や施設，教育課程や卒業の要件等も含めて，さまざまな点がより細かく規定されている。そのため大学設置基準は，大学に対して大きく影響している。特に教員については，教員組織のあり方まで厳密に規定している。たとえば，大学設置基準では，大学の学部の種類や定員数，および大学全体における収容定員数に応じて必要とされる専任教員数が定められている。さらに，その専任教員数の半数以上は原則として教授でなければならないと定められている。また，教員資格についても規定があり，小・中・高等学校の教員に必要な教員免許が不要な代わりに，大学設置基準によって教授・准教授・講師それぞれの職位に就く際の資格が定められている。さらに，大学や学部が新たに設置される場合，専任教員予定者は大学設置・学校法人審議会大学設置分科会による教員組織審査を受け，それに合格する必要がある。

(2) **大学組織の特徴と管理**

　大学組織は，教育・研究のための組織であると同時に，大学を維持・運営していくために行なわれるべき「校務」と呼ばれる活動—たとえば教務や入試，FD活動など—を大学教員が行なうための組織でもある。このように複数の目的を達成するための組織である大学組織は，ユニークな特徴をもっている。

　教育・研究については，それぞれ専門の学問領域を中心に，学長および学部長，学科や専攻がある場合には学科長や専攻主任などを頂点にした命令体系が存在している。これに加えて大学を維持・運営していく上で必要な校務を行なうために，委員会がある場合には委員長などを頂点とした命令体系が存在している。そのため大学組織は，教育・研究上の命令体系と校務分掌上の命令体系という，2系統の命令系統の組み合わせによるマトリックス状の組織となっている。ただし，企業組織に見られるようなマトリックス組織[14]とは異なり，ツーボス制とはなっていない。そのため，多くの大学組織では委員長が教授会に出席し，そこで意見を調整したり合意を形成するという方法が採用されている。

　このように独特な組織形態であることに加えて，歴史的な経緯により「学問の自由」や「教授会自治」を求める組織風土がある上，大学教員は極めて高い専門性をもっていることから，大学組織は官僚制ではなく通常は合議制で管理され，教授会における教員同士の話し合いが大学の管理に大きな影響を与えている。しかし，近年大学に対する社会的評価の変化や，これに伴う監督官庁による監督の強化などにより，大学においても合議制だけでなく官僚制による管理も導入されてきている。

　その表れの1つが学長の権限強化である。中央教育審議会は大学組織の管理において，人事や予算に関して学長がより強力なリーダーシップを発揮することを求めている。これまで，本来は審議機関である教授会が，教員の人事や教学予算などについても，実質的には議決機関として機能していた。し

かし，教授会は教員の合議による意思決定を重視しており，意思決定の遅さや全員一致もしくは多数決による責任の欠如といった，合議制の問題点が露呈しやすい。そこで，法的には意思決定機関である学長が実質的にも最終的な意思決定機関として機能することで，権限と責任が一致するようにするために，大学組織の管理に官僚制をより積極的に導入する動きが強まっているのである。

注）

1) 本章では非営利組織（Non-Profit Organization）という呼称は，「非営利団体の組織」という意味で用いている。
2) 「平成24年経済センサス活動調査（確報）結果」より。なお，従業者数を医療機関として総括して見ると病院と診療所で合わせて267万4,822人となり，第1位の老人福祉・介護事業の179万1,286人を上回っている。
3) Salamon, L. M., *America's nonprofit sector: a primer*, 2nd. ed., The Foundation Center, New York, 1999, p.23.
4) Daft, R.L., *Organization Theory and Design*, 9th. ed., Thomson Corporation, 2007, pp.259-261.
5) Daft（2007），ibid., pp.262-263.
6) 沢田善太郎『組織の社会学』ミネルヴァ書房，1997年，216ページ
7) 同上書，215ページ
8) Weber, M., *Wirtschaft und Gesellschaft : Grundriß der verstehenden Soziologie, 5. Aufgabe*, J. C. B. Mohr, 1972, S. 163.
9) a. a. O. s., S. 164.
10) 訪問看護ステーションの設置については，保健師，看護師又は准看護師を常勤換算法で2.5以上となる員数に加えて，理学療法士，作業療法士又は言語聴覚士を指定訪問看護ステーションの実情に応じた適当数が必要であり，看護職員のうち1名は常勤でなければならないと定められている。
11) 教育基本法の第7条1項では「大学は，学術の中心として，高い教養と専門的能力を培うとともに，深く真理を探究して新たな知見を創造し，これらの成果を広く社会に提供することにより，社会の発展に寄与するものとする」と定めれており，2項で「大学については，自主性，自律性その他の大学における教育及び研究の特性が尊重されなければならない」と定められている。また，学校教育法第83条1項では「大学は，学術の中心として，広く知識を授ける

とともに，深く専門の学芸を教授研究し，知的，道徳的及び応用的能力を展開させることを目的とする」と定められており，2項で「大学は，その目的を実現するための教育研究を行い，その成果を広く社会に提供することにより，社会の発展に寄与するものとする」と定められている。
12) 理事長の代表権については，佐々木（1988）を参照。
13) 教授会が諮問機関であることの歴史的な考察については，寺崎（1979）を参照。
14) マトリックス組織については，Goggin（1974）を参照。

▶ 学習の課題

■1 ボランティア団体や福祉団体などの非営利組織の根拠法や関連法規について調べ，それぞれの非営利組織の特徴をまとめてみよう。
■2 ボランティア団体や福祉団体など，病院や大学以外の非営利組織における管理の特徴についてまとめてみよう。

◆ 参考文献

Goggin, W., "How the Multi-dimensional Structure Works at Dow-Corning", *Harvard Business Review*, 52, 1974.（西潟真澄訳「ダウコーニング社の多次元組織　成功への条件」『DIAMOND　ハーバード・ビジネス』ダイヤモンド社，1981年）

佐々木秀雄『私立大学の運営管理と監査』角川書店，1988年

寺崎昌男『日本における大学自治制度の成立』評論社，1979年

索引

あ行

アイオワ実験　161
アダムス, J. S.　150
アルダーファー, C. P.　142, 144
アレン, L. A.　99
安定株主　26
医療組織　255
委員会設置会社　25
イノベーション　226
インフォーマル・グループ　113-116
SL理論　171
X理論　144
エマーソン, R. M.　241
LPC（least-preferred coworker）
　169
オハイオ研究　163

か行

会社本位主義　14
階層組織の原則　89
外発的報酬　154
科学的管理法　63, 70, 72, 187
課業管理　67
革新　132
学校法人　264
過程論　141
株主総会　9
監査役（会）　24
感情の論理　113
ガント, H. L.　74
管理　42, 48, 83
管理過程学派　81, 97
管理過程論　81
管理機能　127
管理原則　86, 92, 97, 99
管理者職分　126
官僚制　258

企業集団　17-19
企業ビジョン　56
期待理論（expectancy theory）　151
機能　121
キャロル, A. B.　52
教育　132
教授会　264
協働原理　258
協同的私企業　9
ギルブレス, F. B.　75
クーニャ, M. P.　229
グラント, R. M.　221
クリステンセン, C. M.　226, 233
クーンツ, H.　120, 140
クーンツ, H. とオドンネル, C.　99
経営　48
経営管理論　119
経営経済学　119
経営資源に基づく企業観（RBV）
　220, 225
経営者支配　20
経営者職分　123
経営者革命論　14
経営戦略　55
——の種類　123
経営人モデル　190
経営理念　54
計画　92
計画化　130
経済人モデル　112, 115, 188
継電器組み立て実験　105
契約社員　198
公式組織　113
合議制　258
合同会社　8
公平理論（equity theory）　150
合名会社　7
心の4つの窓　207

コッター, J. P.　176
コーポレート・ガバナンス　21, 22, 23, 28
コミュニケーション　203, 205, 213
根拠法　256
コンテクスト　215
コンフィギュレーション　247

さ行

サービス技術　257, 261
サイモン, H. A.　190
差別賃率制度　69
サラモン　256
3次元モチベーション理論　141
CEO　48, 57
シェルドン, O.　98
指揮　133
指揮の統一の原則　88
資源依存パースペクティブ　249
自己管理　263
事後管理　132
自己実現人モデル　189
自己実現欲求　144
自主公企業　16
事前管理　129
持続的イノベーション　227, 235
事中管理　131
支配原理　258
資本的私企業　8
嶋口充輝　229
シャイン, E. H.　187, 191
社会人モデル　115, 188
社会的責任　53
社会的統制　112
情況　114
照明実験　104
ジョーンズ, M. R.　139
職能　121
職能的管理組織　68
職能的職長制　68, 75, 97
ジョハリ　207

所有と経営の分離　10, 12, 20
人事管理　184
人的資源管理　184
スタイナー, A. G.　140
ステイクホルダー（利害関係者集団）　15, 23, 27, 28, 44
スミス, A.　120
3Sの原則　121
精神革命　70
制度的私企業　16, 35
責任　53
全般管理　133
専門経営者　51, 53
専門経営者革命　12
相互交流分析　211
組織　93
組織化　129
組織的怠業　65, 67

た行

大学組織　255
対人的コミュニケーション　207
ダイナミック能力　224
ダイバーシティ・マネジメント　215
達成欲求　143
ダール, R. A　241
知識社会　40
調査・研究　129
調整　95, 127, 134
ティースら（Teece, D. J.& Pisano, G.）　224
テイラー, F. W.　64, 97, 187
デシ, E. L.　154
テリー, G. R.　99, 127, 133
動因理論（drive theory）　150
動機づけ　132, 207
動機づけ＝衛生理論　146
統制　96, 131
特性アプローチ　160
ドメイン　56
トヨタ生産方式　77

ドラッカー, P. F.　35, 41, 45, 50
取締役会　24, 25

な行

内発的モチベーション　155
内容論　141
ナドラー, D. A.　177
名和高司　228
ニコポン主義　115
二要因理論　146
認知系モチベーション理論　148
沼上幹　229

は行

ハウス, R. J.　174
破壊的イノベーション　227, 235
派遣労働者　198
ハーシー, P. とブランチャード, K. H.　171, 212
パス・ゴール理論　174, 175
ハーズバーグ, F.　142, 146
バーナード, C. I.　203, 223, 231
バーナム, J.　12, 14
バーニー, J. B.　223
ハーバード・モデル　193
バーリ, A. A. とミーンズ, G. C.　11, 21
ハルシー, F. A.　66
パワー理論　239
バンク配線作業室実験　108
ビアー, M.　193
PIGSフィードバック　214
ＰＭ型リーダーシップ　167
非営利組織　255
ヒクソン, D. J,　245
評価　132
標準化　75, 103
ファヨール, H.　42, 80, 96, 120, 134
フィドラー, F. E.　169
フィランソロピー　41
フェスティンガー, L.　151

フェファー, J.　242
フォード, H.　75
フォレット, M. P.　98
複雑人モデル　191
普遍主義者　120
ブラウン, A.　99
ブリコラージュ　229
ブルーム, V. H.　139
ブレーク, R. R.　165
ブレック, E. F. L.　99
フレンチ, J. とレイブン, B. H.　242
分業論　120
ベレルソン, B.　140
変革型リーダーシップ　176
ペンローズ, E. T.　230
報告　133
報酬系モチベーション理論　153
訪問看護師　262
訪問看護ステーション　260
ホーソン実験　103
ホール, T. H.　231

ま行

マグレガー, D.　144
マクレランド, D. C.　143
マズロー, A. H.　144, 189
マネジメント　42, 43
マネジリアル・グリッド　164
マーレイ, E. J.　143
満足化原理　191
ミシガン・モデル　192
3つのP　224
ミンツバーグ, H.　247
ムートン, J. S.　165
メイヨー, E. G.　112
命令　95
命令一元性　88, 97
メディア選択理論　216
面接プログラム　107
目標設定理論　153
モチベーション　139

モニタリング機能　26

や行

有価値性　221
欲求系モチベーション理論　142
欲求リスト　143
4つのC　195

ら行

リーヴィット, H. J.　206

レヴィン, K.　161
理事会　264
レスリスバーガー, F. J.　112
ロック, E. A.　153
ロビンス, S.　207
ローラー, E. E.　152

わ行

Y理論　145
ワトソン, J. B.　149

| 編著者略歴 | 佐久間信夫 |

明治大学大学院商学研究科博士課程修了
現　職　創価大学経営学部教授
専　攻　経営学，企業論
主要著書
『経営管理基礎論』日本評論社　1986年（共著），『企業集団研究の方法』文眞堂　1996年（共編著），『企業集団支配とコーポレート・ガバナンス』文眞堂　1998年（共編著），『現代経営学』学文社　1998年（編著），『企業集団と企業結合の国際比較』文眞堂　2000年（共編著），『現代経営用語の基礎知識』学文社　2001年（編集代表），『企業支配と企業統治』白桃書房　2003年，『企業統治構造の国際比較』ミネルヴァ書房　2003年（編著），『経営戦略論』創世社　2004年（編著），『増補版　現代経営用語の基礎知識』学文社　2005年（編集代表），『アジアのコーポレート・ガバナンス』学文社　2005年（編著），『現代経営戦略論の基礎』学文社　2006年（共編著），『現代企業論の基礎』学文社　2006年（編著）など

坪井　順一

専修大学大学院経営学研究科博士後期課程修了
現　職　文教大学経営学部教授
専　攻　経営学，経営管理論，消費者教育論
主要著書
『消費者のための経営学』新評論　1991年（共著），『現代の経営組織論』学文社　1994年（共著），『産業と情報化の知識』日本理工出版会　1995年（共著），『現代経営学』学文社1998年（共著），『現代の経営組織論』学文社　2005年（編著），『経営戦略理論史』学文社　2008年（編著），『消費者と経営学』学文社　2009年，『現代経営組織論の基礎』学文社　2011年（編著），その他論文多数

リーディングス　リニューアル　経営学

| 第三版 現代の経営管理論 |

2002年　4月　1日　第一版第一刷発行
2014年　1月30日　第二版第二刷発行
2016年　4月　1日　第三版第一刷発行

編著者　佐久間信夫・坪井順一

発行所　株式会社　学文社

発行者　田　中　千津子

東京都目黒区下目黒3-6-1　〒153-0064
電話　03(3715)1501　振替　00130-9-98842

落丁，乱丁本は，本社にてお取替えします。
定価は売上カード，カバーに表示してあります。
©2016 SAKUMA Nobuo & TSUBOI Junichi Printed in Japan

ISBN 978-4-7620-2631-7　検印省略

印刷／倉敷印刷株式会社